ARRESTS SVR QVELQVES QVESTIONS NOTABLES PRONONCEZ EN ROBBE ROVGE AV Parlement de Prouence,

PAR LE Sr D. V. Pr. Pr. audict Parl.

A PARIS,

CHEZ ABEL L'ANGELIER, AV PREMIER PIL. DE LA GRAND' SALLE DV PALAIS.

M. DCVI.

AVEC PRIVILEGE DV ROY.

ARRESTS SVR QVELQVES QVESTIONS NOTABLES, PRONONCEZ en Robbes rouges au Parlement de Prouence, par le Sr D. V. Pr. Pr.

EXTRAICT DV PRIVILEGE DV ROY.

PAr grace & Priuilege du Roy il eſt permis à Abel l'Angelier Marchand Libraire iuré en l'Vniuerſité de Paris, d'imprimer ou faire imprimer *le Recueil des Harangues & traictez du Sr. du Vair*. Et ſont faictes treſ-expreſſes defences à tous Imprimeurs & Libraires d'imprimer ny vendre deſdits liures partie ou portion d'icelle, ny extraire quelque piece ou tout, en quelque ſorte & maniere que ce ſoit, ſinon de ceux qu'aura imprimé ledit l'Angelier, iuſques au temps & terme de ſix ans, ſur peine de mille eſcus d'amende, moitié applicable au Roy, l'autre moitié audit l'Angelier, & de confiſcation de tous les liures qui ſe trouueront : outre voulans qu'en mettant ce preſent extraict des Priuileges au commencement ou à la fin deſdits liures, il ſoit tenu pour deuëment ſignifié, comme plus amplement eſt declaré és lettres Patentes données à Paris le 22. iour de Mars 1606.

Signé,

Par le Roy en ſon Conſeil.

RENOVARD.

Fautes ſuruenuës en l'impreſſion.

P.17.l.27.*præcipuæ*, p.20.l.14.*ingenuè*, l.16. *perſeuerantia*, p.21. l.9.*æquitate*, l.14.*nitimur*, p.37.adrogé, l.9.*querela*, p.46.l.22.d. en, 59.l.5.*Rote*.87.l.19.ſtipulee, 27.donatiõ, p.94.l.20.voudra, p.96.*vicenaria*, p.113.l.27.mineure, p.184.l.16.ꝗ, p.195.l.*Inſinuandis*, p.193.l.22.d.en, 262.l.28.ietter, 264.l.1.tire.p.275.conſumerent p.277.l.7.conſument, p.286.deuil p.320.*Diodorus Siculus*, p.321.l.29.la, 324.l.25.leurs femmes, p.338.d.perſonne.p.346.l.13.porte, p.358.l.21.inſtitué, p.361.l.13.ue.

ARRESTS PRONONCEZ EN ROBE ROVGE AV PARLEMENT de Prouence.

Sur la question, si la substitution pupillaire exclut la mere de la legitime.

ROCES s'est meu pardeuant le Lieutenant du Seneschal de Prouence au siege de Marseille, entre Madeleine Taron veufue de deffunct Blaise Serein demanderesse en Requeste d'vne part; contre Ian & Ianon Sereins freres defendeurs d'autre. Auquel proces la demanderesse concluoit à ce que les defendeurs comme heritiers de Blaise Serein son mary & Ian Serein son fils,

fussent condamnez à luy payer la nourriture & medicamens qu'elle auoit fournis durant vn mois à Ian Serein son fils: secondement à luy rendre les coffres garnis qu'elle auoit apporté en mariage à feu son mary: tiercement à luy deliurer les habillemens, bagues & ioyaux ou leur legitime valeur que son mary luy auoit entre autres choses legué par son testament; & en dernier lieu luy bailler & delaisser son droit de legitime en la succesſion de sondict fils, qui est vn tiers de tous les biens demeurez apres son deces, auec les interests à raison de cinq pour cent depuis le deces, & despens de l'instance.

POVR ses moyens elle disoit, qu'en l'an 1588. elle auroit esté conioincte par mariage auec feu Blaise Serein, auquel outre sō dot, elle auroit apporté deux coffres que son pere luy auoit dōnez auec leur fourniture selon sa qualité. Ce mariage ayāt duré quelques annees, & en estant issu vn seul enfant, son mary auroit dés le 14. Decēbre 1591. faict son testamēt, par lequel pour les bons & agreables seruices qu'elle luy auoit faicts, il luy auroit entre autres choses legué ses accoustremens, bagues & ioyaux qui se trouueroient à son vsage lors de son trespas. Et au surplus de tous ses biens institué son heritier vniuersel Iean Serein leur fils vnique : auquel, au cas qu'il vinst à deceder en pupillarité, il auroit substitué les deffendeurs freres de luy testateur & oncles du pupille. Estant le deffunct decedé en cette volonté, il auroit laissé la demanderesse desolee, selon que tels luctueux accidens ont accoustumé : laquelle pour sa seule consolation auroit employé tout son soing, & conuerty toutes ses affections à l'education de l'enfant qui luy restoit. Mais apres l'auoir nourry l'espace de sept mois, la fortune pour la combler de miseres, luy auroit par vne mort precipitee rauy des mains ce cher & seul gage qui luy restoit, & par cette orbité redoublee l'auroit accablee d'vne intollerable douleur. Quelque temps apres ayant pris loisir, sinon de se consoler, au-moins de respirer, pensant porter la main pour recueillir ce triste heritage, cette luctueuse successiō de son enfant *solatia luctus exigua ingentis*, les deffendeurs luy auroient opposé que la subtilité du droit & le curieux artifice des hommes, permettoit au pere de faire des heritiers à leurs enfans pupilles au preiudice du droit de sang & de l'affectiõ naturelle: & qu'estãs eux appelez par cette substitution pupillaire, elle mere estoit excluse de la succession de son fils. Voyant ce troisiesme naufrage, auquel apres les personnes, elle perdoit encor les biens, elle a esté contrainte pour tout secours à son infirmité & à la misere de sa viduité & orbité, de recueillir les tables qui luy restoient, qui sont les droicts qu'elle demãde auiourd'huy, lesquels nulle rigueur des loix ne luy peut oster. Car quant à la nourriture, on ne peut pas nier qu'elle ne l'eust faicte, & partant qu'elle ne luy fust deüe. Pour le regard de ses coffres ils ont esté baillez par son contract de mariage, & le lais qu'elle demande est porté par le testament de son mary. Quant à sa legitime, c'est vne debte contractee par la naissance de son enfant soubs le seau de la nature, emologuee par les loix, qui en vn endroit l'appellent *æs alienum*, en l'autre *debitum bonorum subsidium*, en l'autre *partem naturæ debitam*, qui ne depend d'aucune disposition d'homme, mais est deferee par la prouidence de la loy à la commiseration qui est deüe aux meres desastrees par l'orbité de leurs enfans, & pour tenir lieu du secours & des alimens que la nature oblige les enfans de rendre par vne mutuelle pieté à leurs progeniteurs. Mais puisque les deffendeurs faisoient les sourds à cette demande, & faisoient semblant de ne pas entendre la voix des loix qui auec des eloges si pitoyables adiugent ce droit à la demanderesse, il ne luy restoit sinon se retourner vers la iustice, & luy monstrant le sein infortuné dans lequel ell'auoit si longuement & laborieusemẽt porté son fruit, luy representer les douleurs incomparables auec lesquelles elle l'auoit mis au iour, les veilles penibles auec lesquelles elle l'auoit esleué, les larmes auec lesquelles elle l'auoit enseuely, & pour mieux exprimer son malheur emprunter les parolles de sainct Hierosme parlant à Heliodore, *en in nobis rerum ordo mutatus est, & in calamitatem nostram perdidit sua iura natura*, & adiouster en fin ce que Pline disoit à Traian, *dignum mansuetudine tua minuere orbitatis iniurias, nec pati quemquam filio amisso insuper affici nouo dolore*. Elle s'asseuroit que la iustice & les loix accourans à vne si iuste plainte, luy adiugeroient les conclusions par elles prises.

Les deffendeurs au contraire disoient, qu'en ce qui regardoit le premier chef de la demande, tant s'en faut que la demanderesse peust rien pretendre, qu'au contraire elle deuoit de reste. Car elle cõfessoit auoir esté payee pour la nourriture de six mois, & ils mettoient en faict qu'elle n'a tenu son enfant auec elle que cinq mois, comme ils verifiroient. Quant aux coffres qu'elle demandoit, qu'ils auoient à la verité esté promis par son pere par le contract de mariage, mais que iamais ils n'auoient esté deliurez, & que partant ny le mary ny ses heritiers n'en pouuoient estre tenus. Pour le regard de ses accoustremens qui luy auoient esté leguez, qu'elle sçauoit bien que le iour de l'heureuse reduction de Marseille, Blaise Serein son mary ayāt esté tué pour la haine qu'on portoit à Taron pere de la demanderesse, sa maison auroit esté pillee, d'où il ne se seroit rien sauué que ce que la demanderesse auoit destourné, caché & appliqué à son proffit, & dont il est raisonnable qu'elle face restitution. Et quant à ses accoustremens, elle mesmes auroit intenté proces pour les recouurer contre vn nommé Peron Cotton & quelques autres qui auroient volé sa maison. Quant à la legitime qu'elle demandoit en la succession de son fils, elle faisoit bien de recourir aux larmes & semblables artifices feminins, pour voir si par ses blandices & allechemens, elle pourroit amolir & enerner la vigueur & virilité des loix, afin de les accommoder à ses desirs. Car autrement elle voyoit bien que leur disposition luy estoit euidemment contraire, & par termes expres l'excluoit de cette demande. C'est vne folie & vanité de parler icy du droit de nature, lequel ne songea oncques à aucune legitime. Car les successions dont la legitime fait part, ne sont pas introduictes par la nature qui faisoit toutes choses communes, mais par les loix particulieres des hommes : mais moins que les autres, le droict que les meres pretendent en la succession de leurs enfans, qui ne vient que *turbato ordine naturæ*. S'il y a loy au monde qui ait aucune affinité à cette pure nature, nous pouuons dire auec verité, que c'est la loy que Dieu luy-mesmes a donnée à son peuple par Moyse son grand prophete, luy suggerant mot à mot ce qu'il auoit à luy proposer. Or ne se trouue-il point que par aucune des loix de Moyse la mere ait droict quelconque en la succession de ses enfans: soit que le legislateur ait estimé que ce fust chose contre nature de presumer la mort de l'enfant auant celle de la mere, soit que parmy ce peuple de Dieu les successions ayent esté reseruees aux familles, esquelles la femme qui y entroit estoit reputee comme estrangere, & qui par consequent n'en pouuoit riẽ emporter. Le droict Romain en sa pureté a esté tout semblable, & par consequent le droict des Grecs dont il auoit esté puisé. Car par les loix des douze tables, les meres ne sont nullement reconnuës, & n'ont aucune part aux successiõs, comme n'estans point de la famille : ains demeurant nonobstant le mariage tousiours en celle de leur pere & en leur puissance, voire en telle façon que la dot qui leur estoit dõnée retournoit apres la dissolution du mariage entre les mains de leur pere, comme si elles n'eussent esté capables de posseder aucuns biens. Aussi Caton en Tite Liue disoit, *maiores nostri nullam ne priuatam quidem rem agere feminas sine auctore voluerunt : in manu esse parẽtum, fratrum, virorum iusserunt.* Tellement qu'elles estoient en toutes façons & actiuement & passiuemẽt incapables de testament. De sorte que comme Dion escrit, il fallut qu'Auguste suppliast le Senat de permettre à sa tant aimee femme Liuia, de disposer par testament d'vn tiers de son bien, & non par forme d'institution, mais seulement de legat. C'estoient là ces belles loix, qui ne se proposans rien que le bien public & l'heur de leurs citoyens, auoient merité ce bel eloge que leur donne Tertulian, quand il dict, *le-*

tes Romanæ maxime ad innocentiam pergunt. Ce sont ces belles sanctions auec lesquelles ils ont conuié les extremitez de la terre à se soubmettre à vne si iuste domination.

Sic rerum domina facta est pulcherrima Roma. Mais depuis que cest estat fut changé, & l'administration d'iceluy, qui auparauant estoit dirigee au salut public, fut referee au plaisir de ceux qui l'auoient occupé, *& rebus mores cessere secundis*, ces belles loix là furent soubs la molesse des Empereurs aucunement abastardies, & se laisserent aller aux blandices des femmes pour les gratifier & dispenser. L'Empereur Claudius stupide & insensé qu'il estoit, ensorcelé par les blandices de sa Messaline, receut la mere en part de la succession de ses enfans; mais encor auec quelque honte, & cherchant quelque pretexte à ceste ambitieuse constitution. Car il ne luy donna pas indifferemment ce droit: mais selon que nous apprenons de Suetone, seulement à celle qui auroit quatre enfans, comme le prix & remuneration de la peine qu'elle auroit eu à peupler la Republique d'vn tel nombre de citoyens. Le Tertulian qui vint apres soubs l'Empereur Antonin se contẽta que la mere eust trois enfans, pourueu qu'elle fust de condition franche & ingenue. Les constitutions des Princes suiuans luy osterent vn quart pour le donner aux oncles paternels & à leurs enfans, & au cas qu'elle n'eust pas trois enfans ne luy donnerent pour tout qu'vn quart. Mais voicy arriuer Iustinian dominateur du mõde, & esclaue des beautez de sa femme, lequel enyuré par ses caresses, & vaincu par ses importunitez, acheua de renuerser les loix, deschargea la mere du nombre d'enfans qu'elle deuoit auoir : l'admit égallement comme les peres à la succession des enfans : la deschargea du quart qu'elle deuoit aux oncles, & la receut en concurrence auec les freres & les sœurs consanguines. Ceste effrenee indulgence ne fut point toutesfois si licentieuse que d'oser violer le droit des testamens, & toucher aux successions qui estoient deferees par le iugement & disposition de ceux à qui elles appartenoient. Elle ne regla de ceste façon que les successions abintestat: & pour le regard des testamentaires, elle laissa les choses en leur ancien estat, ordonnant seulement que les enfans qui decederoient sans enfans, s'ils faisoient testament seroient tenus d'instituer leurs peres & leurs meres, & au lieu du quart, leur laisser vne troisiesme partie de leur succession, à peine d'estre le testament declaré inofficieux, n'adjoustât rien en cela à la loy Glicia, sinon le titre plus honorable d'institution, & le partage plus aduantageux d'vn tiers pour vn quart. Tout cela fondé sur l'honneur & reuerence que les enfans doiuent à leurs peres & meres : qui semble estre aucunemẽt offencee lors que lesdits enfans ne font point mention d'eux à leur derniere disposition. Iusques à là que pour euiter le soupçon d'impieté où ils pourroient tomber, la loy les charge d'vne presomption de demence & manquement de iugement, qui irrite & rend nulle leur disposition, comme n'ayans sçeu ny entendu ce qu'ils faisoient. Mais en tout cela il n'y a rien qui puisse seruir à la demanderesse, d'autant que son fils est decedé en tel aage, que par nature il n'auoit point de volonté, & par les loix ciuilles aucune puissance de tester. De sorte que l'on ne luy peut imputer aucun deffaut de respect ny moins de bienveillance. Ce n'est pas le fils de la demanderesse qui a fait les deffendeurs heritiers & possesseurs du bien dont est question : c'est Blaise Serein pere, qui n'estoit point obligé de laisser aucune chose à quelque tiltre que ce fust à la demanderesse. Que veut-on donques leur demãder aujourd'huy ? On dit que le testament du pere contient le testament du fils; que le testament du fils doibt laisser la legitime à sa mere: & voilà vrayement la question du procés. Question que l'on pourroit escouter en vn si celebre auditoire que celuy de la Iustice, si elle ne remettoit trop hardiment en doubte ce qui est formellement decidé par les Iurisconsultes, par les Empereurs, par les Papes, par l'vniuersel consentement de tous les professeurs du droit de toutes les nations du monde: & si elle n'auoit esté preiugee par tant de iugemens & arrests des Cours souueraines. Par la disposition des loix, il est clairement disposé que le pere testãt pour son fils pupille & impubere, oste toute esperance de la succession à la mere [a]. Et à fin que par quelque subtilité on ne voulust restraindre en cela la puissance paternelle, la loy a expressément declaré que ce faisant, le pere n'a pas seulement puissance de disposer des biens qu'il laisse à son fils pour les transmettre au substitué, mais peut encor disposer de la legitime du fils: peut dauantage disposer des biens aduentifs, qui arriueront à son enfant apres le decés du pere iusques à sa puberté [b]. C'estoit assés dict: & puis que la loy permettoit de faire ce preiudice à l'enfant, sans qu'il s'en peust plaindre, elle ensei-

a l. precibus l. si in testamento C. de impub. & aliis substi.

b l. Sed si plures. §. ad substitutos l. Centurio ff. de vulgari & pupillari.

gnoit assés à la mere, qu'elle n'y seroit pas receuable. Toutesfois à fin que ce sexe querelleux & plein d'auarice & d'auidité ne vinst encor troubler le repos des familles & les testamẽs des deffuncts, Papinian (patron neantmoins de la pieté & charité naturelle) les en voulut bien aduertir: & sur la plainte que faisoit vne mere du testament pupillaire de son fils, luy respondit, *sed nec impuberis filij mater inofficiosum testamentum dicit, quia pater hoc ei fecit* [a]. Si donques la mere n'a point d'action d'inofficiosité contre le testament pupillaire, elle ne peut pas pretendre sa legitime, qui n'est donnee pour autre raison que pour euiter l'inofficiosité. Aussi vne mere ayant meu vne semblable question, le Pape Boniface [b] l'a decidé si formellement, qu'apres cela il n'est plus loisible d'en doubter. Car il dit que les pauures qui estoient substituez pupillairemẽt recueilliront la succession, sans que la mere puisse detraire aucune quarte, *sine deductione quartæ Trebellianicæ, siue partis naturæ iure debitæ*. De là est formee ceste maxime la plus vulgaire & triuiale qui soit aux escolles, que *per pupillarem expressam excluditur mater à legitima, & in hac opinione* (dict Balde) *est totus orbis*. Les Docteurs y accourent, non par nombre, mais par legiõs: *Iunctæque vm-*

a *l. Papinianus. §. sed nec impuberis ff. de inoffic. testam.*

b *Si pater de testamentis in sexto.*

bone Phalanges, & mesmement les plus recens, & dont le iugement est plus exquis, cõme de *Didacus Couarruuias*,[a] *Crassus*[b], *Menochius*[c]. Il deuroit bien suffire de voir les parolles de la loy expresse, & le grand consentement de tant d'hommes celebres qui ont confirmé ceste opinion, sans vouloir contraindre la loy de rendre raison de son ordonnance. Car comme elle est royne & souueraine maistresse des actions des hommes, *eius tunc ratio constat si nemini reddatur*. Toutesfois sans prejudice de son authorité, il est aisé de mõstrer, que ce qu'elle ordonne en ce faict a son fondement sur les principales & plus importantes maximes du droit Romain. Cest empire fondé sur des auspices qui le conduisoient à la domination du monde, a eu pour vne des principales loix qui deuoient promouuoir sa grandeur, l'establissement de la puissance paternelle, laquelle a infus & inspiré en leur estat ceste absoluë obeïssance. Ceste puissance estoit telle, que le pere pouuoit librement disposer de tous les biens, de la liberté & de la vie de ses enfans, & comme dict la loy, les vendre iusques à trois fois. Entre autres effects de ceste puissance, le pere faisant son testament pouuoit faire celuy de son fils pupille & impubere, & luy

a *In c. cum esses de test. in sexto.*
b *De fideicomm. de legit. 48.*
c *l. 4. presumpt. 88.*

donner vn heritier tel qu'il vouloit. Ce qui ne tesmoignoit pas moins la puissance du pere que sa bienveillance & sollicitude. Car cest aage imbecile estant subjet aux aguets & desseins des parens qui luy deuoient succeder ab intestat, ne pouuoit trouuer meilleur preseruatif cõtre la beante auarice de ses heritiers presomptifs, que les tables pupillaires qui tenoient enfermé le nom d'vn heritier incognu, qui faisoit tousiours craindre aux parens & aux tuteurs, que s'il venoit faute du pupille le profit n'en reuinst à quelque estranger, & les rendoit par là soigneux de conseruer la vie du pupille, cõtre laquelle autremẽt l'esperance de la succession les eust fait conspirer: comme il y en a des exemples, & dãs le droit & dans l'histoire fort signalez. Ciceron raconte celle de ceste Milesienne, *quæ accepta pecunia à substitutis, partum abegit veneno.* La loy en remarque vn semblable, & voit-on par tout les veux, & oit-on les voix des auides captateurs, *pupillum vtinam, quem proximus heres impello, expungam.* Aussi quand la loy parle de cette action, elle dict que *pater consilium capit pro liberis*, biẽ que quelquefois mesmes en ce faisant il l'exherede. De sorte que ce qui d'ailleurs seroit reputé à vne grãde iniure, est estimé office de pieté:

ea enim bona mente fit exheredatio, comme dit le Iurisconsulte[a]. Or bien que par fiction, ou plustost par abus, l'on die qu'en ce cas il y a deux testamens d'vne mesme succession & deux successions en vn mesme testamẽt, neantmoins la verité est qu'il n'y a qu'vn testament[b]. Aussi le pere ne peut-il faire le testament de son fils qu'il ne face le sien: iusques là mesmes, que si l'heredité du pere n'est acceptee, le testament ne vaut rien[c]. Et si le substitué pensoit aussi accepter l'heredité du pupille, & la separer de celle du pere, il n'y seroit pas receu[d]. Et biẽ que l'heritier succede apres la mort du pupille, il est toutesfois censé prendre l'heritage immediatemẽt de la main du deffunct testateur: car c'est par sa disposition & son iugement. C'est pourquoy on appelle ceste substitutiõ directe. Que la mere doncques cesse de se plaindre de son fils, puis que c'est le pere qui a fait son testament: qu'elle cesse de se plaindre du pere, puis qu'il n'a disposé que de ce qui estoit entieremẽt en sa puissance, mesmes en ce cas cy, où le pupille n'auoit autres biẽs que ceux de son pere. Et puis que la loy ne reçoit point sa plainte contre le testament de son fils, *quia pater hoc ei fecit*, que la legitime n'est deuë qu'à ceux qui peuuent accuser l'inofficiosité, qu'elle

[a] *l. si patronus. ff. de bonis libertorum.*

[b] *l. moribus. ff. de vulgari & pupillari.*

[c] *l. moribus §. quisquis. ff. de vulg.*

[d] *l. sed si plures. §. in pupillari. eodem.*

ne ſe tourmente point en vain, qu'elle acquieſce à la volonté des loix ſous leſquelles elle eſt nee: qu'elle conſidere que la pieté qu'elle allegue eſt pour deſtruire vne plus grande & plus forte pieté, pour renuerſer l'obeïſſance deuë par le fils au pere, pour renuerſer le reſpect que doiuent les viuans aux morts. *Non eſt enim præcipuum filiorum munus proſequi defunctũ ignauo quæſtu, ſed quæ voluerit meminiſſe, que mandauerit exequi.* Si elle a eſté telle qu'elle deuoit, elle doibt elle meſme pourſuiure l'execution de la volonté de ſon mary, qui eſt le dernier & principal office qu'elle luy peut rendre, pour euiter le blaſme dont les Iuriſconſultes ont menacé vne autre ſemblable femme trop auare, & peu reſpectueuſe enuers la derniere volonté de ſon mary. *Ne honos bene habiti matrimonij & ſpes cõmunium liberorũ patrem fefelliſſe videatur, qui melius de matre præſumpſerat.* Mais quand la pudeur & l'hõneſteté ne la retiendra point, touſiours ler barrieres des loix l'arreſteront-elles: leſquelles ne permettront point que *obſeruatio teſtamentorum tot vigiliis excogitata euertatur* (comme dit l'Empereur [a]) *& actus ille præcipuæ curæ & vltimi momenti* (cõme l'appelle vn hiſtoiren Romain) *euaneſcat*. Et partant concluoient les defendeurs à fin

a *l. ſi quando. C. de in off. teſtam.*

d'abſolution, & neantmoins, que faiſant droit ſur leurs demandes, la demandereſſe fuſt condamnee rendre les meubles qu'elle auoit pris & recouuerts de la ſucceſſion du defunct, auec deſpens.

La demandereſſe repliquāt à cela diſoit, que pource qui concernoit les premiers chefs de ſa demande, les defendeurs n'ayās point de iuſtes defences, s'en ſeroient voulu ſauuer par des faicts faux & calomnieux, leſquels elle denioit; & ſouſtenoit au contraire, qu'elle n'auoit touché aucuns biens de la ſucceſſiō de ſon mary: & puis que cela dependoit des preuues qui en ſeroient faictes, qu'elle en attendoit l'iſſue pour iuſtifier enſemble ſon droit & ſon innocence. Quant à la legitime par elle demandee, les defendeurs auoient taſché de ſuborner la nature, & deſtourner l'aſſiſtāce qu'elle doibt à ſa cauſe : ne ſe ſouuenans plus que Varron a appellé cette ſucceſſion *teſtamentum phyſicum*, cōme qui diroit que c'eſt la nature qui teſte pour les perſonnes. Auſſi les loix diſent-elles aſſez haut, que l'amour maternel ſurmonte toutes les autres affections : qui eſt la cauſe pour laquelle Plutarque remarque, que les femelles des autres animaux ont les mamelles pendantes au deſſoubs du ventre, mais la mere les a pres du visage, afin de pouuoir, allaictant son enfant, le contempler & baiser continuellement. Vn historien Romain parlant de ceste fille qui nourrit si long temps sa mere prisonniere de son laict dit, *quid tam inauditum, quid tam inusitatum quam matrem vberibus filiæ alitam esse? putauerit aliquis fortasse hoc contra naturam factum, nisi parentes diligere prima lex esset*. Mais si la nature la fauorise, elle ne pēse pas pour cela estre moins assistee du droit ciuil. Car si lon la pensoit exclure par certaines subtilitez & prestiges de droict, ils se trouueroient n'auoir aucun solide fondement, & estre directemēt contraires à la droicte raison, qui est l'ame des loix, & l'intention de ceux qui les ont promulguees. Or pource que les deffendeurs plus rusez en leurs procedures, que forts en leur droit, ne pouuans soustenir les assaults des viues & pressantes raisons de la demanderesse, ont ietté au-deuant d'eux, comme vne espaisse palissade, la couuerture de cette opiniō, qu'ils disent commune, que la substitution pupillaire exclud la mere mesmes de sa legitime. La demanderesse destruira premieremēt ce preiudice, afin de pouuoir plus librement & auec plus d'asseurance respondre aux autres argumens. Elle confesse ingenüement que quand la raison se trouue balancee en diuerses opinions, il est bien raisonnable que le nombre donne le trait, & face tomber le poids du costé de la multitude. Mais aussi quand la raison ou la verité, qui demeure bien souuent recelee & entreprise par les nuages des fauces opinions, vient à se monstrer & descouurir clairement, c'est bien la plus grãde faute que les Iuges puissent commettre, que de laisser la raison pour suiure l'opinion, c'est à dire l'ombre au lieu du corps. Alors comme dit Seneque, *Non est leuitas à cognito & damnato errore discedere, & ingenui fatendum est, aliud putaui, deceptus sum: hæc vero superbæ stultitiæ perseuerentia est, quod semel dixi, qualecumque sit, fixum ratumque sit.* Et la raison de cela il la faut emprunter d'vn grand Iurisconsulte & Theologien tout ensemble, qui dit au liure *de virginibus velandis, Veritas est cui nemo prescribere potest, non spatia temporum, non patrocinia personarum, non priuilegia regionum.* Autrement comme nous aduertit ce grand Philosophe, *Tritißima quæque via nos maxime decipiet sequentes peccorum ritu precedentium gregem, pergentes non quo eundum est, sed quo maxime itur.* Que s'il y a science au monde où cela se doiue principalement obseruer, c'est en la iurisprudence, laquelle n'a receu sa perfection sinon que corrigeāt de temps en temps les fauces opinions qui s'estoient introduictes par erreur, & confirmees par l'vsage à mesure que l'equité s'est faict paroistre, & que l'vtilité & honnesteté publique l'a desiré. C'est pourquoy le Iurisconsulte dit, que *multa in iure ciuili contra rationem disputādi pro vtilitate cōmuni recepta sunt*. Et en vn autre endroit, *ad eiusmodi sententiā equitate suggerente decursum est*. Mais principalement où il a esté question des successions, & d'opposer le vœu charitable de la nature aux desirs inconsiderez des testateurs, l'Empereur [a] a dit tout hault, *Nitimur semper inuenire aliquid naturæ congruens quod possit priora corrigere*. Quant aux Iurisconsultes, il seroit infini de reciter combien de choses nouuelles ils ont introduit contre l'vsage abusif & reigles vicieuses qui auoient cours de leurs temps. Il ne faut point demander combien on trouuoit au commencement estrange à Rome, quand le descendant qui estoit greué purement de rendre vn heritage s'en vouloit excuser pour dire qu'il auoit des enfans; on luy disoit des iniures comme à vn perfide, indigne de la faueur des loix, qui fraudoit la volonté des deffuncts. Mais apres que ce grand Papinian eut remarqué l'iniquité de cette coustume,

[a] *In auth. de Triente & semisse.*

a l. Cum acutis. ff. de fideic.

& qu'il eut respondu [a] *conditionem fidei commissi coniectura pietatis defecisse*, voila ce vieil erreur abbatu, ceste nouuelle opinion receuë auec tant d'eloges qu'il ne se peut dire plus. L'Empereur non seulement la suit, mais l'admire: tant la raison retient tousiours d'authorité pardessus l'vsage, quelque inueteré qu'il puisse estre. Et ces cateruės de Docteurs mesmes que l'on nous allegue auiourd'huy combien de choses ont-ils humainement introduit contre l'ouuerte disposition du droit, au preiudice de la volonté des testateurs, en faueur du sang & de la charité naturelle? Où ont-ils trouué ces deux quartes, cette legitime & Trebellianique qu'ils font concurrer ensẽble? Chose à quoy la iurisprudence Rõmaine n'auoit onques pensé. Où ont-ils fondé que les enfans des descendans du testateur qui estoient en conditiõ, deuoient estre en disposition, veu que cela est contre la nature de la condition? & mille autres choses qui seroient infinies & ennuyeuses à reciter? Dont toutesfois il les faut loüer, pourueu qu'ils n'ostent point à ceux qui viennent apres, le moyen & l'authorité de pouuoir comme eux tousiours amender quelque chose en l'vsage du droit, selon que l'equité nous y conuie; veu mesmes que les loix

Romaines sont en vigueur parmy nous, non pour leur authorité (car nous ne sommes point subjects de ceux qui les ont promulguees) mais pour leur seule equité, à laquelle volontairement nous-nous sommes soubmis. Or la demanderesse disant cela, n'a pas entendu confesser que cette opinion fust si commune qu'elle deust passer pour reigle certaine, veu qu'il n'y a point eu faute de grands & celebres personnages qui s'y sont courageusement opposez, & ont maintenu par leur contradiction la possession de l'equité pour luy pouuoir conseruer son exception entiere, contre l'entreprise du temps & de ce commun consentement. Veu aussi qu'elle monstrera que les arrests & iugemens des courts souueraines de ce Royaume ont iugé le contraire, & receu l'opinion sur laquelle elle fonde sa demande. Qui sont bien des preiugez plus forts que ceux des opinions des Docteurs. Mais elle a voulu prendre les choses au pis, & accorder aux deffendeurs les aduantages dont ils se vouloient preualoir, afin qu'ayant renuersé (cõme elle pense auoir faict) suffisamment cest obstacle, le champ luy demeure libre, pour respondre aux autres objections des deffendeurs. La premiere raison desquels eſt fondee ſur la puiſſance paternelle, qui eſt ſi grande, que le pere faiſant le teſtament de ſon fils peut exclure la mere de ce qui eſt de la ſucceſſion. La force de ceſt argument conſiſte en cette maxime: Par la pupillaire la mere eſt excluſe de la ſucceſſion; doncques elle l'eſt de la legitime qui n'en eſt qu'vne partie. Quand la mere diroit auiourd'huy que cette premiere maxime eſt fauce, & qu'elle n'eſt point excluſe de la ſucceſſion, elle auroit la raiſon toute euidente pour ſoy, & ſeroit aſſiſtee de beaucoup d'authoritez. Car puis que tout ce teſtament pupillaire n'eſt fondé que ſur cette puiſſance paternelle, que les Romains auoient ſur leurs enfans de les vendre, de les exhereder, de les tuer, il eſt bien raiſonnable qu'auiourd'huy qu'elle ceſſe, meſmement en France, les effects en ceſſent auſſi. Et puis que les derniers Empereurs Romains eſclairez de la lumiere de l'Euangile, ont meſmes oſté au pere de ſon viuant la puiſſance de diſpoſer des biẽs aduentifs de ſes enfans, & qui leur venoiẽt d'autre chef, luy voudra-on permettre qu'eſtant mort, & lors que cette puiſſance eſt ſoluë, il ait plus de pouuoir, & que ſa volonté transfere par droit vniuerſel ce que viuant il n'a peu à tiltre particulier,

Veu mesmes que cette puissance de tester pour son fils n'est pas chose qui fust commune à tous les subjects de l'Empire Romain; mais aux seuls citoyens Romains, ausquels estoit particuliere la puissance paternelle. Aussi le Iurisconsulte dict, que *moribus introducta erat*, & n'auoit fondement que l'vsage. Et Barthole [a] dit, qu'elle n'a fondement que la rigueur, sans qu'il s'en puisse donner raison. Et sur le tiltre *de iniurijs*, qu'elle n'a point de lieu aujourd'huy és personnes viles & mechaniques, mais seulement és grandes successions, où l'on peut presumer beaucoup de prudence du testateur. Ioint qu'auiourd'huy toute l'vtilité qui s'en peut tirer est perdue. Car nous n'vsons plus de ces secondes tables clauses, qui tenoient caché le nom de l'heritier pupillaire, & par consequent asseuroient la vie du pupille. Au cõtraire nous faisons la substitution pupillaire promiscuement, comme nous voyons au testament dont est question, où les heritiers & substituez sont nommez publiquement. C'est de là qu'il faut craindre le danger, & non pas des meres dont l'amour & la charité sont naturelles: entre lesquelles s'il s'en est trouué de desnaturees, comme on allegue, il faut prendre cela comme vn monstre en la na-

a *In l. humanitatis de impub. & aliis subst. ff.*

ture qui n'altere pas la reigle cõmune, nõ plus que les parricides qui ont esté commis n'ont point alteré la legitime des enfans en la succession de leurs peres. Qui nous empesche donc de tendre la main à la raison, opprimee par la violence d'vn vsage corrompu, & d'vne peruerse opinion? & soustenir qu'en France la substitution pupillaire n'a point de lieu? Ce grãd Docteur François Benedicti [a] l'a tenu ainsi. Nous auons desia tant de Docteurs qui ont franchy le sault, & ont soustenu que la pupillaire tacite n'exclud point la mere, bien que par tout le droit la taisible volonté du testateur, voire la seulle conjecture de son desir, ait esté religieusement obseruee, comme vn decret inuiolable. Nous auons aussi que la mere est égalee au pere adoptif. Or il est resolu que le pere adoptif, n'est point exclus par la pupillaire. Que si la raison ne peut tant obtenir du premier coup, au moins que cela serue pour ne pas estendre & proroger les effects d'vne maxime qui est en soy dure, insolente & contumelieuse à la nature, & que pour dire la loy vous exclud de la successiõ, on ne die pas elle vous exclud de la legitime. Aussi ceste consequence est bien si fausse, que la contraire en est entierement vraye: car la legitime

[a] In c. Raimutius tractatu de pupillari quæst. 38.

n'eſt deuë qu'à celuy qui eſt exclus de la ſucceſſion, mais deuë par le droit de nature, & tellement deuë que nulle diſpoſition ne la peut oſter. On a demandé ſi la fille excluſe par le ſtatut de la ſucceſſion eſtoit excluſe de la legitime; tous les Docteurs ont reſpondu que non [a]. On a demandé d'auãtage s'il eſtoit en la puiſſance du ſtatut d'oſter la legitime aux enfans, la contention a eſté grande. Les vns ont dict qu'ouy, les autres que non; les autres qu'elle ſe pouuoit amoindrir, mais nõ pas tollir du tout: mais tous ont bien eſté de ceſt aduis, que *nunquã legitima cenſetur tolli, niſi de ea expreſſa mentio fiat* [b]. C'eſt peut-eſtre ſur quoy les deffendeurs veulent appuyer leur ſecond argument. Car ils diſent, que les Iuriſconſultes ont expreſſément determiné, que le pere par la ſubſtitution pupillaire, peut diſpoſer de la legitime de ſon fils, bref de tous ſes biens, & les tranſmettre aux ſubſtituez, & par conſequent priuer la mere: & adjouſtent à cela que le ſubſtitué ſuccede directement au teſtateur, prend les biens de ſa volonté, & non de celle du pupille. Et par conſequent le teſtateur n'eſtant point tenu de laiſſer la legitime à la mere, auſſi les ſubſtituez n'y ſont-ils point tenus. Le pere diſpoſe des biens de ſon enfant, meſ-

a *Craſſus.*

b *Chaſſaneus &c.*

mes de sa legitime. Ce n'est pas à dire qu'il puisse preiudicier à la mere. Cela n'est non plus veritable que qui diroit, le pere peut disposer des biens de l'enfant, & luy dõner vn heritier. Doncques cest heritier ne sera point tenu de payer les debtes de l'enfant: car en la successiõ de l'enfant, la mere y est cõme vne debte *tanquam æs alienum*. Aussi la raison est-elle bien differẽte d'vne chose & de l'autre, cette vague & effrenee puissance que le pere s'arroge de disposer des biẽs de l'enfant impubere a quelque commodité pour l'enfant, & la loy a eu autant de consideration à cela qu'aucune autre chose. Premierement l'enfant a interest d'auoir vn heritier. C'est vne ialousie d'honneur dont tous les Romains ont esté picquez: puis cest heritier estant secret, asseure sa vie & diuertit les desseins de ces abayeurs de successions, dont cette ville-la (de laquelle il estoit dit, *in hac vrbe quirites omnes aut captantur aut captant*) estoit pleine. Et au bout dequoy se pouuoit plaindre le pupille, si son pere disposoit apres sa mort en puberté de ce dont la loy ne luy dõnoit point de faculté de disposer: car s'il arriuoit à la puberté, aussi tost cette substitution expiroit. Mais pour exclure la mere de la legitime, combien de choses extraordinaires faudroit-il faire? Le fils ne le peut, la loy le luy deffend, quand il auroit sa volonté libre. Pourra-il plus par vn autre, que par soy-mesmes, plus impubere que s'il estoit aagé & iouissant de ses droicts? Quand le pere substitue pupillairement à l'enfant, il est censé faire ce que le fils eust fait. Qui est-ce qui presumera le fils si desnaturé & si barbare de vouloir priuer la mere de ce miserable secours que la nature luy donne pour subuenir à sa necessité? la loy, pour subuenir à sa douleur? Si nous voulons deuiner quelle pourroit estre la volonté du fils, prenons le conseil du Iurisconsulte, lequel [a] nous dit, que *charitate sanguinis cuiusque desideria propendi æquum est*. Et si nous voulons estre plus rigoureux, prenons mesmes la coniecture de la volonté du pere. Car en telles substitutions pupillaires *quæstio est voluntatis* [b]. Si le pere eust pensé à ce cas, est-il croyable qu'il eust voulu exclure entierement la mere? Il est bien vray-semblable que le pere ne s'est pas imaginé que le fils deust mourir auant la mere: *est enim ominosa presumptio*, ce dit la loy. Mais si tant est que la fortune l'ait ainsi porté, que reste-il, sinon par le conseil de la loy [c] *repentini casus calamitatem coniectura paternæ pietatis emendare*? La fiction operera-elle au contraire de

a In l. si quis de lib. agnos.

b l. vlt. C. de inst. & subst.

c l. si mater C. de inoff. test.

la verité? ou aura-elle plus de puissance que la verité mesmes? Le pere ne teste que pour suppleer l'infirmité de son fils: pour empescher qu'il ne face quelque chose indiscretement contre le debuoir de la pieté. Les loix Romaines, qui ont esté si indulgentes aux soldats, leur ont neantmoins osté la liberté de tester auant la puberté: & en rendent cette raison, *Indignum visum est eum qui stabilem mentem nondum habuit, sapientum hominum iura pertractare, ne in tam tenera ætate ex tali licentia parentibus forte suis noceret, propriam substantiam extraneis relinquendo*[a]. Cette licence estoit peut-estre aucunement tollerable aux soldats qui testent de leur miserable pecule, de ce que leur valeur & la fortune des armes leur a donné, & qui en disposent, bien souuent au proffit de leur compagnon, qui cent fois les aura sauuez de la mort. A celuy *qui mananti sanguine signat in clypeo mandata* il ne faut pas denier cette consolation. *Est aliquid fatoque suo ferroque cadentem. Et mandare suis aliquid & sperare sepulchrum.* Mais à vn pere casanier, qui aupres de son feu flatte ses folles pensees, idolatre ses affections, luy permettre de tester pour son fils, & ce faisant, faire ce que si son fils faisoit, la loy le iugeroit inhumain, voire l'accuseroit de demence, il n'y auroit point

[a] *l. Licet antiquis C. de mil. testam.*

d'apparẽce. Que les peres reçoiuent donc ceste puissance, ce priuilege: mais comme vn droit dont ils ne doiuent ny ne peuuent abuser au dommage d'autruy. Ce qu'ils feroient grandement, s'ils faisoient cest outrage à la mere: car ils offenceroient mesmes l'enfant qui faict partie d'elle mesme, la decourageroiẽt de prẽdre le soing qu'elle doit à son education, & rempliroiẽt l'enfant de regrets en mourant, de preuoir la future misere & orbité de sa mere, sans la pouuoir secourir, ny luy laisser aucune part de ses biens pour le soulagemẽt de sa vieillesse. Ouy mais dict-on, ce sont les biens du pere: pourquoy n'en ordõnera-il pas comme bon luy semblera, puis que mesmes le substitué les prend immediatemẽt de luy? On peut respondre à ceste subtilité ce que dit Iulius Paulus a. *Posteritas dum nimia vtitur subtilitate non piam differentiã fecit.* Subtilité toutesfois qui est bien aisee à souldre. Car si le pupille decede deuãt le testateur, à la verité le substitué succede directement & immediatement au testateur. Mais en quels biẽs? en ceux du pere, & non en ceux du fils: Si au cõtraire le pupille suruit le pere, & que puis il decede, & que le substitué luy succede, en sorte qu'il ne recueille que les biens du pupille, il n'est tenu d'acquiter

a *Initio libri singularis, quem ad Senatuscõsultum Tertullianum fecit.*

aucũ des laiz que le pere peut auoir faicts [a]. Le pere aura ſubſtitué à ſon fils vne perſonne qui lors de ſa mort ne ſera pas capable de ſucceder. S'il le deuient, & qu'il le ſoit lors de la mort de ſon fils, il ſuccede au fils. Et meſmes Iulianus a eſté d'aduis qu'il ne ſuccede qu'aux biens ſuruenus au fils d'autre-part que de la ſucceſſion du pere, *quaſi à pupillo capiat* [b]. Cela monſtre donc que la ſucceſſion du fils n'eſt point la ſucceſſion du pere ; que la volonté du pere n'empeſche point que la ſucceſſion du fils ne demeure obligee à ce que les loix & le droict l'ont affectee & comme hypothecquee, meſmes à cette debte priuilegee de legitime de la mere. On luy objecte Papinian [c], qui dict que la mere ne peut debattre le teſtament pupillaire, & le dire inofficieux, & que partant elle ne peut demander ſa legitme. On pourroit reſpondre en vn mot, que cet argument ne cõclud nullement, qu'il ne contient aucune maxime qui puiſſe tirer en conſequence la concluſion que lon veut fõder. On dict que la mere n'eſt pas receuable à faire declarer le teſtamẽt du pupille inofficieux : auſſi ne veut pas la demandereſſe : elle demande ſeulemẽt ſa legitime. Ce texte ne dict pas qu'elle n'y ſera pas receuë: il n'en parle point.

Mais

a *l. cum quidam C. de legat.*

b *l. ſi qui ff. de vulg. & pupill.*

c *§. Sed nec impuberis.*

Mais pour en descouurir la fallace il le faut estendre & mettre en ses parties, à fin que ce qui est vicieux se puisse mieux mõstrer. Pour former cest argument il faut necessairement dire: La mere ne peut demander sa legitime sur les biens de son enfant, sinon qu'en faisant declarer son testament inofficieux: elle ne le peut faire declarer tel, elle ne peut doncques demander sa legitime sur le bien du pupille. Ou bien pour le faire plus court: La mere n'a point d'autre action pour demander sa legitime que celle de l'inofficiosité; celle-la luy est deniée contre le testament pupillaire. Il luy est donc aussi denié de demander sa legitime contre le testamẽt pupillaire. Et pource il faut examiner cette question; si la legitime ne se peut demander qu'en disant le testament inofficieux, & par consequẽt le faisant casser. Or pour monstrer la fauceté de cette proposition, c'est que tout le contraire est veritable, que la mere ne peut en nulle façon demander sa legitime par inofficiosité. Car si elle agit pour faire dire le testament inofficieux, ou elle perd sa cause ou elle la gaigne: si elle la perd, elle n'a rien du tout; si elle la gaigne, elle emporte toute la succession, & non pas la legitime qui n'en est qu'vne portion. Tellemẽt qu'il faudroit de necessité que les deffendeurs pour soustenir cette maxime en establissent vn autre, que la mere, le pere ni les enfans (qui sont tous en cela de mesme condition) n'ont aucune action à demander leur legitime. Et lors ils auroient sur les bras des armees de docteurs aussi grandes & nombreuses que celles qui ont voulu establir la premiere maxime. Ils auront la disposition des loix expresses, ils auront l'vsage ordinaire de tous les palais de ce Royaume, qui ont tous tenu inuiolablement que la legitime a son action de la condiction de la loy: action toute differente de l'inofficiosité, action qui dure trente ans, action qui se donne *& ex testato & ab intestato*. La demanderesse se contentera d'alleguer, comme pour indice des autres qui y sont tous cottez Crassus & Menochius; & nommément Accurse[a]. Aussi est-ce la pure dispositiõ du droit, que bien que pour faire cesser l'inofficiosité, il faille laisser la legitime aux personnes priuilegiees; toutesfois la legitime n'est pas attachee à l'inofficiosité, & n'est point contraincte de subir ce iugement fameux qui regarde toute la succession, si elle ne veut. Auãt la loy *Falcidia* qui fut du temps d'Auguste, ny les heritiers de sang, ny les heri-

[a] *In l. de inofficioso C. de test. milit.*

tiers instituez, n'auoient nul remede contre la profusion qui espuisoit la succession par bienfaicts & legats. Cette loy pourueut aux vns & aux autres egalement. De là est arriué que la quarte qu'ell'ordonna aux enfans (car les peres n'en auoient point de besoing) s'apella legitime, *a lege illa Falcidia*, & la quarte des estrangers s'appella Falcidie. Tellement que ce nom fut partagé en deux, & les heritiers du sang qui meritoiēt la faueur de la loy retindrēt aussi son nom, & les estrangers qui s'estoient preualus de l'autheur d'icelle, qui leur auoit communiqué le priuilege des enfans, retindrent le nom du legislateur, & les iurisconsultes depuis, suiuans les mesmes erres & considerations, appellerent l'vn *debitum naturæ*, l'autre *beneficium legis*. Et cela Eusebe l'a remarqué en passant dans ses chroniques : chose dont il ne se trouue point d'enseignement autre part. Ce qui est confirmé par la loy *Papinianus*[a], où il appelle la legitime Falcidie[b]. Or ne peut-on pas dire que ce droit se demandast par inofficiosité, ny qu'il tende à vne petition d'heredité, comme l'inofficiosité : car ce n'estoit qu'vne simple deduction ou detraction de l'heritage, qui se faisoit suiuant l'ordonnance de la loy. Depuis, comme le monde fut esclairé de cette

a *§. quoniam.*
b *Et in l. filius fam. ad leg. falci.*

lumiere eternelle qui descendit en terre, & que la reflexion des mœurs Chrestiennes vint à rechauffer insensiblemẽt la charité naturelle aux cœurs mesmes des Payẽs: Suiuit la loy Glicia, qui fut plus fauorable au sang, contraignant les testateurs de laisser aux enfans leur legitime. De sorte que s'ils ne l'auoient par le iugement du testateur, elle declaroit les testamens nuls, & imprimoit vne espece d'infamie & vn violent soupçon de demence en la memoire des testateurs. Mais ce n'estoit pas que pour cela, elle obligeast tousiours l'enfant ou celuy qui demandoit la legitime à intenter ceste accusation. Au contraire on loüoit ceux qui *testamenta patrum malebant patientia honorare, quam iudicio conuellere.* Et tant qu'il y auoit quelque autre action on denioit celle de l'inofficiosité, comme fameuse. De sorte qu'il ne faut pas croire que la loy Glicia qui estoit entierement en faueur des enfans, ait esté tournee en leur hayne & dommage, & leur ait osté ce qu'ils auoient auparauant, pour les rendre de pire condition que les heritiers instituez, qui en toutes façons auoient leur legitime, & ne pouuoient que par vne action fameuse & hazardeuse demander ce qui leur appartenoit. Aussi peut-on remarquer vne infinité de lieux en droit, où la legitime est donnee sans toucher au testament, sans l'accuser; & au cas mesmes que celuy qui agist n'a pas droit d'accuser le testament d'inofficiosité, comme en la loy *omnimodo*, par laquelle l'on demande le supplément. Et en la loy *Papinianus* [a] l'enfant abroge à sa legitime sur les biens de son pere naturel, *& tunc remouetur à querela*. En la loy *maximũ Vitium* [b] il se voit qu'auparauãt la fille preterite au lieu d'agir d'inofficiosité, par vne certaine subtilité, sans rompre le testament *quartam consequebatur*. Si le fils est institué, & que le pere le charge de restitution, en sorte qu'il ne luy reste que le seul nom d'heritier, ou bien que le testateur espuise sa succession par laiz & fideicommis particuliers, il a sa legitime. Ce n'est pas par inofficiosité, car il est institué. Ce n'est pas par supplément, car il n'a rien: c'est donc par action particuliere. Si le patron est institué par son libertin à la charge de mettre en liberté vn esclaue, & qu'il ne le veuille pas faire, il peut demander sa quarte, & quicter la succession au substitué [c]. Le gendarme pouuoit tester sans estre subiect à l'inofficiosité: c'estoit vne singuliere faueur qu'il auoit pour consolation des trauaux militaires [d]. Les clercs & les prestres

a §. si impubes.

b C. de liberis præteritis.

c l. si libertus patrono de bon. libert.

d l. de inofficioso. C. de inoffi test.

ont eu le mesme priuilege en leur pecul Ecclesiastique. Mais pour cela les peres & les meres en ont-ils moins leur legitime? L'autentique[a] dit que non. Les Docteurs & la glose tiennent que la legitime se peut demander *ex testam. militis*. Il y a bien plus, c'est que souuent la legitime se donne encor qu'il n'y ait point du tout de testamẽt, comme, si *codicillis suam hereditatem testator exhausit*[b]. Si le pere a donné tous ses biens entre vifs à l'vn de ses enfans, il peut agir d'inofficiosité; mais s'il veut, *arbitri familiæ herciscundæ officio congruit vt quartam partem debitæ ab intestato portionis prestet*[c]. Si le pere a donné tous ses biens à ses enfans emancipez, la quarte s'en detraira pour tous les autres enfans[d]. Si la mere donne tous ses biẽs à l'vn de ses enfans, *quod donatum est ratione quartæ diminuetur*[e]. Si la mesme mere se constitue tous ses biens en dot, *filiis conquerentibus debita emolumenta conferentur*[f]. Toutes ces raisons là, bien que de soy assez robustes & puissantes, sont neantmoins confirmees par ce que nous lisons dans Nicephore[g]. Il dit que l'Empereur Marcus fit vne loy, par laquelle *liberis preteritis aut exheredatis, & nihil ex iudicio parentum consequentibus, quadrans hereditatis debetur*. Or les voila preterits, les voila exheredez, & neãtmoins

a *§. Presbyteros de Episcopis & clericis.*

b *l. filius fam. ff. ad legem Falcidiam.*

c *l. si pater de inoffi. donat.*

d *l. si totas C. eod.*

e *l. si liquerit eod.*

f *l. vnica de inoffi. dot.*

g *lib. 3. cap. 31.*

ils ont leur quarte : ce n'eſt donc pas par la querelle d'inofficioſité. Car ou elle renuerſeroit entierement le teſtament, ou elle excluroit entieremẽt le complaignant, mais par la condition de la loy. Auſſi eſt-ce aujourd'huy vne opinion commune & irrefragable, que la legitime a ſon actiõ à part, qui a trente ans de duree, & eſt tranſmiſſible aux heritiers de ſang ou eſtrangers: voire que Craſſus a tenu qu'il y a trois actions pour la demander, lors qu'elle n'eſt point laiſſee, *iudicio familiæ herciſcundæ, ex teſtamẽto, & cõdictione, ex lege.* Et Iaſon [a] a tenu qu'elle ſe peut prendre d'authorité priuee. Il eſt donc par là ſuffiſamment reſpondu au preiudice que lon a voulu faire de l'opinion de Papinian en cette cauſe : lequel en toutes ſes reſponſes s'eſtant rendu patron de la nature & de la charité du ſang, n'auroit point ſi honteuſement & irreligieuſement preuariqué en ceſt endroit, comme les defendeurs luy veulent faire accroire, luy voulant meſmes en cela deſrober la gloire de ſa mort. Car dequoy luy auroit-il ſeruy d'auoir en mourant refuſé de defendre vn parricide, ſi ſes reſpõces en faiſoient tous les iours de nouueaux? dénier à la mere ſa legitime, c'eſt luy dénier ſes alimens: luy dénier ſes alimens, c'eſt l'eſtouffer & la

a *In l. non dubium C. de legibus in l. nõ amplius C. de lega.*

meurtrir, chose qu'il ne faut soupçonner és actions de celuy dõt la mort a esté si saincte & religieuse. Que si cette execrable opinion luy estoit iamais entree en l'esprit, ie ne voudrois pour la luy faire changer sinon luy prononcer les paroles que lon trouue grauees sur vn tombeau que lon presume estre le sien. Escoutez-les, & il vous semblera ouïr les cendres de Papinian, qui souspirent de la douleur de son pere, & consolent l'orbité des meres. Voicy les mots dignes d'estre grauez, non dans le marbre, mais dans le temple de la memoire eternelle: *Infelicissimus parẽs præposteritate naturæ adflictus filium hoc monumento condidit, quem immatura mors ademit, præripítque seni baculum cui tam defessa ætas adnitens perbreues annos alleuabat, nunc ante mors assequetur quàm tristes lachrymæ deseruerint.* Il reste seulemẽt à respondre au chapitre *si pater*, dont les defendeurs font leur principale force, estimant que les paroles soient si claires qu'elles ne puissent estre en façon quelconque obscurcies. La demanderesse ne s'amusera point à ce que quelques Docteurs ont remarqué contre la personne & les mœurs de l'autheur de ce chapitre, qui estoit le Pape Boniface, duquel ils ont dit que les constitutions estoiẽt quasi toutes ambitieuses & pleines d'iniquité: & particulierement ceux qui l'ont interpreté de la façon dont les defendeurs se veulent seruir pour exclure la mere de la legitime, ont tenu qu'il estoit iniuste & inique, & qu'on ne le pouuoit pratiquer *salua conscientia*. C'est l'opinion d'Archidiaconus & Galiaula sur ce chapitre: Celle de Socin & Decius sur la loy *precibus*. Mais sans entamer l'honneur de l'autheur, ny dõner attainte à la reputation de ceux que lon doit honorer, la demanderesse a deux plus fortes & plus pertinentes responses. La premiere, que la disposition du droict Canon & les constitutions des Papes és choses spirituelles sont religieusement obseruees par tout; mais en celles qui sont pures temporelles, elles n'obligent aucunement les Iuges hors le domaine & patrimoine de l'Eglise: car en ce cas ils sont considerez comme Princes seculiers, qui ont leur authorité bornee par les limites de leur estat, & ne peuuent donner des loix qu'à leurs subjets, comme Barthole l'a tres-bien remarqué [a]. Ce qui a principalement lieu en ce Royaume, lequel est si purement souuerain, qu'il ne recognoist en ce qui est de la puissance temporelle autre que Dieu; encor l'Empereur prend-il la couronne & son inuestiture du Pape: mais les

[a] In l. quid ff. ad Trebell.

Rois de France ne la tiennent immediatement que de Dieu. Et pour monſtrer que noſtre vſage confirme cette maxime, nous en pouuons prendre vn exemple qui ſe preſente en main ſur le faict meſmes des teſtamens & diſpoſitions teſtamentaires. Le Pape a veut qu'vn teſtament fait pardeuãt deux teſmoings ſoit bon & vallable en tout & par tout. Il allegue meſmes pour fortifier ſa conſtitution la parole expreſſe de Dieu, qui veut qu'en la bouche de deux ou trois teſmoins toute parole ſoit tenuë pour conſtante & aſſeuree. Il y adiouſte vne ſanction ſpirituelle, vne menace eſpouuẽtable d'anatheme, contre tous ceux qui tiendront le contraire. Pour cela gardons-nous ſon ordonnance? Celuy qui en vertu d'vn tel teſtament viendroit demander, non pas vne ſucceſſion, mais vn ſimple laiz, ne ſeroit-il pas renuoyé auec moquerie? Il ſe pourroit alleguer infinies choſes ſemblables, introduictes par le droit canõ, non obſeruees en la iuſtice temporelle. Mais ſans entrer plus auant en ce diſcours, il eſt aiſé de monſtrer que cette conſtitution du Pape eſt fondee ſur des circonſtances particulieres, qui la tirent entierement hors de la reigle que lon en veut induire: & par ce moyen nous ſauuerons & l'hon-

a In c. cum eſſes de teſtam. [illegible]

neur de l'autheur & le droit de la pieté, laquelle on a pensé par là renuerser. La premiere circonstance est, que par le testamét dont est faicte mention en ce chapitre, la mere auoit eu vn laiz si ample, qu'il egalloit la legitime qu'elle eust peu demander. La seconde, que les pauures estoient substituez, lesquels ont semblé au Pape qui a fait cette constitution, tenir lieu d'enfans pour pouuoir exclure la mere. Personne n'ignore combien de choses ont esté extorquées en droit pour la faueur des pauures, contre l'equité: comme nous voyons que d'vn testament imparfait ils ne laissent pas d'exiger ce qui leur est laissé. Les laiz qui leur sont faits ne sont point sujects à la Falcidie & mille autres priuileges. Et ne faut pas s'estonner s'ils ont trouué cette faueur au pere commun de l'Eglise, lequel se proposa plustost cette charité Chrestiéne, qui vnit par la pieté tous les membres de Iesus Christ pour la consolation de son Eglise, que cette charité naturelle, qui r'assemble par le lien du sang les parens. Agripine parlant en Tacite de Syllana qui l'auoit accusee d'auoir entrepris quelque chose contre la vie de Neron son fils, *non miror Syllanam cum nunquam pepererit, ignotos habere matrum affectus*. Aussi n'est-ce pas merueille, que les

Papes qui n'ont point d'enfans oublient l'amour du ſang & de la nature, pour fauoriſer les affections ſainctes & religieuſes qui nous tranſportent à profondre tous noz moyens à la nourriture & entretenement des pauures. Mais les autres Princes ſeculiers qui ſçauent combien il importe pour maintenir l'Eſtat & conſeruer encor le droit des familles, & dans les familles le droit des perſonnes, y vont plus retenus, & ont moderé les choſes en ſorte que chacun ait ſa part, & veulent que quelque choſe qu'il en ſoit, *natura primum curata competenter ad extraneas liberalitates accedatur.* La troiſieſme remarque de ce chapitre eſt, qu'il dit ſimplement que les pauures auront les biẽs *ſine deductione legitimæ.* Plus pour monſtrer qu'il n'y auoit point de fideicommis, & que la ſubſtitution eſtoit directe, que pour oſter l'action particuliere que la mere a de ſa legitime. La raiſon eſt, que toute deduction ſe faict par celuy qui eſt ſaiſi de l'heritage. Or la ſubſtitution pupillaire eſtant directe, ſe prend des mains de celuy à qui lon ſuccede, & non de ſon heritier. Ceſt heritier ne peut pas faire deduction de ce qu'il ne tient pas: mais auſſi n'eſt-il pas exclus de demander ce qui luy eſt deu ſur l'heritage, comme eſt la legitime à la mere, *tãquam æs alienum.* La demanderesse disoit que ces raisons-la pourroient estre fortifiees d'vne infinité d'autres discours, mais que l'authorité des choses iugees, & des arrests de toutes les Courts de Parlement de ce Royaume l'aduertissoient de s'estancher. Car il se trouuoit qu'il n'y auoit quasi Cour de Parlement où cela n'eust esté iugé & reiugé, & où, nonobstãt toutes les raisons alleguées par les deffendeurs, la mere n'ait esté receüe à demander sa legitime. Car les Parlemens de France ont tousiours obserué d'adoucir la rigueur des loix Rommaines, pour s'accommoder au vœu de la nature & charité Chrestienne, comme remarque Menochius, & auant luy Guido Papa : comme il se voit aussi en la question qui se presente, où la mere a esté receuë nõobstant la substitution pupillaire à demander sa legitime. Premierement au Parlement de Paris par arrest donné le huictiéme Iuin 1566. rapporté par Papon en son recueil : par lequel Pierre Charbonnier Aduocat de Forests, ayant fait quelques laiz à sa femme, mesmes de l'vsufruit de tous ses biens tãt qu'elle seroit en viduité, & au surplus institué heritier son fils aagé de deux ans, & en cas qu'il decedast en pupillarité ou autrement auant qu'auoir diſpoſé à iceluy ſubſtitué pluſieurs particuliers en choſes certaines, & l'hoſpital en la ſomme de mille eſcus, le fils eſtãt decedé en pupillarité, & l'hoſpital ayant demandé les biens en vertu de la ſubſtitution, ſa mere qui s'eſtoit remariee, & auoit perdu ſon vſufruit, demande detraction de ſa legitime. Le Iuge de Mont-briſon l'en deboute, la Cour par ſon arreſt reforme la ſentence & la luy adjuge. Par arreſt du Parlemẽt de Bordeaux prononcé en robe rouge la veille de la Pentecoſte 1567. tout le ſemblable fut iugé. En ce Parlement le feu Conte du Bar, ayant ſubſtitué pupillairement à ſon fils, la mere apres la mort de l'enfant en pupillarité, demanda ſa legitime ſur les biens. Par arreſt elle luy fut adjugee. Depuis l'Edit eſtant ſuruenu, par lequel le Roy a reiglé la ſucceſſion des meres, & leur a limité en quoy elles doiuent ſucceder, tant *ex teſtamento quam ab inteſtato*. En l'an 1571. fut donné arreſt en la cauſe d'vne nommee Ieanne Melliere de Lyon, par lequel pour ſa legitime, ſuiuans l'Edit luy fut adjugé l'vſufruit d'vne ſomme de neuf cens liures. De ſorte qu'en tout cas, quand on voudroit en ceſte prouince donner lieu à l'Edit, la demandereſſe auroit touſiouts ſon intention bien fondee, pour demander l'vsufruit de la moitié de tous les biẽs, apres tant de celebres arrests donnez en de si illustres compagnies, qui sont comme les oracles de la France, mais de toute l'Europe: que pourroient les deffendeurs opposer pour subuertir vn fondemẽt si certain? des reigles si inuiolables? Et quels Iuges pourroient prendre la hardiesse de s'escarter tant soit peu de ce que tant d'arrests auroient estably & confirmé si sainctement & si solennellement? De quels Iuges peuuent les deffendeurs esperer d'obtenir ce qu'ils demandent? Veu que cette Cour où il faut en fin que cecy soit iugé, les en a debouttez: *rescindere diuis non licet acta Deum. Acta Deum* vrayement pouuons nous appeller ces saincts & sacrez iugemẽs, qui ramenent les hommes égarez par la vanité des opinions, dans les bornes de la nature. Et comme dit Seneque, parlant de cela mesmes, *detrectantes in naturæ iura compellunt*, ou à mieux dire, les remettent au grand chemin de la pieté. Philon Iuif philosophant sur le Decalogue dit, que le precepte qui commande l'honneur des peres & des meres, a esté mis le dernier à la premiere table, pource qu'il tient aucunemẽt de la pieté & de l'honneur qui est deub à Dieu, lequel nous les a donnez, comme images viuans de la diuinité, ἀπεικονίσματα καὶ μιμήματα θείας δυνάμεως οἱ μὴ ὄντας εἰς τὸ εἶναι παράγοντα. De ſorte que les loix qui concernent la religion & le cult de la diuinité compriſes en la premiere table ſemblent aboutir à ce precepte : & d'autre coſté ce precepte ſemble le commencement de l'autre table, c'eſt à dire eſtre la preface & l'exorde de tous les autres preceptes moraux qui reiglent la vie humaine, & la peuuent conduire à quelque perfection. Ce que les Egiptiens auoient bien auſſi recognu & remarqué par leurs ceremonies. Car comme Plutarque eſcrit au traicté qu'il a fait, quels animaux ſont plus aduiſez, ils tenoiēt & gardoient religieuſemēt comme ſaincte & ſacree l'eau où ils voyoient boire les Cigongnes, pour la proprieté & pieté naturelle qui eſt en ceſt animal, lequel ſi ſoigneuſement & au peril de ſa vie ayde & ſecourt ſes pere & mere en leur vieilleſſe, ſans iamais les abandonner. De ſorte qu'ils n'eſtimoient point de plus efficace luſtration, ny de purification plus ſaincte que celle qui ſe faiſoit de l'eau où ces animaux euſſent par leur attouchement imprimé cette pieté, qui eſt ſi exemplaire & admirable en eux. Quoy donques? quand le ciel, la terre, les animaux meſmes appelleront

les

les hommes à la pieté, au respect qu'ils doiuent à leurs peres & meres, la iustice qui est sa sœur germaine les en repoussera, & les rendra plus farouches que les bestes? L'ingratitude abominable, qui ne trouue où se cacher deuant Dieu ny les hommes, trouuera-elle son abry & son refuge soubs l'ombre des loix & de la iustice, qui ne sont faicts que pour la condamner & exterminer? C'est chose que les deffẽdeurs ne peuuent esperer: & au contraire la demanderesse s'asseure que la legitime que la nature, les loix, les arrests luy donnent, luy sera conseruee, nonobstant toutes les vaines raisons des deffendeurs.

A tout cela les deffendeurs repliquoient, que c'estoit vne trop grande hardiesse à la demanderesse, *& vere inhonesta & inuerecunda cogitatio*, comme dit le Iurisconsulte, de vouloir entreprendre de ruiner les fondemens de la iustice, & renuerser les maximes qui auoient esté tousiours religieusement gardees & approuuees par vn si vniuersel consentemẽt. Le Iurisconsulte ayãt preueu qu'il n'y a rien d'asseuré contre l'auidité des plaideurs, qui veulent flechir les loix à tout ce qui leur est vtile, aduertit les Iuges de se roidir contr'eux par ce salutaire precepte: *minimè mutanda sunt quæ certam sem-*

per interpretationem habuerunt. Aussi en toutes les republiques bien ordonnees, on constitue des peines, voire bien grandes, contre ceux qui innouent les choses qui ont esté d'anciēneté obseruees; iusques à là que les Lacedemoniens enuoyerent en exil vn de leurs plus notables citoyens, seulement pour auoir adiousté vne corde à la lyre, tant mesmes és choses les moins importantes la nouueauté leur desplaisoit. Qu'eussent-ils donc faict à celuy qui en matiere des loix & maximes iudiciaires seroit si hardi que d'entreprendre de disputer contre ce qui est tenu pour opinion commune & reigle certaine? Eussent-ils esté d'aduis qu'a mesure qu'il se fust trouué vn subtil argumenteur toutes choses fussent remises en incertitude, afin de changer aussi souuent de loix que de vestemens? C'est donc vne trop grãde presumptiõ, qu'vn particulier veuille entreprendre les censures des loix, & en corriger ce qui ne luy est pas vtile: & encor plus, d'argumenter, que si les temps ont changé & innoué beaucoup de choses, il est permis de mesmes aux parties de requerir à mesure qu'il leur semblera à propos ce mesme changement. Ne considerant pas de quelle difference les loix en toutes façons sont esleuees pardessus les particuliers. *Illis imperij, nobis obsequij sola gloria relicta est.* Mais pour cõuaincre la demanderesse d'autãt d'iniquité que d'immodestie, il faut examiner les raisons particulieres par lesquelles elle pretend se desueloper des chaisnes de tant de loix qui la tiennent serree & rembarree, & quelle respõce elle faict aux Iurisconsultes & aux Empereurs qui la condamnent. Bien que l'opinion de Papinian soit plus claire que le iour, elle s'en pense sauuer, disant qu'elle ne veut pas agir *querela inofficiosi*, ains *condictione ex lege* demander sa legitime. Mais où trouuera-elle cette loy? qu'elle cherche tout le Code, toutes les Pandectes, elle n'en trouuera nulle, & se trouuera que toutes les dispositions des Empereurs qui ont augmenté la legitime des peres & meres, ou qui en ont parlé, sont toutes conceuës en ces termes: Que l'enfant ne peut disposer sans laisser à ses pere & mere leur legitime; qu'il faut que les peres & meres ayent leur legitime par testamẽt[a]. Dont il resulte que les loix n'ont rien entendu innouer de l'action qui estoit anciennement donnee, qui n'est pas dirigee pour auoir la legitime: mais, faute que la legitime n'est laissee, pour renuerser le testamẽt & reduire les choses ab intestat. Ce que Phanucius Lucensis, celebre iuris-

a *l. omnimodo l. in prioribus authent. de heredit. & falcidia.*

a In tracta tu de inuẽtario num. 21.22.23.

consulte a clairement demonstré a & respondu à la loy *si libertus patrono*, qui est vn priuilege special donné au patron, & qui n'a point son semblable. Car il ne se trouuera nul cas que celuy-la, où il soit permis à celuy qui est institué de renoncer à l'institution pour demander sa legitime. Mais encores celuy qui renonce le fait en faueur du substitué, qui est vne autre circonstance particuliere, qui eslongne ce faict de celuy où nous sommes maintenant. Quant à l'exemple de la fille, pris de la loy *maximum vitium*, il ne s'agit pas là du droit de legitime, mais d'vn droit de succeder, que la loy appelle *tacitum ius accrescendi*, qui auoit sa forme particuliere: lequel outre cela ayant esté aboly, & la fille reduite à mesme condition que les masles, il n'y a nul subjet de pouuoir tirer aucune consequence de ce faict, non plus que de la quarte de l'enfant adrogé, qui estoit par vn contract fiduciaire & obligation particuliere, qu'il falloit que le pere passast auant l'adrogation. De sorte que *magis ex stipulatione quàm ex successione debebatur*. Puis quand les loix introduisent en vn cas particulier quelque disposition speciale, elle ne se doit point tirer en consequence és autres choses qui demeurent sous la reigle commune: *Ius singulare quod contra rationem iuris receptum est non est producendum ad consequentiam*[a]. L'authẽtique mesmes *presbiteros*, de laquelle on se veut seruir est cõceuë en ces termes *ferant* Et le premier Iuriscõsulte de ce siecle a biẽ sceu remarquer que ce que lõ cite de NICEPHORE au lieu que la demanderesse a allegué, où il est dit, que l'Empereur Pius auoit ordonné vne quarte aux enfans exheredez, estoit vn erreur arriué de ce que l'historien escriuoit d'vne chose laquelle il n'entendoit pas, & qu'il falloit reparer ce lieu, mettant que les enfans ausquels la quarte ne seroit pas laissee pourroient debattre le testament, comme s'ils estoient preterits ou exheredez. Et ne sert de rien ce que l'on a voulu induire de la donation inofficieuse qui est faicte par le pere ou par la mere, laquelle demeure ferme & entiere, & neantmoins la legitime se peut demander. Pource que la loy dit, que ce remede n'est introduit sinon *ad instar aut ad similitudinem*, non point par la loy, mais *officio iudicis*, sans que celuy qui est lezé puisse en tout & par tout faire rescinder l'acte principal. Or *nullum simile idem*: vn acte fait entre vifs, où plusieurs personnes sont interessees, ne se peut pas ainsi aisémẽt renuerser, comme vne volonté derniere qui ne depend que de l'intention du testa-

a *l. quod vero ff. de leg.*

teur. Dauantage n'y ayant point de loy qui ordonne que le donnant entre vifs ou constituant en doüaire laisse par cest acte la legitime à ses enfans, il semble que celuy seroit injuste qui voudroit annuller l'acte qui n'a point peché contre la loy. *Quid enim* (dit l'Empereur) *peccauit antiquitas quæ præsentis legis inscitia veterum secuta est obseruationem?* Mais celuy qui est aduerty par la loy qu'il faut à peine de nullité laisser par testament la legitime aux peres & aux meres, il entẽd quant & quant la sanction de loy, qui est que faute de ce faire sa disposition sera nulle: de sorte que si volontairement il encourt la peine qui luy est proposee, il ne le peut imputer qu'à soy mesmes. D'autre costé aussi, il ne faut pas que ceux à qui ce remede tant fauorable est donné, pensent le deuoir negliger pour recourir à vn autre. Car comme cette action est fort aduantageuse pour eux, en ce que s'ils obtiennent auec raison, ils reduisent les choses ab intestat, & emportent toute la succession: si au contraire ils l'intentent sans raison, ils sont entierement priuez de tout ce qu'ils pouuoient pretendre és biens du deffunct, voire de ce qu'il leur auoit laissé par son dernier jugement. Combien de fois a-on demandé en droit, si l'enfant institué pourroit demander sa legitime, & renoncer à l'institution? Qu'ont respondu les Iurisconsultes & les Empereurs, sinon que c'estoit chose qui n'estoit nullement loisible? Si par les nouuelles traditiõs des Docteurs il se trouue quelque actiõ introduitte pour demãder la legitime à part, c'est ou par forme de supplément *ex testamento,* pource que l'institution bien qu'en chose petite faisant cesser la querelle, il ne reste autre remede: ou *ab intestato,* à cause des statuts lesquels en Italie & autres endroicts excluent quelques personnes des successiõs. Mais au fait où nous sommes, nous pouuons dire auec verité, que la mere ne succede, *nec ex testamẽto, nec ab intestato.* Car *ex testamento* c'est le pere qui l'a fait: *constat enim vnum esse testamentum, licet duæ sint hereditates* a *ab intestato:* cet enfant n'a point d'heritiers car il y a testament. Ce qui est plus remarquable au faict particulier auquel nous sõmes, qu'en aucun autre qui se puisse presenter. Car l'enfant n'auoit aucuns autres biens en ce monde que ceux de son pere. La succession pupillaire est entierement directe, & par consequent celuy qui succede est censé prendre les biens du testateur de sa main, & non de celle du pupille, qui est consideré comme s'il n'auoit iamais esté. Et commẽt

a *l. moribus §. interdum de vulg.*

peut-on doubter si le pere peut tester au prejudice de la mere du pupille, puis qu'il peut tester au prejudice du pupille mesmes & substituer à sa legitime? La legitime que la mere pretẽd, est-elle moins au pere que celle du pupille? Il s'en faut bien: car celle de l'enfant est tellement à luy, que le pere en autre cas n'y peut nullement prejudicier: celle de l'enfant est du droit de nature, & toutesfois le pere y peut substituer. C'est la responce de ce grand Iurisconsulte Sceuola [a]. La legitime de la mere quoy qu'on die n'est deuë que *iure positiuo*, comme les Docteurs ont tenu, voire par vne grande indulgence de la loy. Et puis que la legitime n'est qu'vne partie de la succession *ab intestat*, commẽt peut-on imaginer l'origine de la legitime de la mere, plus ancienne que celle de la succession que nous voyons au Tertulian, encores limitee & circonstanciee, & les meres excluses par les enfans, & appellées en concurrence auec les freres & les sœurs? Qui est-ce qui voudroit dire que les freres ny les sœurs peussent estre receuables à demãder legitime au preiudice de la substitution pupillaire? Si la mere est en mesme degré, pourquoy le pourroit-elle plustost? Ouy mais dit-on, puis que le pere teste pour le

[a] *In l. sed si plures §. in adrogato.*

fils, il eſt obligé à ce à quoy le fils le feroit. Cela feroit vray-ſemblable ſi la loy expreſſément ne l'en deſchargeoit. Mais puis qu'elle l'ordonne, pourquoy veut-on diſputer contre ſon expreſſe diſpoſitiõ? pourquoy luy veut-on demander raiſon à elle qui eſt ſouueraine? Et toutesfois elle la rẽd, *quia pater hoc ei fecit.* C'eſt beaucoup dit en ſi peu de mots. C'eſt dire à la mere, ne vous plaignez point que voſtre fils ne vous ait faict l'honneur que vous deſiriez, car ie luy en ay oſté la puiſſance. Il eſt mort en aage qu'il n'auoit point de volonté ny de biens qui fuſſent à luy, & dont il peuſt diſpoſer. Ne dictes point que ce ſoit vne fiction ou vn priuilege que le pere teſte pour l'enfant, c'eſt la vraye, premiere & primitiue diſpoſition du droit Romain, plus admirable en cela qu'en autre choſe, d'auoir ſi religieuſement eſtably & obſerué la puiſſance des peres ſur les enfans, & n'auoir compté pour rien les enfans en la famille des peres. Sçauez-vous ce que lon doibt appeller priuilege? ce qu'on doibt appeller fiction? C'eſt quand la demandereſſe dict qu'il ſ'agit du teſtament de ſon fils. Hé quoy ce fils a-il peu faire vn teſtament en enfance? Lon feint donques que ce ſoit ſon teſtament: & en verité c'eſt le teſtament du pere. Lon luy donne ce priuilege, que ne pouuãt tester, vn autre puisse tester pour luy. Et en cela la fiction seroit contraire à la verité, si à cause de la personne du fils, qui n'est en cest acte que toute imaginaire, la puissance du pere, qui est le vray testateur, estoit en aucune façon restrainte & limitee. Par là donques les premiers argumens des deffendeurs sont affermis, & les objections de la demanderesse elidees & aneanties : & demeure encor d'abondãt l'expresse decision du chapitre *si pater*, à laquelle elle n'a peu apporter aucune respõce. Car qui a-il plus inepte que de mettre en doubte l'authorité du droit canon, qui se lit en toutes les escoles de France, & sur lequel sont examinez ceux qui sont authorisez ou pour plaider, ou pour iuger en toutes les courts de ce Royaume? Quãt à ce que lon dit qu'il y a beaucoup de choses qui ne s'obseruent pas, mesmes pour le fait des testamens, il faut distinguer pour ce qui est des formes. Si le droit Canon les introduit nouuelles & contraires à celles qui sont receuës, il y a quelque raison de dire que sa disposition se doibt borner par l'estendue du domaine de l'Eglise: mais où il ne faict autre chose qu'expliquer le droit Rommain, cõfirmer les anciennes constitutions, qui peut doubter qu'il ne le faille suiure, veu que tous les iours nous alleguons & faisons de grands preiudices, & des decisions de Naples, & des decisions de la Rota? Veu dauantage que nous sçauons que bien qu'en apparence l'autheur de ce chapitre soit nommé le Pape Boniface, toutesfois en verité c'est ce grand Iurisconsulte Dynus Muxellanus qui a fait la compilation du sexte. Veu aussi que tous les Docteurs irrefragablement ont suiuy ceste decision, & l'ont confirmee par vn vniuersel consentement. De vouloir dire qu'il y a des circonstances particulieres au fait sur lequel a esté respõdu, c'est se mocquer. Car si le laiz fait à la mere, empeschoit la demande de la legitime, la demanderesse qui a eu vn laiz par le testamẽt dont est aujourd'huy question, seroit aussi excluse. De dire que ce soit en faueur des pauures, on sçait assés que les canons les ont fauorisez: mais non pas au prejudice d'autruy, & mesmes des peres & des meres suiuant le conseil de sainct Augustin. Mais qui considerera les parolles de ce chapitre, recognoistra que ce n'est qu'vne reigle du droit Romain, laquelle le Pape par l'aduis des Iurisconsultes de son temps a voulu esclaircir & oster hors de toute doubte; ayãt pour cest effect decidé qu'en la substitutiõ pupillaire *cum sit directa*, il n'y a aucun lieu de detractiõ legitime ny de quarte Trebellianique. Or la demãderesse voyant qu'elle ne se peut sauuer par là, elle cherche d'autres armes, & a recours à quelques pretenduz arrests, par lesquels elle pretend auoir esté iugé selon son intention. Il suffiroit de respondre en general que ce sont choses alleguees en l'air, sans qu'il apparoisse ny des arrests, ny des procez sur lesquels ils ont esté donnez. Il est certain que la moindre circonstance du fait varie tellement le droit, qu'il n'y a rien si dangereux que de vouloir iuger par exemples. Mais outre celà, de ce que la demanderesse propose il resulte mesmes des responces particulieres plus que suffisantes & pertinentes à ces arrests. Car quant au premier donné au Parlement de Paris, & rapporté par Papon, ceux qui demandoient l'ouuerture de la substitution pupillaire n'estoient point des heritiers instituez en l'hoirie vniuerselle, mais seulement en certaines choses & particulieres: de sorte que la mere qui estoit legataire au testament, auoit quasi autant de droit qu'eux. Dauantage il sembloit que le pere qui n'auoit pas substitué en toute la succession, eust expres reserué à la mere sa part, en ce qui demeuroit vuide, & non comprins en la disposition. Et de fait Papon dit expressément, que le pere par la fin de son testament auoit ordonné que la mere auroit sa legitime sur le reste des biens: ce qui mettoit la chose hors de toute difficulté. Quant à l'arrest du parlement de Bordeaux, outre que la demanderesse n'en fait point apparoir, il est à presumer estre interuenu sur quelque semblable particularité. Pour le regard de celuy que lon dit auoir esté donné en ce Parlement, ç'a esté par conniuence des enfans, qui n'ont pas voulu debattre à leur mere la demande qu'elle faisoit; outre que la substitution n'estoit point expressémēt pupillaire: comme de faict on soustient que les enfans n'estoient point morts en pupillarité, & que ce qui a esté adiugé n'a esté que l'vsufruit d'vn laiz, & non aucun droit de legitime. Puis que depuis en la mesme Cour, & au rapport du mesme rapporteur, vne mere faisant vne semblable demande en a esté deboutee. Reste l'Edit des meres & arrest pretendu dōné en consequence d'iceluy, lequel n'est nullement à propos en ce cas-cy. Car l'Edit ne sert que pour limiter le droit de la mere, où il échet successiō. Mais où elle en est du tout excluse, l'Edit ne peut de rien seruir: comme aussi ne peut l'arrest de Melliere, qui est donné seulement pour alimens demandez. Et de faict la Cour par cet arrest n'adjugea pas les fruits de tous les immeubles, comme porte l'Edit, mais seulement de cette somme qui estoit entre les mains de la vefue. Mais s'il est question de recourir aux Arrests, les defendeurs peuuent dire auoir cause gaignee. Car ils en peuuent alleguer vn donné en ceste Cour depuis l'Edit, & depuis tous les Arrests qui ont esté alleguez, par lequel cette question a esté formellement & specifiquement iugee: entre Magdeleine Fernandes demanderesse, & les heritiers de Pierre André defendeurs: estant certain que les derniers iugemens sont les plus forts; & la derniere loy est celle qui donne la forme aux actiōs des hommes. *An illi per se sua iudicia rescinderent, cùm ceteri soleant in iudicando ne ab aliorum iudiciis discrepent, prouidere.* Tellement que cette maxime, que *per pupillarem expressam mater excluditur à legitima*, demeure nonobstant toutes les vaines & artificieuses recherches de la demanderesse en sa force & vigueur, selon que par tant de siecles consecutifs elle a esté religieusement & inuiolablement obseruee, & sans qu'elle ait raison de s'en plaindre. *Non est enim sæuitia quæ per leges venit*, comme dit vn ancien. Ainsi doibt-elle considerer combien de temps les meres ont esté en la iurisprudence Rommaine, sans que les loix les ayent recognuës capables d'aucun aduantage ny droit de succeder. Si depuis, cette virilité des loix s'est effeminee en leur faueur, si elles ont esté receuës à quelque chose, qu'elles n'en facent point consequence au reste, & ne pretendent point par là renuerser ce qui est clairement & nettement disposé, bien qu'il ne leur soit pas si aduantageux qu'elles desireroient. Qu'elles croyent que la loy, temperant leur cupidité, leur dit, Ne sçauez-vous pas que c'est moy qui vous ay mises au monde? qui vous ay soigneusement esleuées, donné le droit de bourgeoisie, donné la seureté, les priuileges de voz doüaires? Ie vous ay donné droit de succession en la maison en laquelle vous estes nées. Ie vous ay esgalées aux masles qui sont les colonnes des maisons. Ie vous ay receuës en la succeßiō de voz enfans. Bref pour vous complaire ie me suis entieremēt accommodee à vostre vtilité. S'il est demeuré quelque cas où ie n'aye pas peu contenter tous voz desirs, ne deuez-vous pas quelque chose à celle qui vous a tant donné ? Vous pensez, pource que vous estes mere, que lon vous doibt tout : & moy qui suis la mere commune de tous, qui represente vostre patrie, à laquelle toutes sortes de respects sont deubs, n'auray-ie point celuy-la de vous, que vous-vous contentiez que ie mette quelque borne à mes liberalitez ? Si ie vous refuse en cecy quelque chose, c'est pour l'accorder aux peres ausquels il est plus deu qu'à vous. Contentez-vous donques sans m'importuner, de ce que ie ne vous puis donner sans perdre mon authorité, & violer la pieté paternelle.

Sur cette contestation les parties ayans esté reiglees à escrire & produire : & y ayant chacune d'elles satisfait, sentence s'en seroit ensuiuie, par laquelle le Lieutenant faisant droit sur la legitime demandee, auroit ordonné que la mere iouyroit sa vie durant des fruicts de la moitié des biens aduenus au fils par la succeßion de Blaize Serein son pere, auec restitution des fruicts depuis la demande, suiuant la liquidation qui en seroit faicte

par

par experts, dõt les parties conuiẽdroient: & pour le surplus appointé les parties contraires en leurs faicts, tous despens reseruez. De laquelle sentence les defendeurs s'estans portez pour appellans, & releué leur appel en la Cour, le procés y auroit esté conclu par escrit, & les appellans fourny de leurs griefs, & pour leurs causes d'appel remonstré,

QVE la sentence dont estoit l'appel, ne se pouuoit en façon quelconque soustenir, comme exorbitante & entierement esloignee de la contestation des parties. L'intimee demandoit le tiers des biens de son fils pour sa legitime, on luy adjuge vne moitié des fruicts des biens du pere. Ou la legitime estoit deuë, ou elle ne l'estoit pas. Si elle estoit deuë, il la falloit adjuger telle que le droit la donne: si elle ne l'estoit pas, il n'en falloit point du tout. Mais le iuge a presupposé que l'intimee, estant excluse de la legitime par la disposition du droit, y estoit r'appellee par l'ordonnance iusques à la concurrence des fruicts, comme subordinément elle auoit conclu. C'est ce qu'il faut examiner pour le iugement de ceste cause d'appel, laquelle tourne entierement sur ce poinct. En quoy il se trouuera que le Lieutenant s'est manifestemẽt trompé, ayant estimé que l'ordonnance s'entend aussi bien quand il y a testament comme ab intestat: & que ce qu'elle donne aux meres leur est deu aussi bien en vn cas qu'en l'autre. Car l'ordonnance ne reigle que les successions ab intestat, sans toucher à celles ausquelles il y a disposition particuliere des testateurs, & où le testament sert de loy & de reigle: *dispositio enim hominis facit cessare dispositionem legis.* L'ordonnance iustifie clairement cela en sa preface. Car apres que le Prince a declaré auoir cy deuant pourueu à regler les dispositions testamentaires & substitutions fideicommissaires, il dit vouloir regler la successiõ des meres à leurs enfans, introduicte par les anciens Empereurs de Romme. Ce qui ne se peut adapter qu'à la succession ab intestat, introduicte de l'authorité desdits Empereurs par le Senatusconsulte Tertullian. Et pour s'expliquer plus clairement, l'ordonnance oppose à cette disposition des Empereurs celle des coustumes du Royaume és pays coustumiers: esquels les propres ne remontent point, qui ne s'entend qu'en succession ab intestat. Aussi qui voudroit interpreter cette ordonnance, pour auoir lieu aussi bien *ex testamento* que *ab intestato*, il s'en ensuiuroit deux absurditez tres-grãdes, l'vne qu'il faudroit par là conclure, que les meres ne pourroient receuoir plus grand aduantage par le testament de leurs enfans, que ce qui est taxé par ceste ordonnance. En quoy elles seroient extrememẽt greuees contre toute raison & equité. Car il seroit en la puissance du fils de faire son heritier le plus estrange d'Allemagne, & exclure par là les heritiers de sang, & neantmoins il ne pourroit instituer sa mere. Tellement que l'ordonnance se trouueroit en ce cas frustree de son effect, qui est de preferer les heritiers de sang aux estrangers, & conseruer les biens aux familles dont ils sont procedez : & la mere d'autre costé mesprisee & vilipendee ne pourroit receuoir la mesme grace qu'vn estranger, au proffit duquel trop indignement tourneroit le proffit de cette loy. L'autre qu'il s'ensuiuroit aussi, qu'où il y a testament, la mere pourroit demander ce que l'ordonnance luy donne : & ce faisant en beaucoup de grandes & opulentes successions qui consistent toutes en meubles la mere auroit tout, sans que le deffunct peust disposer de rien, ny faire aucun laiz ou institution d'heritier. Chose que personne ne voudroit auouër auoir esté seulement pensee par les loix, d'auoir voulu oster aux hõmes ceste ialouse liberté de disposer de leurs biens. Ce qui leur est plus deu que toutes autres choses : *scilicet quod iterum non redit arbitrium*, auquel les hommes ne peuuent par aucune paction renoncer. Mais l'ordonnance (ce dit-on) a vsé de ce mot de legitime, & a voulu que pour la consolation des meres, & à fin qu'elles ne demeurassent desolees & sans secours, pour tout droit & legitime elles eussent la moitié des fruits des biẽs immeubles paternels de leurs enfans. Dõt on veut inferer qu'en toutes façons cela leur apartient pour legitime, & leur est dõné de nouueau. A quoy il y a claire responce, qui resulte de la texture & suitte des parolles de l'ordonnance. Car l'ordonnance ayant aboly le droit de succeder ab intestat, qui estoit commun, & appelloit la mere à la masse de tous les biens, sans faire nulle difference des meubles aux immeubles, des propres aux acquests, des paternels aux maternels, elle en introduit vn nouueau, qui est tel que pour le regard des meubles & acquests elle y succede comme deuant. Pour le regard des propres paternels, elle n'y succede qu'en la moitié des fruicts. Et quant à ce qu'elle vse du mot de legitime, elle n'en vse pas comme d'vn substantif, ains comme d'vn adiectif, qui determine le substantif suiuant qui est, part & portion dudit heritage. Tellement qu'elle donne cest vsufruit pour la legitime part & portion dudit heritage. C'est à dire pour tout ce qu'elle eust peu pretendre par la disposition de la loy sur cette nature de biens. En quoy l'ordonnance a entierement vsurpé la façon de parler des Iurisconsultes, qui par ce mot de legitime ont tousiours entendu toute la succession ab intestat, *legitima portio proprie est ea quæ ab intestato capitur: hæc quæ ex testamento capitur proprie legitimæ portionis portio est.* Aussi en la loy [a] est-elle appellee *quarta legitimæ.* Mais quand l'ordonnance se deuroit entendre absolument de la legitime, & que ce qu'elle ordonne aux meres leur tiendroit lieu de legitime, tousiours cela seroit au cas que de droit elle est deuë. La loy nouuelle n'est iamais presumee rien innouer au contraire de l'ancienne, qui se doibt tousiours interpreter par la nouuelle. De sorte que l'intimee estant excluse par la disposition du droit de la legitime en substitution pupillaire, ne peut estre censee rappellee par l'ordonnance, sinon qu'elle l'eust fait expressément [b]. Mais quand ainsi seroit qu'il

[a] *Papinianus §. quoniam.*

[b] *l. sed & posteriores ff. de leg.*

faudroit la legitime à l'intimee, elle ne la pourroit demander que sur les biens de son fils : car ceux du pere passeroient directement aux substituez par les raisons discourues par le proces. Et ces biens-la ne pourroient estre estimez que la legitime que le fils auoit sur les biens du pere, dont l'intimee ne pourroit demander par l'Edit, que les fruicts de la moitié des immeubles paternels: comme aussi sa demande ne s'estẽdoit pas plus auant. Ce qui iustifie dauantage l'erreur du Iuge. Outre cela l'ordonnance n'adiuge les fruicts que de la moitié des propres paternels, & le Iuge les a adiugé de tous les biens. Tellement qu'en tout cas le Iuge auroit tres-mal iugé : & faisant semblant de suiure l'ordonnance, il s'en seroit entieremẽt departi: & par ces moyens concluoient à mal iugé, & emendant le iugement afin d'absolution.

L'INTIMEE au contraire soustenoit qu'il auoit esté bien iugé, & pour le moins s'il y auoit quelque grief, c'estoit à elle qu'il estoit faict, & non point aux appelans. Car bien que de disposition de droit il luy fallust vn tiers en proprieté de tous les biens, on ne luy auroit adiugé que les fruicts de la moitié. En quoy on ne peut dire que le Iuge n'ait suiuy le texte de l'ordonnance, laquelle comme elle reigle les ſucceſſions ab inteſtat, de meſmes elle reigle le droit de legitime : lequel elle a limité pour le regard des immeubles paternels à la moitié des fruicts. De cela ne peut-on doubter, tant, pour-ce qu'expreſſement elle a vſé de ce mot de legitime, & partant, où elle ne diſtingue point, nous ne deuons pas diſtinguer; que, pour-ce que la cauſe & l'intention de l'Edit le veut ainſi. Ne ſert de rien de vouloir dire que ce mot de legitime n'eſt pas mis abſolument, mais relatiuement à ces mots qui ſuiuent; Part & portion des biens. Au contraire le Prince a entendu regler auſſi le droit de legitime qui faict part & portion de la ſucceſſion ab inteſtat. Car l'Edit ayant voulu euiter que les immeubles paternels ne ſortiſſent point hors de ligne, dequoy auroit ſerui d'y auoir pourueu au faict de la ſucceſſion, ſi par le moyen d'vne legitime la mere en emportoit vne grande partie, laquelle elle s'aproprieroit? *Ea interpretatio accipiẽda eſt quæ vitio caret, preſertim cum voluntas legis ex hoc colligi poßit.* [a] L'ordonnance ayant en tout changé le droit de ſucceſſion ab inteſtat, a voulu auſſi changer celuy de la legitime, qui en eſt vne partie. Ce qu'elle a fait pour ne laiſſer les meres deſolees. Tellement

[a] *l. in ambigua ff. de leg.*

que leur attribuant vn nouueau droit entierement aliene de celuy des Romains, il n'est plus subjet à aucune restriction, ains en quelque cas que ce soit la mere doibt auoir pour legitime ce que l'ordonnance luy donne. Quant à ce que lon dit qu'en tout cas il ne se pouuoit prendre que sur les biens du fils, c'est vne erreur de vouloir en ce faict separer les biens du pere de ceux du fils, chose que le iurisc͂osulte a tousiours deffenduë, ayant au contraire debouté l'heritier institué de cette demande toutes & quantes-fois qu'il l'a faicte.[a] Cela seroit bon si le fils eust renoncé à la succession de son pere, ou en cas qu'il eust esté exheredé: mais ayant pris la succession, il s'ensuit que les biens ont fait souche au fils, & ne sont plus les biens du pere, ains les biens du fils: car la succession du pere a esté vne fois remplie. L'addition du fils a arresté le cours de la substitution vulgaire pour le regard du pere. Quant à celle qui renaist en la personne du fils, elle rend les substituez heritiers du fils, sans que la personne entre plus en consideration, non plus que si le fils estant en pleine puberté eust faict son testament, & par iceluy deferé sa succession à vn autre. De sorte que le Iuge qui a consideré qu'il n'y auoit nuls meubles &

a l. sed si plures. §. de vulg. &c.

acquests en cette succession, a iustement faict ce que l'ordonnance luy enjoint, ayāt adiugé à l'intimee la moitié des fruicts des immeubles escheuz au fils par la mort du pere: chose en quoy il n'y auoit aucune difficulté. Que s'il s'y en fust trouué, tousiours eust-ce esté l'office d'vn bon Iuge de l'interpreter en faueur d'vne pauure & miserable mere, laquelle ayant receu tant de funestes accidens coup sur coup, ne pouuoit esperer moins pour sa consolation que ce qui luy est baillé.

Veu le proces par escrit, griefs & responses des parties, ce qu'elles ont produit en cause d'appel, & tout meurement & diligemment examiné, La Cour, toutes les chambres assemblees, a mis & met l'appellation & sentence de laquelle a esté appellé au neant, & par nouueau iugement a absouls & absoult les appellans de la legitime & fruicts subordinément demandez par l'intimee en consequence de l'Edit. Et auant faire droit sur le surplus des fins & conclusions des parties, les a declarees contraires en leurs faicts, ordonne qu'elles articuleront iceux dans huictaine, feront preuue au mois pardeuant le Commissaire qui sera deputé pour cest effet. Pour ce faict & rapporté, leur estre faict droit ainsi qu'il appartiendra par raison. Sans despens de la cause d'appel, la moitié de ceux de la cause principale compensee, & l'autre reseruee.

SVR LA QVESTION, SI VNE DONATION FAICTE par vn mineur en faueur de mariage à vn autre mineur, est subjecte à restitution.

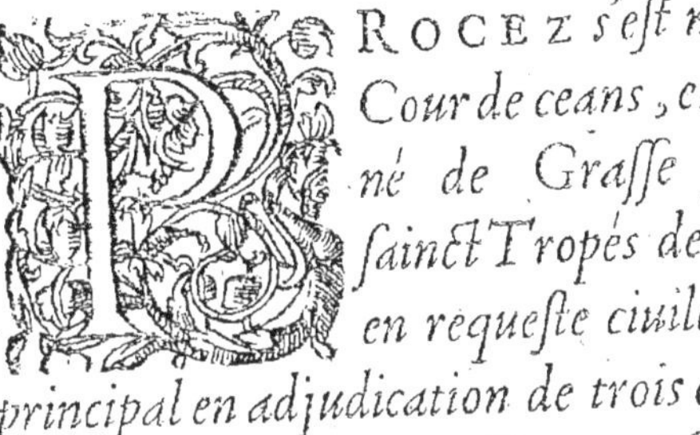

ROCEZ s'est meu en la Cour de ceans, entre René de Grasse sieur de sainct Tropés demandeur en requeste ciuile, & au principal en adjudication de trois cens escus de rente & arrerages d'iceux, escheuz depuis le decés de Henry de Grasse sieur de Malejay son pere, & deffendeur en lettres de rescision d'vne part, Et mesire Annibal de Grasse, & les autres enfans & heritiers par benefice d'inuentaire de feu mesire Claude de Grasse Conte du Bar leur pere. Et le curateur de la discussion d'iceluy, ioint auec eux deffendeurs d'autre.

AVQVEL procez le demandeur disoit, que le sieur du Bar ayeul des parties n'ayant laissé que deux enfans, Claude & Henry de Grasse : Claude aisné se seroit emparé de tous les biens de la maison, & laissé Henry son second frere denué de toutes commodités. Ce que voyant la Dame Vicontesse de Maille leur ayeule maternelle & tutrice, touchee d'vne iuste pitié & charitable desir de subuenir à la necessité de son second fils, & luy dõner quelque moyen de retenir la dignité de l'illustre famille dont il estoit sorty, en l'an mil cinq cens cinquante neuf, luy fit donation de la terre de Vidauban. Mais Claude qui estoit l'aisné moyenna de faire apposer en cette donation vne condition à son aduantage, qui estoit que moyennãt icelle, Henry son frere ne luy pourroit rien demander de la succession de leur pere, fust pour son droit de legitime ou autrement en façon quelconque. Tant il auoit d'intention de s'aproprier tous les biens de la maison, & en exclure entierement son frere. Toutesfois preuoyant bien que la terre de Vidauban estoit contentieuse & mal asseuree, & que venant à estre euincee son frere luy retomberoit sur les bras, auec l'importunité qui a accoustumé de suiure ceux qui naiz de sang illustre se treuuent pressez de pauureté, il estima que tant pour son repos & seureté, que pour l'honneur de sa maison il falloit procurer à son frere quelque mariage aduantageux qui peust parer à sa necessité. Les sieur & Dame de sainct Tropés n'auoient qu'vne seulle fille qui estoit regardee par l'esperance d'vne grande & opulente succession, & pour ceste consideration recherchee de beaucoup de personnes illustres de la Prouince. Claude du Bar l'ayant fait demander pour le sieur de Malejay son frere, les sieur & Dame de sainct Tropés trouuerent à la verité, pour les personnes & famille, ceste alliance fort honorable: mais firent difficulté sur les biens & moyens, ne voulant point donner leur fille vnique & heritiere à vn cadet, qui n'eust quelque commodité claire & asseuree pour soustenir les charges de mariage, & laisser aux enfans qui en naistroient dequoy viure honorablement. Pour faire cesser ces difficultez, & ne pas perdre vn si aduantageux party, Claude du Bar offrit aussi tost de donner au sieur de Malejay son frere, & aux enfans qui naistroient du mariage trois cens escus de rente, à prendre sur tous ses biens. Suiuant ce traitté, contract de mariage est a passé entre les parties le dixhuitiesme iour de Decembre mil cinq cens soixante: par lequel Claude du Bar recognoissant que ce mariage auoit esté accordé de son consentement & volonté, & sur la foy des promesses qu'il auoit faictes, pour les effectuer il donne par donation pure irreuocable entre vifs, & pour cause de nopces au sieur de Malejay son frere & aux enfans qui naistroient de ce mariage trois cens escus de rẽte annuelle & perpetuelle à prendre sur tous & vn chacũ ses biẽs: par sermẽt reiteré promet l'executiõ du contrat, & renonce à toute sorte de restitutiõ, cõme faisant ceste donation la principale partie du cõtract de mariage, & estant indiuisible du reste. Laquelle donatiõ est stipulee & acceptee par le sieur de Malejay en presẽce des sieur & Dame de sainct Tropés & de leur fille, sur la foy d'icelle les autres conuentions matrimoniales accordees, & le mariage consommé. Et afin que rien ne manquast à la solennité de ceste donation, l'vnziesme Mars ensuiuant elle fut bien & deuëment insinuee au greffe de Draguignan par les Procureurs constituez par les parties & nommez par le contract. De ce mariage est né le demandeur, à la naissance duquel, le sieur de Malejay son pere surueseut peu d'annees, & le laissa pupille, exposé à toutes les incõmoditez que l'imbecillité de cest aage a accoustumé de souffrir. Mais Dieu luy ayant presté la main pour les passer, & s'estant esleué iusques à l'aage virile, ne trouuant rien de reste en sa maison que le nom de son pere, il auroit pensé de rechercher qu'estoient deuenus ses biens, & auroit trouué d'vn costé que la terre de Vidauban auoit esté euincee, les droicts hereditaires qu'il auoit en la maison du Bar tellement embrouillez par les cõtracts qu'on auoit faict passer à son pere, qu'en fin il ne luy restoit plus riẽ, surquoy il peust appuyer sa fortune affligee, que sur la donation de trois cẽs escus de rente qui luy estoit faicte par le contract de mariage de son pere, laquelle sembloit ne pouuoir receuoir aucune difficulté. Mais comme il en auroit voulu faire demande, on luy auroit objecté que Claude du Bar de son viuant, dés l'an 1554. auroit obtenu lettres pour la faire casser, & que par sentence du Lieutenant de Draguignan dõnée le deuxiesme iour d'Octobre 1565. tant auec le feu sieur de Malejay pere, qu'auec le sieur de sainct Tropés ayeul maternel, comme legitime administrateur du demandeur, elle auoit esté cassée & annullee, & que le sieur de sainct

Tropés en ayant appellé, Arrest d'acquiescement s'en seroit ensuiuy le sixiesme Mars 1566. par lequel la sentence auroit esté confirmee. Et bien que telles procedures faictes auec tierces personnes ne deussent empescher l'effect du droit incommutablement acquis au demandeur, qui estoit encores mineur, lequel ny par soy ny par autre personne ne pouuoit perdre ou alіener ce qui luy estoit si iustement acquis; toutesfois pour leuer le preiudice que lō voudroit tirer de telles procedures, il auroit en Feurier 1582. entant que besoing seroit, obtenu lettres Royaux en forme de requeste ciuile, pour estre restitué contre cest acquiescement. Et pource que durant la minorité du demandeur on luy auoit faict prendre qualité d'heritier de Henry de Grasse son pere, bien qu'il n'y eust aucuns biens, & que la succession fust manifestement insoluable, dont toutesfois on pourroit pretendre quelque fin de nō receuoir, il auroit aussi obtenu lettres le quinziesme May au mesme an pour en estre releué: à quoy il soustenoit qu'il estoit indubitablement bien fondé. Car pour le regard de la requeste ciuile, le sieur de sainct Tropés son ayeul maternel n'estoit point partie capable pour la deffence du demandeur,

s'estant

s'estant sans authorité de iustice entremis en l'administration des biens du mineur qui auoit son pere viuant. Et pour-ce on peut dire, que ce qui est faict auec luy n'a aucune force, non-plus que ce qui est faict auec vn faux tuteur, qui demeure nul, sans qu'il soit besoing que le mineur obtienne pour ce regard aucune restitution [a]. Et quand il auroit esté tuteur legitime, si n'auroit-il peu passer vne condamnation volontaire: veu que lon sçait assez que les loix qui ont donné la legitime administration des biens au tuteur, l'ont obligé à la precise deffence du mineur par les voyes ordinaires de la iustice, sans luy auoir permis de transiger, ny mesmes de compromettre des droicts de son pupille [b]. Tant s'en faut qu'vne condamnation volontaire faicte par vn faux administrateur luy puisse preiudicier. Mais en tout cas le mineur estant lezé par ce iugement, quand bien il seroit contradictoire, si est-ce que la loy luy tendroit tousiours la main, & le remettroit en son entier pour poursuiure son droit. *Etiam in his quæ minorum tutores vel curatores male gessisse probantur, licet personali actione à tutore vel curatore minores ius suum consequi possint, in integrum tamen restitutionis auxilium illis concedi iam pridem placuit* [c]. Or le preiu-

a In l. si tutor. C. in quib. caus. in integ. rest. nec non est.

b l. si bonam caussam. C. de administr. tutor.

c l. etiam in his C. si tut. vel curat. interuen.

dice de cest acquiescement, ensemble celuy de la qualité d'heritier, prise en pupillarité, estans leuez, comme ils sont extremement legers & inconsiderables au principal, le droit du demandeur demeure clair & apparent. Il demande ce qui luy est donné par le contract de mariage de son pere. L'exercice de la iustice ne consiste principalement que pour exiger la foy des contracts faicts entre les hommes, l'asseurance desquels est le lien qui estreint plus serré la societé ciuile. Mais de tous les contracts ausquels les loix ont presté leur faueur, & promis vne fidelle & religieuse execution, il n'y en a point qu'elles ayent iugé plus fauorable ny plus inuiolable que les cõtracts de mariage : pour-ce que comme disoit Symmachus, *religiosa potius quam inuidiosa quæstio est, quæ fidem repetit nuptiarum.* Cette action estant toute saincte, estant toute diuine, a pour son but la conseruation de l'estre des hommes, des familles, des villes, des Estats. *Matrimoniis*, disoit vn ancien, *etiam si tacuerim scitis contineri ciuitatem, his populos, his liberos, his successionem patrimoniorum, his gradum hereditatum.* C'est pourquoy la foy y doibt presider pour en rendre les conuentions asseurees, & la iustice surueiller pour en rendre l'execution certaine, & retrancher toutes les artificieuses subtilitez & prestiges de droit, par lesquels on la voudroit retarder. Il pourroit donc suffire au demandeur de dire, que la donation qu'il demande auiourd'huy est faicte par vn cōtract de mariage, qu'elle en est le principal chef, qu'il est porté qu'en consequence d'icelle tout le reste a esté faict & accordé. Mais il adiouste dauantage, qu'elle a & ses causes les plus iustes, & ses formes les plus solennelles que lon sçauroit desirer, & qu'elle est dauantage tout au profit & honneur du donnant, qui n'en peut pourtant raisonnablement refuser l'execution. Il n'y a rien si digne des hommes, ny si approchāt de la diuinité que la liberalité & munificence: & ceux qui ont traicté des reigles par lesquelles elle doibt estre adressee à son vray & legitime vsage, ont dit que *liberalitatis duo sunt maxime probabiles fontes, iudicium & honesta beneuolentia*: lesquelles on peut remarquer non seulement coulantes, mais regorgeantes par tout le cours de cette donation. Car si on y cherche le subjet de la bienveillance, & le motif de la beneficence, il suffit de sçauoir que c'est vn frere qui donne à son frere & à ses enfans. *Frater erat, fraterna peto*, disoit Aiax, demandant les armes d'Achilles. La nature a versé du ciel

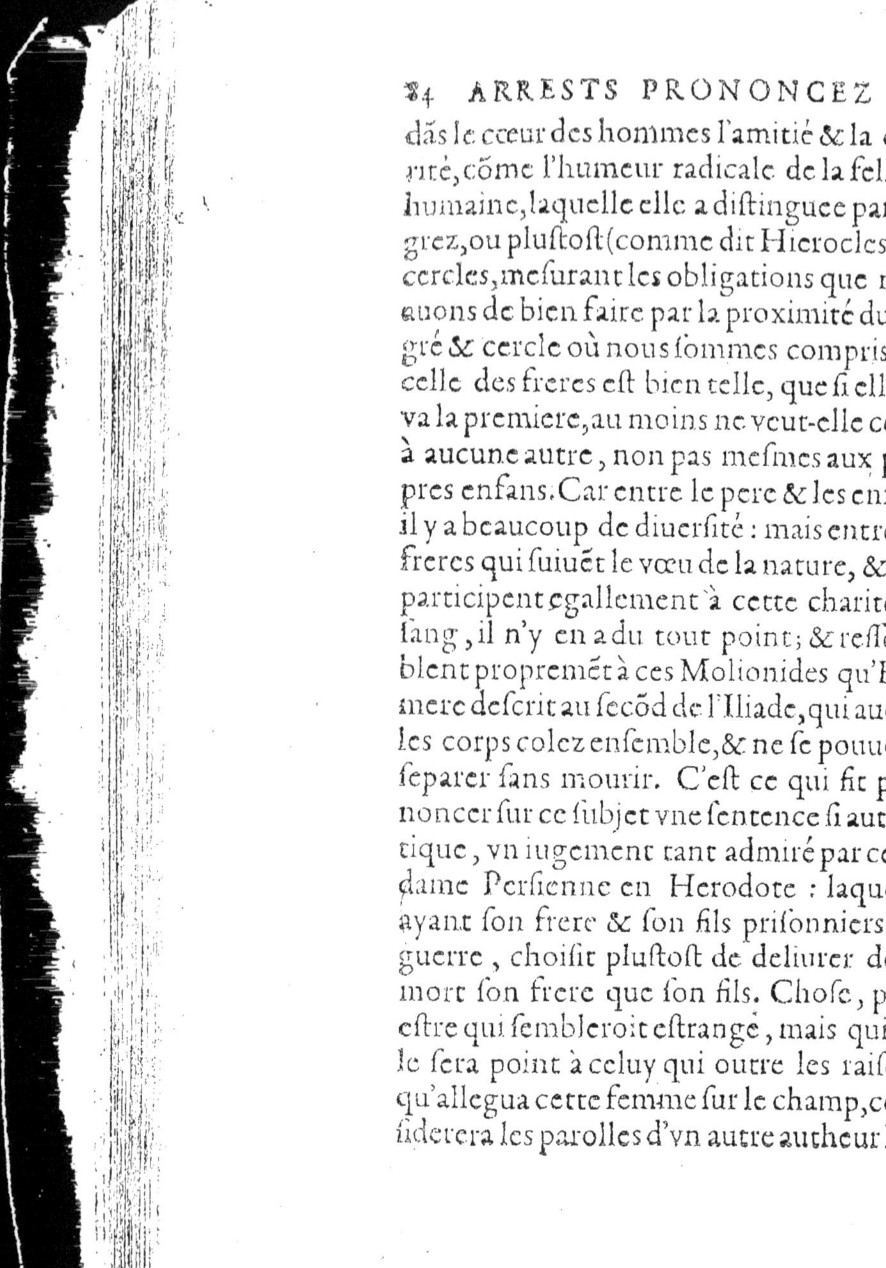

dãs le cœur des hommes l'amitié & la charité, cõme l'humeur radicale de la felicité humaine, laquelle elle a distinguee par degrez, ou plustost (comme dit Hierocles) par cercles, mesurant les obligations que nous auons de bien faire par la proximité du degré & cercle où nous sommes compris. Or celle des freres est bien telle, que si elle ne va la premiere, au moins ne veut-elle ceder à aucune autre, non pas mesmes aux propres enfans. Car entre le pere & les enfans il y a beaucoup de diuersité : mais entre les freres qui suiuẽt le vœu de la nature, & qui participent egallement à cette charité du sang, il n'y en a du tout point; & ressemblent propremẽt à ces Molionides qu'Homere descrit au secõd de l'Iliade, qui auoiẽt les corps colez ensemble, & ne se pouuoiẽt separer sans mourir. C'est ce qui fit prononcer sur ce subjet vne sentence si autentique, vn iugement tant admiré par cette dame Persienne en Herodote : laquelle ayant son frere & son fils prisonniers de guerre, choisit plustost de deliurer de la mort son frere que son fils. Chose, peut estre qui sembleroit estrange, mais qui ne le sera point à celuy qui outre les raisons qu'allegua cette femme sur le champ, considerera les parolles d'vn autre autheur Lacin, quasi sur vn semblable sujet. *Quàm copiosæ suauitatis est illa recordatio, in eodem domicilio antequam nascerer habitaui, in iisdem incunabulis infantiæ tempora peregi, eosdem appellaui parentes, eadem pro me vota excubuerunt, parem ex maiorum imaginibus traxi gloriam: chara est vxor, dulces liberi, iucundi amici, accepti affines, sed postea cognitis nulla beneuolentia accedere debet quæ priorem exhauriat.* Or si la cause de la bien-vueillance a esté exuberante en cette donation, le iugement qui a suiuy le suject & l'occasion n'a pas esté moindre. C'a esté pour marier son frere à vne fort honorable maison, luy faire espouser vne heritiere qui deuoit succeder à vn grand & opulent heritage. Peut-on trouuer estrange si Claude de Grasse, ayant recueilly tous les biens de la maison du Bar grands & opulens, & valans auiourd'huy plus de quatre mille escus de rente, donne trois cens escus de rente à son frere & à ses enfans par contract de mariage? La seule amitié fraternelle l'y pouuoit bien induire, afin qu'estant marié, se voyant comblé de biens & de commoditez, il tendist la main à son frere pour l'esleuer à vne semblable fortune, & meritast par là la gloire que l'antiquité a donnee à Pollux, d'auoir mieux aimé partager l'immortalité auec son frere, que de l'accepter pour luy ſeul, ou celle que le Poëte donne à Proculeius qui fut, *Notus in fratres animi paterni. Illum aget, penna haud metuente ſolui, fama ſuperſtes.* Mais on peut dire dauantage, qu'il l'a faict par vne plus eſtroicte obligation, & pour la deſcharge de ſa conſcience. Car s'eſtant emparé de tous les biens de la maiſon, il auoit riere luy ce qui en appartenoit au ſieur de Malejay ſon frere, comme il a luy-meſme recogneu par la trãſaction qui fut depuis faite entr'eux l'an mil cinq cens ſoixante ſix. Si l'amitié eſt ſeante entre les freres, ſi la iuſtice eſt ſœur de l'amitié, ſi l'egalité eſt fille de la iuſtice : ſi l'inegalité au contraire (comme dit Platon) eſt cauſe de tout mouuement & toute diſſenſion ; qu'à peu faire vn frere de plus loüable ny de plus iuſte, que de temperer par ce contract cette grande & iniuſte inegalité qui eſtoit entre ſon frere & luy? *Quid magis iniquum eſt*, diſoit Caſſiodore, *quàm vt de vna ſubſtantia, quibus competit æqua ſucceſſio, alij abundanter affluant, alij paupertatis incommodis ingemiſcant*? Que ſi le ſujet de l'amour & bien-vueillance eſtoit grande à l'endroit du frere, pour donner ſujet à cette liberalité, il n'eſtoit pas moindre à l'endroit des enfans, iuſques auſquels auſſi ell' eſt eſtenduë. Car le ſieur du Bar ayant procuré ce mariage, il eſtoit bien raiſonnable qu'il prist le soing de la posterité qui en naistroit. Ioint que l'amitié ne doibt pas estre moindre à l'endroit des nepueux que des freres, aux meurs & en la nation en laquelle nous sommes nez. Dequoy nous ne pouuons doubter, si nous-nous ressouuenons que nous auons tiré nostre naissance & noz meurs des Allemans : En l'histoire desquels nous lisons en Tacite vn trait fort à propos à ce subjet, *Sororum filiis idem apud auunculum qui apud patrem honor: quidam etiam arctiorem hunc nexum sanguinis arbitrantur, & in obsidibus magis exigunt.* Puis doncques qu'auiourd'huy le demandeur ne recueille de la maison du Bar, dont il est descendu, autres moyens ny commoditez que cette petite donation qui luy a esté reseruee par la prouidence de ses pere & mere, qui luy est stipulé par la foy du contract de mariage soubs laquelle il est né, qui a-il plus iuste ny plus raisonnable qu'il reçoiue par l'execution d'iceluy quelques moyens honnestes de se pouuoir maintenir, sinon selon le lustre de la maison dont il est yssu, au-moins exempt de pauureté & necessité? veu mesmes que Claude du Bar a si religieusement iuré l'obseruation de cette donations, veu qu'il a solennellement renoncé à toutes sortes de restitutions? comme recongnoiſſant qu'en cette conſideration principalement le mariage auoit eſté accordé : ce qui le rend & ſes enfans du tout non receuables en leurs lettres. Et par ces moyens il concluoit à ce qu'entherinant la requeſte ciuile par luy obtenuë, les parties fuſſent remiſes en tel eſtat qu'elles eſtoient auparauant ; & faiſant droit ſur le proces principal, il fuſt dit auoir eſté mal iugé par le Lieutenant de Draguignan, & en amendant le iugement, ſans auoir eſgard aux lettres de reſciſion obtenues par les deffendeurs, les trois cens eſcus de rente à luy donnez par le contract de mariage de ſon pere luy fuſſent adiugez, auec reſtitution des fruicts depuis ſon deces, & deſpens des inſtances.

Les deffendeurs au contraire diſoient, que puis qu'il apparoiſſoit par leur ſeule qualité, que la mauuaiſe fortune qui auoit accompagné la maiſon du Bar en auoit mis les biens en diſcuſſion, rendu les enfans pourſuiuans pour auoir quelque miſerable ſecours à leur neceſſité, & les creanciers pour le recouurement de ce qui leur eſtoit deu, c'eſtoit choſe qui ſembleroit fort eſtrange de voir le demandeur en vertu d'vne pretendue gratification & munificence, effleurer le plus beau & meilleur de la succeſſion pour laiſſer les enfans indigẽs, & les creanciers fruſtrez de leur deu. Phocion eſtant vn iour inuité par le peuple d'Athenes à contribuer aux fraiz de quelques jeux & pompes publicques, fit reſpõce qu'il ſeroit trop non ſeulement iniuſte, mais indecent de ne pas payer ſes creanciers, & faire le liberal enuers le peuple. La liberalité & beneficence eſt bien loüable, pourueu qu'elle ne ſe face point aux deſpẽs d'autruy, & au prejudice de la charité qui oblige les peres aux enfans, & laquelle ne peut eſtre violee qu'auec vne eſpece d'impieté. *Agris noſtris ſitientibus* (dit la loy) *alienos irrigari iniquum eſt*. Et pource qui examinera la demande que fait aujourd'huy le demandeur, & la deſpouillera des pretextes dont on l'a voulu voiler, la trouuera entierement non receuable, & les deffendeurs au contraire bien fondez à demander l'entherinement des lettres obtenuës par feu Claude de Graſſe pour faire caſſer cette pretendue donation. Mais pour plus aſſeurémẽt recognoiſtre ce qui eſt du droit des parties, il faut demeurer d'accord (comme ils ne le reuocquent pas en doubte) que le ſieur du Bar ayeul des parties, auoit diſpoſé de tous ſes biens au profit de Claude de Graſſe ſon aiſné. Tellement que Henry de Grasse sieur de Malejay ne pouuoit rien pretendre en la succession qu'vn simple droit de legitime, qui ne pouuoit pas monter grand chose. Car tous les biens de la maison du Bar n'estoient lors affermez qu'à douze cens escus par an. Or la Vicontesse de Maille, ayeule de Claude & Henry, ayant administré la tutelle, & estant redeuable à Claude de grasse d'onze mille frãcs ou enuirõ, desira de faire deux choses tout ensemble : l'vne de conseruer la maison du Bar entiere pour en maintenir le lustre & splẽdeur en la personne de Claude l'aisné, l'autre de donner quelques moyens & commoditez à ce puisné de pouuoir viure honorablement. Et pource elle donna à Henry son puisné la terre de Vidauban, à la charge qu'il ne demãderoit rien à Claude de sa legitime sur les biens du Bar. Et moyennant cela aussi elle demeureroit quitte du reliqua de la tutelle. Apres cela Claude de Grasse espousa Dame Ieanne de Brancas, de laquelle ayant receu & esperant beaucoup de grands aduantages par contract de mariage, luy donna six cens liures de rente, & au fils aisné qui naistroit du mariage deux mil liures de rẽte, à prendre sur tout son bien, & ce par donation entre vifs, en faueurs de nopces, pure & irreuocable, declarant expressément nulles toutes donations & autres dispositions qu'il feroit à l'aduenir au preiudice de celles-là. Et bien que par ce moyen il ne luy restast aucuns biens dont il peust disposer, (car ce peu qui en restoit estoit affecté à l'euiction de Vidauban & au dot de sa femme) toutesfois Henry de Grasse ayant fort peu de temps apres recherché la fille des sieur & Dame de sainct Tropés, & estant d'accord du mariage, cognoissant la facilité de son frere qui estoit encor mineur d'ans, se voulut preualoir de cette occasion pour tirer de luy quelque aduantage, & le sollicita tant qu'il le fit condescendre à luy donner trois cens escus de rente en faueur de ce mariage, luy faisant entendre que ce n'estoit que pour faciliter les affaires, & qu'incontinant apres il luy en passeroit quittance. Claude encor mineur, & n'ayant lors enuiron que vingt-deux ou vingt trois ans; s'estant laissé porter à consentir à cette donation, on la conceut aux termes les plus aduantageux que lon peut au profit tant de Henry, que des enfans, auec des clauses de renonciation à toutes sortes de restitutions, mesmes pour minorité, & auec serment geminé de n'y contreuenir. Mais incontinant apres le quinziesme Feuriermil cinq cens soixante, & auant qu'elle fust insinuee, Henry recognoissant bonne foy, declara à son frere qu'il n'entendoit point s'en seruir, & qu'elle n'auoit esté faicte qu'à son instante priere, & soubs l'asseurance qu'il auoit donnee qu'il s'en departiroit : au moyen dequoy il promettoit à son frere l'en indemniser & garantir enuers tous & contre tous. Or depuis l'vn & l'autre des freres ayant des enfans, Claude desirant d'asseurer plus fermement ses affaires, & retrancher toutes les crainctes qu'il pouuoit auoir, que cette donation ne troublast vn iour le repos de sa maison, obtint en l'an mil cinq cens soixante quatre, lettres royaux pour faire casser cette donation fondee sur induction, sa minorité, & suruenance de ses enfans, & autres nullitez : Et fit appeller tant Henry sieur de Malejay son frere, que le sieur de sainct Tropés, comme legitime administrateur tant de sa fille femme du sieur de Malejay, que du demandeur qui estoit lors né. Les parties ayans contesté sur les lettres, furent appoinctees contraires, firent leurs enquestes, escriuirent & produisirent de part & d'autre. Et en fin interuindrent deux sentences du Lieutenant de Draguignan, l'vne par deffaut contre le sieur de Malejay, l'autre contradictoirement donnee auec ledit sieur de sainct Tropés, par lesquelles les lettres de rescision furent entherinees, & la donation cassee. De laquelle sentẽce ledit sieur de sainct Tropés se porta pour appellant. Pendant cest appel, se meut vn nouueau different entre les freres, sur ce que le sieur de Malejay demandoit supplément de sa legitime: & son frere au contraire pretendoit qu'il en estoit plus-que payé. Mais les principaux seigneurs de la prouince, parẽs des parties, & quelques personnes illustres s'estans employez pour accorder les deux freres, il y eut sentence arbitrale & transaction entr'eux en l'an mil cinq cens soixãte six, par laquelle ledit sieur du Bar donna dix mille francs à son frere pour tous ses droicts, & luy promit derechef l'euiction de Vidauban iusques à la somme de dix mille huict cens liures. En consequence dequoy Henry derechef se departit de la donation, & promit en faire tenir quitte son frere. Et quant au sieur de sainct Tropés, comme administrateur legitime du demandeur, acquiesça à la sentence du Lieutenant de Draguignan. Puis donc que par tant de sentences, par tant de transactions, par tant d'acquiescemens, & par l'aduis des parens & amis cette donation a esté cassee

& annullee, il n'y auoit point d'apparence, apres tant de temps de deterrer ce procez enseuely, qui sera immortel, si les arrests & les transactions ne le peuuent assoupir. *sunt enim inter humanas procellas portus instructi, quos, si homines feruida voluntate prætereunt, in vndosis iurgijs semper errabunt*. Mais puis que le demandeur *aduersus experimenta pertinax, iterum bella victus, maria naufragus repetit*, les deffendeurs s'asseurẽt que leur cause estãt encores plus fauorable qu'elle n'a iamais esté, pour estre de pauures enfans & de pauures creanciers, qui demandent en la discussion de leur pere, de retirer quelque chose de ce qui leur est iustement deu, aux vns par la charité & droit du sang, aux autres par la foy de leurs contracts, dont le demandeur les voudroit priuer soubs le titre d'vne donation nulle par tant de nullitez. Qui voudroit esplucher cette donatiõ, il s'y trouuera infinies choses à redire, pour monstrer qu'elle ne peut subsister. Mais pour espargner le temps, les deffendeurs s'arresteront à trois moyens principaux, chacun desquels est clair, apparent & plus que suffisant pour iustifier la nullité. Le premier est, qu'elle a esté faicte par vn mineur. Le second, que Henry sieur de Malejay y a volontairement renoncé, auant mesmes qu'elle fust insinuee. Le troisiesme, que le donateur a depuis eu des enfans, par la naissance desquels ell'a esté reuocquee. La loy qui est comme vne sage & equitable mere entre tous ses subjects, & qui a pour son principal dessein d'empescher que les plus forts ne s'auantagent sur les plus foibles, les plus fins sur les plus simples, veille continuellement pour donner secours à l'infirmité offencee. Et ayant reconnu que l'espece vniuerselle des hommes est iusques à certain nombre d'ans infirme & imbecile, elle a limité vn point, iusques auquel elle presume que leurs actions ne sont point prudentes, fermes, ny solides; & ce point-la s'appelle *ætas legitima*, cõme donnant aux hommes la libre disposition de leurs biens, & les rendant capables de toutes sortes de cõtracts [a]. Ce qui se fait auparauant cest aage auec les mineurs n'est ferme ny stable, sinõ entant qu'il est à leur profit. *Nam cum cõstet infirmum esse huiusmodi ætatum consilium Prætor naturalem æquitatem sequutus auxilium eis pollicetur.* C'est pourquoy dans Plaute *in rudente*, vn ieune homme qu'on vouloit contraindre à liurer ce qu'il auoit vendu, disoit pour exception, *Cedo qui cum eam ad Iudicem, ne dolo malo in stipulatus sis, néue etiam dum sim quinque & viginti anno-*

[a] *l. ex duobus ff. de neg. gest. l. 1. de fide. tut.*

rum. Et vn prodigue dans le mesme autheur se plaignant de ce que personne ne vouloit contracter auec luy, *tum lex me perdit quina vicenaria : metuunt credere omnes*. Et afin que l'ignorance de cest aage ne fist precipiter quelques-vns à contracter auec les mineurs, les Atheniens auoient vne coustume qu'il falloit que ceux qui vouloient estre reputez aagez, vinssent apres cest aage se faire enroller au nombre des hommes vsans de leurs droicts. Car lors les registres publiques estoient vne pleine instructiõ, soubs la foy de laquelle on pouuoit seurement & librement contracter, cõme il se recueille des paroles d'Æschines *contra Timarchum*, ἐπειδὴ δ' ἐνεγράφη τιμάρχος εἰς τὸ ληξιαρχικὸν γραμματεῖον, καὶ κύριος ἐγένετο τῆς οὐσίας. Or ce secours que la loy promet aux mineurs pour les restituer, pour ce qu'ils font à leur desaduantage, est pour les contracts communs & quasi necessaires au commerce & entretien de la vie, qui ne regardent que l'vsage des meubles, argent, ou autre chose vile : mais aux contracts qui emportent l'alienation, elle denonce à ceux qui contractent auec eux qu'ils n'y peuuent trouuer aucune seureté. Car la loy par presumption generale, & sans autre connoissance de cause, iuge qu'ils sont trompez, &

par

par consequent improuue les contracts, bien mesmes qu'ils fussent faicts auec l'assistance des tuteurs par l'aduis des parens, ou auec benefice d'aage & dispẽse du Prince [a]. Enquoy est fort à remarquer cõbien la loy a esté exacte & rigoureuse en ce faict, & combien elle a estimé deuoir estre curieuse de la deffence des mineurs, veu qu'ayant ordonné que chasque enfant que les mineurs mariez auroient, leur seroient contez pour vne annee pour les rendre capables de l'administratiõ de la republique, elle n'a pas neantmoins voulu que le semblable fust en l'administration & alienatiõ de leurs biens, comme si ell'eust eu plus chere la cõseruation des biẽs des mineurs que celle de l'estat [b]. Si donques la loy a generallemẽt declaré que toute alienation d'immeuble du mineur, bien qu'elle fust faicte auec l'authorité du curateur, & que le iuste prix en fust conuerty au profit du mineur est nulle, qu'estimons-nous qu'elle iuge de l'alienation que fera le mineur sans curateur à tiltre de donation, & par forme de liberalité & munificence, veu qu'elle dit par vn axiome general que *donare est perdere* [c], & qu'elle iuge qu'vn mineur ne peut auoir aucune iuste cause de dõner [d]? Aussi declare-elle telle donation nulle, sans qu'il

a *l. quæ de admini-stra. tutor. l. prædia, de præd. & aliis reb. minor. & l. eos qui. de his qui veniam ætat. impet. C.* 4

b *l. nec per liberos ff. de de min.*

c *l. filius famil. ff. de don.*

d *l. contra iuris regul. ff. de pactis.*

soit besoing d'aucune restitution [a], & ce auec vne apparente raison. Car pour rendre vn acte legitime, & faire qu'il soit authorisé, & que la loy luy preste sa force pour l'execution, il faut de necessité que deux choses y concurrent, la volonté & la puissance. Or toutes deux manquent en cecy. La volonté y est la principale, mais vne volonté qui soit accompagnee d'vn ferme & sain iugement. Car comme dict Seneque, *non est beneficium cui deest pars optima, datũ esse iudicio: turpissimum genus damni est inconsulta donatio. At est infirmum* (ce dit la loy) *huiusmodi ætatum consilium.* Où il n'y a point de ferme iugement, il n'y a point de suffisante volonté pour contracter. Quant à la puissance, moins y peut-elle estre aussi, veu que la prohibition de la loy emporte tousiours pour sa sanction la nullité de l'acte qui est faict cõtre les defences. *Nullũ enim pactum, nullam conuentionem, nullum contractum inter eos videri volumus subsecutum, qui contrahunt lege contrahere prohibente* [b]. Mais quãd cette donation auroit esté non seulement faicte, mais parfaicte par vn maieur, le donnant & le donataire s'en estans aussi tost departis, cela n'auroit-il pas rendu l'acte nul & sans effect? y a il rien si vulgaire en droit que cette reigle, qui dit que les choses se dissoluẽt

a *l. in caus. cognitione §. vl. ff. de mino. l. vlt. § cum aut. C. si maior. factus ali. fact. ra. hab.*

b *l. non dubium. C. de leg.*

en la mesme maniere qu'elles se cõtractẽt? que le commun consentement des contractans resoult les contracts qu'ils auoient auparauant formez, & les ruyne en leur soubs-trayant comme leur base la volonté des contractans? Or nous auons en ce faict deux expresses reuocations de la part du donnant, & deux expresses renonciations de la part du donataire. Nous auons dauantage, que ces reuocations & renonciations ont esté faictes auant que la donation fust entieremẽt parfaicte, c'est à dire qu'elle fust insinuee, auquel cas le seul dissentiment du donnant, sa seule contraire volonté pouuoit reuocquer & annuller la donation. Car comme la loy dit, qu'apres que les donations sont parfaictes, elles ne se peuuent plus reuocquer par les donnans [a], par contraire raison il s'ensuit, que iusques à ce qu'elles soient parfaictes, elles sont tousiours reuocables. Or est-il certain que l'insinuation est vne des formes des plus essentielles qui soit en la donation, sans laquelle elle n'a aucun effect ny valeur: tellement que iusques à ce qu'elle soit interuenue pour former cest acte & luy donner son estre legitime, on ne peut dire qu'il soit reconnu par la loy pour parfait [b]. La raison en est apparente par la discussion

a *l. post perfectas. C. de donat.*

b *l. donatio. l. data. l. in hac sacratissima C. de donationib.*

des causes pour lesquelles l'insinuation a esté introduicte. Car le legislateur ayant reconnu que les apas & allechemens de ceux qui captent le bien d'autruy auoient tant de force sur la vanité de leurs peuples entierement enclins à vne folle gloire, que bien souuent les hommes charmez par les flateuses caresses, se laissoient soubs de faux pretextes despouiller de leur bien : les autres plus aduisez pour leurs personnes, mais moins charitables à l'endroit de leurs heritiers de sang, en retenoient de leur viuant la iouyssance, & les donnoient apres leur mort à des estrangers qui les courtisoient : les autres n'estoient liberaux qu'au preiudice de leurs creanciers, faisant des donations seulement pour les frustrer, il a voulu pour le bien public apporter le remede conuenable & necessaire à tous ces incōueniens. Or pource que c'estoit principalement l'ombre & les cachettes où se faisoient les donations qui donnoient occasion à toutes telles surprises, & que les volontez des hommes gaignees, ils estoiēt attachez par le neud des contracts biē souuent auāt qu'auoir loisir de se recōnoistre, la loy a voulu que la derniere forme des donations se fist en public, qu'elle fust publiee pardeuant le iuge, premierement pour empeſcher qu'elles ne continſſent clauſes ou conditions deshonneſtes : car en ce cas les iuges les pourroient reietter[a]. Secondement afin que le donnant ayant eu loiſir d'y penſer, confirmaſt ceſt acte par vne plus meure, plus ſerieuſe & plus deliberee volonté : & que ſi la liberté auoit eſté opprimee par l'authorité ou importunité du donataire, qu'elle ſe peuſt releuer en la preſence des iuges, & exprimer plus franchement ſon intention. *Multi enim ſunt quos liberales facit frontis infirmitas.* Puis dõcques que la loy a preſcrit cette forme à ce contract, il ſ'enſuit qu'il n'eſt point parfait iuſques à ce que cette ſolemnité ſoit accomplie. Et tout ainſi que quand les parties ont entr'elles choiſi la forme de contracter par eſcrit, quelques pactions qui ſoient accordees, le contract n'eſt point parfait, ains touſiours reuocable iuſques à ce qu'il ſoit mis au net[b] : de meſmes la donation inſinuee l'eſt-elle par le ſeul donnant. Or icy elle l'a eſté par le donnant & le donataire. Mais à cela le demandeur penſe faire vne grande inſtance, diſant que la donation eſt faicte à Henry & aux enfans procedans du mariage, au preiudice deſquels Henry n'a peu reuocquer : qui eſt vn point qu'il faut examiner en cette cau-

a *d. l. donatio C. de donationib.*

b *l. contractus C. de contrah. emt. & vend.*

ſe, & pour en trouuer la vraye & naiue deciſion, conſiderer quelle a eſté en cela la diſpoſition de l'ancien droit Romain, comment elle a eſté changee, & iuſques où ſe doibt eſtendre le changement. Il n'y a rien de ſi vulgaire en tout le droit que cette reigle, que les pactions ou ſtipulations que nous faiſons ne peuuent profiter à vn tiers qui n'eſt point noſtre heritier. De ſorte que ſi nous ſtipulons qu'on luy donne quelque choſe, qu'on face quelque choſe pour luy, il n'a point de droit de le demander, & c'eſt choſe inutile pour ſon regard [a]. Mais pour nous approcher plus pres du cas où nous ſommes, c'eſtoit vne reigle en donation, que ſi le donnant auoit ſtipulé que moyēnant la donation on payaſt quelque choſe à vn tiers, ce tiers ne pouuoit rien pretendre en vertu de cette ſtipulation [b]. Depuis les Empereurs trouuerent bon d'amolir la iuſte ſeuerité des loix pour fauoriſer la munificence des donnans, & le vœu de ceux qui captoient les liberalitez : & ne trouuāt point en la iuriſprudence d'action pour fauoriſer ce tiers, qui ſe vouloit ſeruir du contract d'autruy, en inuenterent vne vtile, qui eſt expoſée en cette loy *quotiens*, [c] par laquelle l'Empereur dit, que ſi quelque choſe eſt dõnee pour eſtre apres certain temps

a l. ſtipulatio iſta ff. de verb. oblig. Inſtit. de inutil. ſtipul. §. ſi quis alij.

b l. cum res C. de donationib.

c C. de donationibus quæ ſub modo.

restituee à vn tiers, & que ce tiers n'aye point stipulé la donation apres le temps, l'action pour recouurer la chose appartient à celuy qui a donné, ou à ses heritiers: & toutesfois que le tiers peut auoir vne action vtile *secundum voluntatem donatoris*, pour demãder la chose. Enquoy il y a deux points fort remarquables & importans à l'estat & decision de cette cause. L'vne que par cette constitution, qui est toute nouuelle & contraire au droit ancien, la premiere action pour l'accomplissement du contract qui est directe & legitime, est reseruee au donnant. L'autre que celle qui est reseruee au tiers & estranger n'est qu'vtile & subsidiaire, & outre est modifiee par ces termes *secundum voluntatem donatoris*. D'où il resulte deux raisons solides & qui ne peuuent estre esbranlees, par lesquelles il se conclud fort certainement qu'il est tousiours en la puissance du donnant de reuocquer ce qu'il a stipulé estre rendu à vn tiers non compris au contract. Car puis que la premiere, principale & directe actiō luy est reseruee par la loy, il est certain que tant qu'il la peut exercer, le droit luy appartient, & le tiers ne peut se seruir de l'vtile que la loy luy donne. D'autant que comme vne mesme chose ne peut appartenir a l. possideri ff. de acq. poss.

solidairement à deux[a]; aussi deux ne peuuent auoir solidairement action pour vne mesme chose. Et puis que celuy qui a actiõ pour recouurer la chose, est censé auoir la chose mesme, il s'ensuit que le donnant à qui appartient cette premiere action en est tousiours le maistre, la peut reprendre à soy, en vser à son plaisir; & que celuy qui a l'action vtile ne s'en peut seruir, sinon quãd le principal ne s'est point voulu aider de la directe. C'est ce que la loy a voulu exprimer en ces mots, *secundum voluntatem donatoris:* mots qui n'ont pas esté assés pesez par les nouueaux interpretes du droict, & qui emportent pour la seconde raison, que tãt que le donnant est en vie, il peut declarer sa volonté & son intention, & luy est libre de le faire, & permettre que le tiers se preuale de sa liberalité, ou au contraire qu'il en soit exclus. Ce qui est aussi conforme à ce qui se trouue decidé en vn cas encor plus fauorable par l'Empereur[b]. On sçait assés qu'il n'y a rien de si fauorable en droit que la liberté, pour la conseruation de laquelle les Iurisconsultes & les Empereurs ont amoly les plus rigides & seueres reigles de la Iurisprudence. Toutesfois si quelqu'vn a vendu son esclaue à la charge qu'il sera mis en liberté, l'Empereur veut

b In l. 1. si manc. ita fu. alien. vt manu.

bien qu'en faueur de la liberté, l'esclaue puisse s'aider de ce contract, & demander d'estre deliuré de seruitude : mais auec vne exception toutesfois, *si dominum non pœnituerit.* Que s'il s'en est repenty, & qu'il ait reuocqué cette condition, puis qu'elle ne dependoit que de sa nuë & pure volonté, & n'est stipulee que par luy & à son profit, vne telle volonté produit aussi vn contraire effect, & destruit la premiere disposition a. Aussi les nouueaux Iurisconsultes interpretans ceste loy *quoties*, ont-ils tous estably ceste maxime entierement decisiue de cette cause, que *pactum appositum donationi in fauorem tertij, contractus innominatus censetur & ideo reuocari potest* b. Venons maintenant à la naissance des enfans suruenus au donateur. Qui est-ce qui peut nier qu'elle n'ait reuocqué la donation? veu mesmes que nous les voyons aujourd'huy en si grand nombre, & reduits à tant de necessité; si eslongnez de la splendeur de leur maison, joincts à la discussion des biens de leur pere pour en tirer leur legitime? Tous les actes qui se font entre les hõmes, sont ou purs ou conditionnels. S'ils sont purs, au mesme moment qu'ils sont faicts, ils reçoiuent leur force immuable: & quelque accident qui arriue puis-apres,

a *l. si pater. de manu. vind. l. 3. de seruis exp. ff.*

b *Barthol. in l. quæ Romæ. §. Flauius Hermes ff. de verb. oblig. Immola. Cum Alexandro. Aretinus. Iason. hic Zazius. Alciat. in rubr. de pactis. Cremeta, cons. 135. Couarr. variarum resolutionum lib. 1. cap. 14.*

n'altere rien de leur disposition. S'ils sont conditionnels, ils demeurent suspendus, subjects à l'euenement de la condition de laquelle depend leur estre. Or des conditions, les vnes sont exprimees par les contractans, les autres imprimees en la nature des choses, & entenduës par la force de la loy, & celles-cy sont d'autant plus efficaces & puissantes, que la loy & la nature sont plus fortes & plus excellentes que la volonté, ny le iugement de l'homme. Et entre les dernieres encor, celles-là sont beaucoup plus fauorables & cheries par la loy, qui procedent du plus noble effect de la nature, qui est de la pieté & du deuoir des peres enuers leurs enfans, qui est si naturelle & si inuiolable entre les hõmes, que quelque chose qu'ils facent, la loy ne veut iamais presumer qu'ils ayent intentiõ de l'enfraindre ou offencer. C'est pourquoy si les Iurisconsultes interpretans les volontez des hommes, rencontrent en leur disposition quelque chose qui ne puisse pas compatir auec la pieté, ils aiment mieux croire que leur parolle soit defectueuse, que non pas leur volonté impie. Ce que Papinian pratiqua le premier en la disposition de l'ayeul, lequel ayant chargé son petit fils de restituer ce qu'il luy laissſoit, reſpondit que cela ſ'entendoit ſoubs vne taiſible condition, au cas qu'il n'euſt point d'enfans; ne voulãt pas receuoir qu'il peuſt entrer en l'eſprit d'vn homme bien ſenſé de vouloir arracher des mains des enfans le bien de leur pere pour le transferer à des eſtrangers. Dont il fut haut loüé par Iuſtinian, lequel par ceſte loy vulgaire, & neantmoins toute luiſante de ſageſſe & pieté, en fit vne reigle generale; qu'en toutes diſpoſitions faictes par les aſcendans aux deſcendans, cette condition ſeroit entenduë & eſtimee inſeree par la force de la loy. Mais ceſte pie & religieuſe inuẽtion luy pleut tant, qu'il ne la voulut pas laiſſer enfermee dans des bornes ſi eſtroittes & reſerrees, ains inſtruit en la charité Chreſtienne, fidelle amie de la nature, il luy tendit la main, pour l'introduire aux autres cas moins fauorables; où il ſembloit toutesfois que le fil du ſang & la chaleur de la parenté la pouſſoit. Car bien que d'ailleurs il euſt exclus les enfans naturels de la ſucceſſion des peres, ſinon en certains cas & en certaine part: neantmoins il voulut que cette meſme reigle euſt lieu pour leur regard, & que cette condition fuſt auſſi bien entenduë aux diſpoſitiõs qui ſeroient faictes par leurs peres à leur proffit a. Mais comme

a l. generaliter §. fin. C. de inſt. & ſubſtit.

les dernieres volontez furẽt secouruës par les Iurisconsultes & Empereurs, les dispositions entre vifs ne furent pas aussi abandonnees; ains estans tombees au mesme inconuenient, receurent aussi le mesme remede. Les Empereurs Constans & Constantius iugerent [a] que si quelqu'vn venoit à donner ses biens ou quelque partie d'iceux, & qu'apres il vint à auoir des enfans, que par la naissance d'iceux la donation estoit reuoquee, & les choses donnees retournoient de plein droit à leur premier autheur. Pource qu'il n'estoit point vraysemblable, que si celuy qui donnoit eust pensé auoir des enfans, qu'il eust voulu se despouiller de ses moyens, & laisser sa posterité denuée pour paroistre liberal & magnifique à l'endroit d'vn estranger, & donner subjet de luy reprocher ce mot de Plaute, *fundum alienũ colis, proprium incultum deseris*. Le Iurisconsulte dit, que *lex quædam tacita liberis parentum addicit hereditatem*. Si c'est vne debte de nature, comme seroit-il tollerable qu'vne inconsideree munificence (oubliant le soing qu'elle doit auoir de ce qu'elle a mis en lumiere) espanchast profusément en des personnes estrangeres ce qu'elle doibt à ses propres enfans? Telle disposition ne peut proceder que d'vne

[a] *l. si vnquam. de reuocand. donationib.*

personne en laquelle le iugement auec l'humanité manque de tout poinct. Puis doncques que l'on voit aujourd'huy vn grand nombre d'enfans suruenus apres cette donation, & la pauureté suruenuë à cette maison apres le nombre des enfans, qu'il n'est point aujourd'huy question de reuocquer cette donation, qui n'a iamais esté effectuee, mais qu'il est question de despouiller entierement & les enfans & les creanciers du donnant pour accomplir sa munificence, il n'y a nulle difficulté que cette cause ne soit vrayement au cas de la loy *si vnquam*: & que ce qui leur pourroit donner action pour la reuocation, ne leur donne pour le moins vne tres-juste exception contre la demãde que lon leur faict. Au moyen dequoy ils cõcluoient à ce que le demandeur fust deboutté de l'effect & entherinement de sa requeste ciuile : où en tout cas faisant droit sur le principal, il fust dit, que la sentence du Lieutenant de Draguignan sortiroit son plain & entier effect, & le demandeur condamné aux despens.

A CELA le demandeur pour replique disoit, Que la minorité du donateur n'estoit nullement considerable, pource qu'il estoit aagé de vingt deux à vingt trois ans;

& par consequent si proche de majorité, que ce peu qui s'en falloit ne pouuoit pas l'empescher en l'exercice d'vne action si pleine de pieté. Dauantage il estoit marié & pere de famille, tenu de tout le monde pour majeur : *sic agebat, sic contrahebat, sic muneribus fungebatur* : mais qui plus est si aduisé en ses affaires ; que non seulement il estoit capable de les faire, mais tres-fin & tres-consideré. *Vbi malitia supplet ætatem restitutio non est indulgenda.* Il estoit dauantage homme de guerre, ayant eu, comme-on sçait en ceste prouince, grande authorité, & esté comme chef de party. *Nimis indignum est*, disoit Cassiodore, *Vt ad vitam suam disponendam dicantur infirmi, & putentur domum suam regere non posse qui creduntur bella posse tractare.* Et pour passer plus auant, le demandeur soustenoit que l'action qu'auoit fait le deffendeur n'estoit point chose interdicte au mineur. Car bien que generalement on tient qu'il ne peut rien dõner, si est-ce que ceste reigle a plusieurs signalees exceptiõs. De sorte que la loy bien souuent veut que le tuteur dispose mesmes liberalement du bien du pupille, & en gratifie ceux à qu'il appartient, selon que l'honneur du pupille & de sa famille le peut requerir. Par exemple Paulus dit, que *tutor solemnia munera pa-*

rentibus cognatisque mittet, a *matri sororique tutor alimenta præstabit: quinetiam putat cum tutore posse agi tutelæ, si tale officium prætermiserit* b. Que s'il y a subject au monde où la loy doiue dispenser le mineur de disposer de son bien, c'est en faueur de mariage: tant pource que c'est chose qui reuient au bien public, & dont les loix ont pris la protection, que pource que ce sont contracts qui ne se peuuent resoudre, ny les parties estre remises en leur entier; qui est aussi le cas auquel la loy a permis au mineur d'aliener & de donner [c]. Et bien que tels contracts portent le nom de donation, & par consequent en portent aussi l'enuie; toutesfois chacũ sçait que c'est impropremẽt: principalement quand ils sont partie des conuentions matrimoniales, & que sans icelles les mariages n'eussent esté contractez. *Labeo scribit non esse donationem, quia ob rẽ facta est, & res sequuta est* d. Mais outre ces moyens, il y en a vn autre, qui rendroit ce mineur non receuable. C'est qu'ayant preueu l'interest qu'il pouuoit encourir à cause de ce contract, prudẽment neantmoins il en a iugé l'vtilité si grande au bien de son frere, qu'il a iugé le deuoir faire, & a renoncé à tout droit de restitution. De sorte que si c'est la seule facilité de l'aage, l'im-

a *In l. cum plures ff. de admin. tut.*
b *l. 1. de tut. ratio. distr.*
c *l. vltima si mai. r factus C. si aduersus donat.*
d *l. hoc iure vtimur. ff. de don.*

prudence & infirmité qui rend le mineur restituable, *l.* 1. *ff. de minor.* tout cela cesse en ce fait-cy, où le mineur a preueu ce qu'il a faict, & renoncé au secours de la loy. La femme est bien infirme de soy-mesme, & entre tous les contracts par lesquels on a creu qu'elle pouuoit estre plus aisément trompee, on a marqué la fideiussion. Toutesfois si elle renonce au benefice de la loy, elle est excluse de la restitution. Il n'y a nul doubte doncques que chacun ne puisse ou expressément ou taisiblement renoncer à la restitution que la loy promet contre les cõtracts: veu que chacun peut renoncer à ce qui est introduit en sa faueur. Particulierement q̃ le mineur le puisse, Balde nous l'enseigne [a]. Outre cette renonciation expresse, le serment double qu'il a presté d'entretenir le contract, & n'y point contreuenir, rend entierement le demandeur non receuable. Car on peut dire que lors il n'a pas seulement cõtracté auec les hommes, mais il a contracté auec Dieu, & en aage qu'il pouuoit disposer de son ame, ou à biẽ par vne religieuse obeissãce à Dieu & execution de ce qui luy promettoit, ou à mal par vne desobeissance & manquement de promesse [b]. De sorte qu'en ce doubte de perdre l'ame, ou d'estre incommodé en ses biens

[a] *In l. si ex causa §. Papinian. ff. de minoribus.*

[b] *c. 1. de delict. puer. in 6.*

biés qui voudroit ouyr le mineur, qui pour quelque incommodité qu'il pourroit pretendre voudroit abandonner ſon ame, & violer le ſerment, qui eſt vne des choſes du monde la plus grande & plus venerable? Les loix luy pourroient-il promettre aucun ſecours en renuerſant le fondement des loix qui eſt la pieté & la religion, auſſi l'en excluent-elles apres vn tel ſerment [a]. Ce que les Docteurs ont generalement eſtendu à toutes ſortes de contracts, & particulierement aux donations qui ſe font par contracts de mariage [b]. Mais outre ces raiſons-la pluſque ſuffiſantes pour exclure vn mineur de toute reſtitution, il en reſte encor deux autres beaucoup plus fortes, & qui ne peuuent receuoir aucune reſponce. La premiere eſt, qu'en ce contract ce mineur eſt en dol euident. Car les deffendeurs diſent eux-meſmes, & le monſtrent par eſcrit par le premier acte de reuocation dont ils ſe ſeruent, que cette donation n'auoit eſté faicte que par vn artifice conuenu à part & en ſecret entre les deux freres, pour induire les ſieur & dame de ſainct Tropés & leur fille mineur à contracter ce mariage, sans que le donnant euſt intention d'effectuer la donation. Or ſi le dol

a *Auth. ſacramenta pub. C. ſi aduerſus vendit.*

b Dec. *con.* 31. *volu.* 1. Panor. *cón.* 108. *vol.* *Tiraq. gl.* 3. *nu.* 4. *in l. donatione largitus.*

n'eſt autre choſe qu'vn conſeil pourpenſé pour tromper autruy, peut-on nier que cela ne fuſt vn dol euident? Vne ieune fille mineure d'ans penſe entrer en vne maiſon où elle ait des commoditez pour y viure auec honneur, auec les enfans que Dieu luy donnera. Elle y vient ſoubs la foy d'vn contract de mariage, d'vn contract paſſé publiquement, d'vne donation iuree & reiuree : & voila qu'a part on luy dreſſe vn piege pour rendre cette donation nulle, & en eluder l'effect. Pline diſoit *moribus ſuis non conuenire aliud palam, aliud ſecreto agere*. Et la loy dit, que *qui facit clam doloſe agere videtur* [a]. C'eſt ce qu'on dict communémẽt en François, qui cache ſes actions deſcouure ſa conſcience. Et generalement & en tous affaires *dolus eſt in eo non tantum qui obſcure loquitur, ſed & in eo qui inſidioſe diſsimulat*. Mais particulierement aux contracts de mariage, ces diſſimulations ont eſté reprouuees & condamnees: *ex bona fide non eſt ſi tacite conueniat vt plus minus ve exigatur* [b]. Et qui pourroit ſouffrir qu'vn acte ſi ſainct & ſi religieux que le mariage, qui doibt eſtre plein de fidelité & ſincerité commençaſt par des auſpices ſi infauſtes de dol & de tromperie, qui laiſſaſſent continuellement à la femme vn

a *l. non existimo ff. de auth. tuto.*

b *l. illud ff. de pact. dotal.*

iuste subjet de plainte contre son mary, d'auoir esté induicte à l'espouser par vne fauce & insidieuse liberalité. Les Grecs appelloient le iour que les donations se faisoient aux contracts de mariage ἀποκαλυπτήρια, pource que ce iour-la premierement la vierge quittoit son voile, *& osculo resignabat pudorem*, pour parler auec Tertulian. Seroit-ce chose tollerable qu'en vn lieu où rien ne doibt estre caché, où tant de gens sont assemblez pour estre tesmoings du cœur, des volontez, des consentemens des assistans, on y portast vn cœur double, vne intention feinte, vn dessein pour tromper vne ieune fille & tous ses parés. Cette grace-la ne seroit pas (comme on la peint nuë) mais bien reuestue de fraudes & d'artifices tres-dangereux. Cela estant, & le dol manifeste en cette donation, il resulte clairement qu'il n'y a point lieu de restitution [a], mais bien plus, que celuy qui a commis le dol seroit tenu de l'interest que pourroit auoir souffert celuy contre lequel il est commis [b]. Ce qui est d'autant plus certain en cette cause, que c'est vn mineur qui demande cette restitution contre des mineurs : sçauoir est contre son frere, qui estoit semblablement mineur, contre sa femme, mere du demandeur, au profit de laquelle se faisoit cette

a *l. ex causa videndum. ff. de minorib. l. 2. C. si minor se maiorem dixerit.*

b *In l. in bonæ fidei ff. de peculio.*

donation, & qui en cette seule consideration entroit en cette alliance, & contre les enfans à naistre de ce mariage au profit desquels ell'estoit stipulee. Car en ce cas il est sans doute en droit, que *minor aduersus minorem nõ restituitur*, [a] *nec priuilegiatus aduersus priuilegiatum*. Ce que dessus pourroit abondamment suffire & seruir de responce au second moyen des deffendeurs, en ce qu'ils pretendent que la donation a esté reuoquee par les donnans & donataires au preiudice des enfans. Car si cette pretenduë reuocation & renonciation a esté vn pur dol machiné au preiudice du tiers, contre l'honnesteté publique, & la foy des mariages, on ne peut pas pretendre qu'elle ait aucun effect. Mais pour examiner cette question au fonds, il est certain que c'est la commune & plus receuë opinion, que les donations faictes au profit d'vn tiers vne fois parfaictes, sont à iamais irreuocables. Cette question a esté agitee par la plusspart des Docteurs. Et bien que Barthole & quelques-vns ayent voulu tenir que la donation se peut reuocquer au preiudice du tiers auant qu'elle soit acceptee : toutesfois l'opinion commune a passé au contraire, & est beaucoup plus grand le nombre de ceux qui ont tenu ne pouuoir estre re-

[a] l. verum §. item ff. de mi.

uoquee[a]. Mais outre le nombre des autheurs, le poids des raisons assiste encor cette opinion,& l'expresse decision des Iurisconsultes : comme celle de Paulus,qui dict b *si seruus venditus est vt intra certum tempus manu mitteretur, & emptor & venditor sine herede decessisset, seruo libertas competit etiam si venditor mutauerit voluntatem*. Tellemẽt que le changement de volonté de celuy qui a apposé cette paction au profit du tiers n'en empesche point l'effect. Proculus c decide le mesme en autre cas. *Si cum fundum meum possideres,conuenisset mihi tecum vt eius possessionem titio traderes, vindicantem eum fundum à te non aliter me conuentionis exceptione debere excludi quam si alteri ante tradidisses, aut si tua causa id inter nos conuenisset, & per te non staret quo minus iam traderes*. Tellement que celuy qui redemande son fonds est exclus par l'exception de celuy qui dit qu'il l'ayme mieux bailler au tiers qui n'estoit ny present ny acceptant en cette conuention. De mesme en la loy derniere *de pactis* au Digeste, si tost que le debteur *pacto de non petendo* à acquis exception contre le creancier, il a beau renoncer à cette exception par vne paction contraire : car le droit acquis au fideiusseur, demeure incommutable. A ces argumẽs on en peut adiouster vn

a *Paulus de Castro in l. insolam ff. sol. matrimonio. Salic. in l. quoties. Ludouicus Roman. in l. si pecuniam ff. causa data. Benedict. c. Rainutius. in verb. si ab vsque liberis. p. 2. nu. 22. Rodericus Zuares, in rep. l. quoniam in priorib. reg. 216.*

b *l. 1. ff. de his qui sine manum. ad liberta. peruen.*

c *In l. si cum fundum. ff. de pactis.*

autre, qui n'eſt pas de petite conſideration, qui eſt, que [a] *in donatione facta vt res poſt tempus reſtituatur cenſetur ineſſe quædam ſecunda donatio* au profit du tiers, laquelle eſtāt entre vifs ne peut eſtre reuoquee par vne ſimple paction [b]. Doncques quand nous demeurerions aux termes ſimples de cette queſtion generalle, ſi vne donation pure & ſimple & qui eſt au profit du tiers non acceptant ſe pourroit reuoquer, il la faudroit reſoudre au profit du demandeur. Mais nous en ſommes bien eſlongnez. Car nous ne ſommes point en vne donation ſimple, mais en vn negoce meſlé d'vn contract de mariage, duquel cette donation faict part, & qui n'euſt point eſté faict autrement. En laquelle eſpece de contracts, toutes ſortes de ſolennitez ſont ſupplées, toutes ſortes de ſtipulations ſont entendues pour les faire valoir contre les ſubtilitez du droit [c]. Ceux qui ont connoiſſance du droit Rommain, ſçauent qu'anciennement pour leuer les ſcrupules qui pouuoient naiſtre de la ſubtilité, & faire valoir les pactions qui pouuoient eſtre doubteuſes pour n'eſtre pas ou valablement cauſees, ou iuridicquement reueſtues, les contractans auoient accouſtumé d'adiouſter au bout du contract vne ſtipulation qu'ils

[a] *l. vlt. de leg.*

[b] *l. vbi ita donatur ff. de donat.*

[c] *l. vni. C. de rei vxo. actione. Guido Papæ decis. 206.*

appelloient *pandecten*, qui embrassoit toutes les clauses du contract;& ce qui ne pouuoit subsister de soy-mesme, estoit comme par là validé. Les Empereurs ont voulu qu'en faueur des mariages, & pour la consommation des conuentions qui s'y font, cette stipulation y fust tousiours entenduë: & par consequent tout ce qui est promis fust presumé, non seulement accepté, mais aussi stipulé: tellement qu'il n'y est point requis autre stipulation ne acceptatiõ que celle qui y est introduicte par la force de la loy[a]. L'insinuation non plus n'y est point requise ny necessaire, comme il a esté iugé par infinis arrests, & comme le decide formellement Barthole[b]. Aussi ce seroit chose non seulement iniuste, mais ridicule, que la femme ne pouuant se departir du mariage, qui est vn lien indissoluble, il fust en la puissance du mary ou des parẽs apres le mariage accomply, de la priuer de ce qui est donné à elle & aux siens. En quoy il faut considerer qu'en cette donation, encore qu'elle se face au sieur de Malejay & à ses enfans, la femme pourtant ne laisse pas d'auoir son interest formé pour la faire effectuer. Car il est à presumer, comme dit la loy, qu'elle prend conseil pour ses enfans, & qu'elle a voulu auant qu'entrer en cette

a *l. vnica. C. de reĩ vxor. acti.*

b *In l. Attilius Regulus. ff. de donationib. & Soci. cons. 77.*

communication de vie, en cette esperance de posterité, pouruoir à ce que ses enfans eussent quelques moyens de se maintenir, dont il ne la faut pas frustrer par vne telle subtilité. On peut dire dauãtage, que tous les parens mesmes qui ont assisté au contract de mariage, auec lesquels il a esté traicté y ont tous interest, & qu'a leur preiudice la donation (qui est fondamentale du mariage) ne peut estre reuoquee, par contrelettres ou conuentions particulieres faictes à part & à leur desceu, comme il a esté iugé par plusieurs arrests, tãt de cette court qu'autres de ce Royaume, que mesmes des Senats estrangers [a]. Reste maintenant à respondre au dernier moyen des deffendeurs, tiré de la suruenance des enfans au donnant depuis la donation. Mais cette exception ne peut auoir lieu en ce faict pour plusieurs raisons. Pource premierement, cõme il a esté dit cy dessus, que la donation n'est point pure & simple, mais pour cause, & cause qui a esté effectuee: qui est vn cas auquel la reuocation par suruenãce d'enfans n'a point de lieu. Car tout ainsi que quand on a donné quelque chose afin d'en faire vn autre, si l'autre n'est effectué, la loy donne actiõ pour repeter ce que lon a donné. Aussi quand la cause pour la-

[a] *Vincentius de Franchis, decre. 15. & Telius Fernand. l. Tauri.*

quelle on a dõné a esté effectuee, lõ ne peut repeter ce que lon a dõné. Et quand il n'auroit pas esté liuré, celuy qui a fait ce que lon desiroit de luy, auroit action *præscriptis verbis* pour le demander. Aussi les docteurs ont tous communément tenu, quand la donation est faicte pour cause que la disposition de la loy *si vnquam* n'a point de lieu [a]. *Nam cum huiusmodi donatio habeat causam annexam, non autem fundata sit in sola liberalitate, non debet propter aliquid aliud quod superueniat reuocari.* Qui est la mesme raison pour laquelle elle n'a point aussi de lieu en la remuneratoire [b]. Secondement la loy *si vnquam* n'a point de lieu toutes & quantesfois que le donnant *cogitauit de liberis*. Car puis que ce n'est qu'vn remede pour celuy qui a esté trompé par l'euenement, celuy qui l'a preueu & volontairement en a voulu subir le hazard, ne se peut plaindre que de soy-mesme. C'est la doctrine commune de Socin Iason, & tous les autres sur cette loy : à laquelle se sont attachez tous les Docteurs denommez par Clarus [c]. Or *in hac cogitatione de liberis*, ils ont resolu que quand le donnant fait mentiõ des enfans du donataire, il doibt aussi estre censé auoir eu pensement des siens mesmes, s'il est en aage & estat d'en pouuoir auoir. Car

a *Soc. l. 2. ff. sol. matrimonio.*

b *Bald. in d. l. si vnquam. Decius consi.* 336.

c *q. 22. §. de donationib.*

les hommes estans naturellemẽt nez auec cette inclination d'auoir lignee, comme le plus conuenable desir qui naisse en leur cœur, il est croyable que preuoyant que les autres en peuuent auoir, ils esperent aussi le semblable de soy. Dauantage, les renonciations generales qui sont en ce contract font croire que le donnant a pensé à tous les cas qui pouuoient donner cause à la reuocation & restitution contre iceluy, *cum generalis renuntiatio extendatur ad omnia* [a]. Ce qui a lieu principalement quand la renonciation est accompagnee du serment, comme en ce cas. Car en renonciation où le serment interuient, bien que celuy qui renõce ne soit pas bien informé de son droit, il est exclus du benefice de restitution [b]. Outre, la plufpart des Docteurs ont tenu que cette reuocation n'auoit lieu, sinon quand la donation excedoit la moitié de tous les biens du donnant, pource que ce mot de *pars*, s'entend propremẽt de la moitié, toutes & quãtes fois que la partie n'est point autrement specifiee, comme le texte est expres [c]. Et de tous les Docteurs, ceux qui ont estendu plus auant cette loy, & ont voulu en son explication fauoriser le donnant, ils ont iugé qu'il falloit que pour le moins la donation excedast le quart de

a *l. pluribus. ff. de accept.*

b *Philip. Frãcus, & Geor. Nata, Barth. Cumanus, Iason, in l. sciendum. de verb. oblig.*

c *In l. nomen. ff. de verb. sign.*

tous les biens *ex mente Baldi*[a]. Or au fait qui se presente, la donation n'est que de trois cens escus de rente, & neantmoins il est certain que les biens du sieur du Bar valent plus de quatre mille escus de rẽte. Par consequent comparaison faicte de la chose donnee auec le total des biens, il est questiõ *de re modica*, voire *de minima*, qui n'entre iamais en consideration en tels affaires, & ne peut donner lieu à telle reuocation[b]. Apres toutes ces raisons-la, chacune desquelles est pertinente en droit, il y en a vne generale, qui ne reçoit point de respõce, & laquelle exclud les deffendeurs de pouuoir rien pretendre contre cette donation, soit par la minorité, soit pour la pretendue renonciation, soit par la loy *si vnquam*, ne autre moyen quelconque. C'est que par cette donation le donnant n'estoit aucunement interessé: il auoit moyen de l'effectuer, & accomplir la foy de son contract, sans diminuer son patrimoine, sans aliener riẽ du sien, ny faire en façon quelconque sa cause deterieure. Car il appert par le contract de transaction, fait entre Claude & Henry l'an 1566. que les droicts qui appartenoient à Henry, sur la succession de son pere, montoient à vingt-vne mille liures, que Claude luy paye, sça-

a *In l. Titia §. Imperator ff. de leg.* 2. *Immo. in c. vlti. de donat. Franc. Curt. con.* 1.

b *Ioannes Faber. & Immola in d. l. si vnquam.*

uoir en dix mille liures, qu'il promet en argent, & dix mille huict cens liures sur Vidauban, qu'il promet luy garantir iusques à cette concurrence. Et de fait les dix mille liures furent aussi tost payez en la terre de la Malle, & vne cession sur Valette. Et Vidauban ayant esté depuis euincé, les deffendeurs pretendent aussi auoir payé les dix mille huict cens liutes de l'euiction. Puis dõc que Claude auoit entre ses mains la somme de vingt mille liures, qui valloit pour le moins autant que les trois cens escus de rente, & que par la premiere transaction passee entre les parties deux mois apres la donation, Henry estoit tenu de releuer Claude du fait de cette donation enuers ses enfans, ne pouuoit-il pas pour sa seureté retenir les vingt mille liures? Que si il a mieux aimé estãt majeur, & sçachant le droit des enfans, comme il ne l'a pas ignoré, payer les vingt mille liures au sieur de Malejay & à ses creãciers, que pouruoir à sa seureté & à celle des enfans, enuers lesquels il estoit obligé; à qui doit-il imputer, sinon à soy-mesme, d'auoir abandonné la seureté qu'il auoit en main, veu que personne n'est releué cõtre le dommage qu'il reçoit par sa faute. Car qu'il ne sçeust que ceste donation appartenoit aux enſans, & que tous les contracts qu'il faiſoit auec le ſieur de Malejay ſon frere ne leur pouuoient prejudicier, cela appert trop clairement par les deux tranſactions, par leſquelles il eſt touſiours ſtipulé que le ſieur de Malejay l'acquittera de ceſte donation enuers ſes enfans, & la payera du ſien. Ce qui le rend encor plus inexcuſable, eſt que le demandeur eſtoit deſ-ja né, & par conſequẽt le droit luy eſtoit acquis. C'eſtoit au ſieur du Bar doncques à pouruoir à ſa ſeureté, & ne pas laiſſer eſchapper ce qu'il auoit en main. On voudra (peut eſtre) dire que pour le regard des dix mille francs de l'euiction de Vidauban, le ſieur du Bar a eſté cõtraint par arreſt à les payer, & que ledit arreſt a eſté donné auec la mere & tutrice du demandeur. Mais commẽt pourroit-on monſtrer que iamais le ſieur du Bar ſe ſoit deffendu de la donation, ny l'ait alleguee? que ſ'il l'euſt fait, quel Iuge l'euſt peu condamner? veu qu'il n'y auoit rien ſi clair qu'elle appartenoit au demandeur, ny rien ſi raiſonnable que les biens du ſieur de Malejay ſeruiſſent de ſeureté au ſieur du Bar pour icelle? Le demandeur eſtoit ſon nepueu, pour lequel il deuoit veiller, auoir ſoing qu'il ne tombaſt en pauureté & indigẽce. C'auoit bien eſté vn acte de bon oncle, d'auoir pourueu par le contract de mariage que son nepueu vinst au monde auec quelques moyens de s'y maintenir honorablement. Mais ce soing deuoit suiure au reste de ses actions, principalement voyant le demandeur des-ja né, veu que la proximité du sang & ce degré de parenté est bien tel qu'il l'obligeoit à ce faire. Et pource sont les deffendeurs entierement non receuables, de vouloir priuer le demandeur de ce que la foy du contract de mariage de ses pere & mere luy a acquis, & ce qu'il pouuoit auoir sans diminution du droit d'autruy, si on ne l'eust point voulu tromper. Et partant perseueroit en ses premieres conclusions.

Les deffendeurs respondans à cela par leurs dupliques disoient, qu'en vain se vouloit-on efforcer de faire valoir la donation faicte par vn mineur, pour dire qu'il estoit proche de maiorité & qu'il estoit marié. Car il apparoissoit par le procés qu'il estoit né l'an trente huict, & par consequẽt lors de la donation, ne pouuoit auoir que vingt-deux ans. Or est-il certain qu'en ce cas les ans se comptent *de momento ad momentum*. Car le terme de l'aage estant positif & prefix par la loy, on ne peut le changer [a]. Dauantage ce qui rend en cela le de-

[a] *l. denique §. minorem ff. de mino.*

mandeur du tout nõ receuable : c'est qu'il appert par le cõtract mesmes de donation, que ceux qui ont contracté sçauoient qu'il estoit mineur. Car ils luy ont fait par le mesme contract renõcer à la minorité. Or quand la sciẽce de la minorité est en celuy qui contracte auec le mineur, il est du tout inexcusable, & ne peut acquerir aucũ droit par le moyen du contract. La raison en est [a] que la science des contractans, ioincte à la prohibition de la loy, les met en mauuaise foy. De sorte que quand il allegueroit que par decret de iuge il eust esté declaré auparauant majeur, il ne seroit pas receuable, & pour cela le contract n'en seroit pas plus valable [b]. De vouloir soustenir qu'vn mineur peut donner en faueur de mariage, & dire que tel contract n'est pas de liberalité, mais pour cause onereuse ; c'est vne captiõ trop euidente. Car cela est bien vray pour le regard du mineur qui se marie, & qui dõne à sa femme & à ses enfans: celuy-la vrayment peut donner. Mais quant à celuy qui donne en faueur du mariage d'autruy, c'est pure liberalité, c'est chose à laquelle il n'est point tenu. De sorte que si le mineur mesmes donne à sa sœur pour la doter, ores que le dot soit chose fort fauorable, la donatiõ est nulle, bien que le tuteur y soit interue-

a *In l. Iulianus ff. de curatore furiosi.*

b *l. minor. §. 1. ff. de minor.*

a *l. cum plures §. cum tutor. ff. de adm. tut.*

nu a, tant les loix ont iugé que le donner estoit chose deffendue au mineur & tousiours à son prejudice. Or de penser valider ce qui est contre la prohibition de la loy, par des clauses artificieuses, par des renonciations, & par des sermens, c'est en vain. Car pour le regard de la renonciation, il faut considerer qu'il y a differẽce des choses où la loy promet vne simple restitutiõ, comme des contracts qui se font par les mineurs, esquels il peut aussi tost profiter que perdre, comme vendre & achepter & autres semblables. En ceux-la, la loy ne luy promet secours que conditionnellement. Mais en matiere de donations, la loy vse de generale prohibition, & les declare nulles. De sorte qu'outre le deffaut de la volonté, il y a deffaut de puissance, qui ne se peut suppleer par aucun acte procedant de la personne prohibee b. Et en ce cas tant s'en faut que la renonciatiõ valide l'acte, qu'au contraire n'estant qu'vne plus entiere cõtrauention, elle l'annulle dauantage. Quãt à l'authentique *sacramenta puberum*, on sçait assés qu'elle ne se garde point en France, comme a remarqué l'autheur du traicté des loix abrogees, & Papon en son recueuil au titre des sermens. Et aussi deuant luy tous les anciens Docteurs ont resolu, que tout serment

b *l. contra iuris. ff. de pactis, & ibi Doctores.*

ſerment appoſé en conuention, prend la meſme nature & qualité de la conuention à laquelle il eſt appoſé. Tellement que ſi la conuention eſt nulle, le ſerment l'eſt auſſi: ſi elle eſt vicieuſe, tout de meſmes: comme Tiraquel le traicte amplement en ſes loix connubiales. Auſſi ne ſeroit-ce pas choſe ridicule & impertinente, que le ſerment qui eſt vn acte de religion & pieté, & qui par conſequent ne doibt interuenir que pour authoriſer les choſes ſainctes & iuſtes, fuſt vn inſtrument d'iniquité, vn piege de tromperie, & vn moyen de fruſtrer l'effect des loix, *vt ſic valeat ad iniuriam ſanctiſsimum nomen religionis*: θεοὶ γὰρ, ce dit Halicarnaſſe, ταῖς καλαῖς καὶ δικαίαις παραλαμβάνεσθαι φιλοῦσιν ὁμολογίαις, καὶ οὐκ αἰσχραῖς καὶ ἀδίκαις. Ne ſçait-on pas qu'auec la meſme facilité que lon cõduit les mineurs à faire vn acte à leur dõmage, lon les induit à iurer; veu meſmes que biẽ ſouuent tous ces ſermẽs-là ſont appoſez par le ſtil des Notaires, ſans qu'ils ayent eſté preſtez? Quant à ce que lon allegue, que la geminee obligation de la femme rend ſa fideiuſſion valable, il faut noter la diuerſité de raiſon, qui eſt que la loy ne iuge pas que la femme aagee de vingt-cinq ans manque de iugement pour la conduicte de ses affaires: Car elle la rend capable de tous contracts; mais elle iuge qu'en ce cas de fideiussion elle peut estre aisément surprise, pour ne pas preuoir par la subtilité du droict que le faict de la fideiussion doit retomber sur elle : & pour penser aussi qu'elle peut estre subjecte pour vne fois à se laisser aller aux prieres de son mary ou de quelque autre. Mais si elle gemine cette obligation, & par là elle monstre qu'elle entend l'acte qu'elle faict, qu'elle en cognoist la consequence, & neantmoins le veut faire, puis que sciemment & volontairement elle s'oppose au conseil de la loy, la loy ne luy veut plus subuenir. Et neantmoins bien que la disposition du droict soit telle, si est-ce que l'vsage de ce barreau, qui adoucit par l'equité bien souuent la defectuosité des loix, faict que nous ne receuons point les renonciations des femmes, & n'y auons point d'esgard, pource que lon dit qu'auec la mesme facilité qu'elles contractent, elles renoncent aussi. Or le demandeur iugeant assez que ce moyen estoit friuole, il le veut estayer d'vn autre qu'il estime plus fort, & dit que le mineur n'est point restituable pour ce qu'il est en dol: & ce dol lon le recueille de la conuention qui estoit faicte entre les freres, de se departir de cette donation. Quand le faict seroit presupposé vray, qu'il y eust dol en ce cõtract de la part du mineur, comme au contraire il se trouuera qu'il n'y en a point, ce ne seroit pas vne petite question, de sçauoir s'il empescheroit la restitution: & encores plus grande s'il pourroit valider vn acte contre la prohibition de la loy. Car il n'est pas tousiours vray que le mineur ne puisse estre restitué où il y a de son dol: *quinimo etiam aliquando in delictis ei subuenitur*. En quoy il faut distinguer selon que note Harmenopulus [a] *inter* ἁμαρτήματα καὶ ἐγκλήματα, *id est*, *minora delicta & atrociora*, ἐὰν μὴ ἐκ πονηρᾶς ψυχῆς καὶ προαιρέσεως γένηται ἁμάρτημα. Mais à qui examinera ces actes icy, il n'y trouuera aucun dol qu'on puisse objecter à ce mineur. Tout le dol que lon pretend, on le prend en la contrepromesse qui a esté faicte entre les freres, de ne point s'aider de la donation. Quel dol peut-on pretendre, où les parties sont consentantes? Le donataire & le donnant ont par vn commun consentement donné cause à cette donation: par vn contraire consentement ils s'en departent: lequel des deux dira-on qui est en dol, & qui s'en plaindra? Dauantage qu'a operé ce pretendu dol? a-il acquis quelque droit nouueau à Henry de Grasse? la donation

a l. 12. C. 25.

qu'il auoit faicte estoit nulle de disposition de droit, comme faicte par vn mineur : elle estoit contre la prohibition de la loy, les parties reconnoissent la nullité : *dolo facere non videtur qui suo iure vtitur.* Si lon dit que cette declaration est faicte à part, hors la presence des parens, la responce y est par la disposition formelle de la loy, *dolo facere non videtur qui clam facit quod aperte ei facere licuisset* [a]. Icy où le contract de donation estoit nul de soy du chef de la minorité, peut-on dire que la declaration des parties, qui n'est que la declaration mesme du droit soit doleuse ? ou si auec plus de raison on doibt dire que ce n'est que reconnoistre bonne foy ? *dolus non dicitur esse in eo qui actus substantiam indicauit* [b]. Quelques contrelettres & contrepromesses en contracts de mariage ont bien esté declarées nulles par arrest, & a esté ordonné que sans y auoir esgard les contracts seroient executez : mais cela est bon quand les contracts principaux ne sont point nuls, ou reuoquez par la loy. On a voulu colorer ce moyen en disant que le mineur contre le mineur ne peut obtenir restitution ; mais à cela il y a double responce : la premiere, que cela est faux en droit, & que toutes & quantesfois qu'vn mineur demande d'estre restitué cô-

a *l. 1. C. de delatoribus.*

b *Crau. con. 947.*

tre vn mineur, on regarde de quel costé est la lezion, & qui est celuy *qui certat de lucro captando*, ou *de damno vitando*. Car celuy qui est lezé est tousiours restitué [a]. Or en ce faict il ne faut point demander lequel des deux est lezé, veu que l'vn donne gratuitement son bien, c'est à dire il le perd, il le dissipe, car voila comme la loy parle de telle action. Mais pour accourcir ce point, voicy ce mineur qui est le sieur de Malejay, qui depuis en maiorité a consenty la cassation de cette donation. Il y a eu sentence donnee auec luy, de laquelle il ne s'est iamais porté pour appellāt. *Immo*, il a acquiescé par transaction. Comment se pourroit-il faire que ses enfans eussent plus de droit que luy, veu qu'ils ne sont appellez que par luy & apres luy? On allegue l'interest particulier de la femme & du beau-pere, & dict-on que sur l'asseurance de cette donation ils sont entrez en cette alliance, & qu'ils ne l'eussent pas faicte autrement. Mais considerōs vn peu quelle apparence il y auoit en cela: le sieur de Malejay estoit d'vne tres-noble famille, il iouyssoit lors & paisiblement de la terre de Vidauban, il n'auoit qu'vn frere aisné, qui n'auoit point d'enfans, il espousoit vne fille qui estoit de beaucoup moindre maison, à laquelle on

[a] *l. verum §. item queritur.*

ne donnoit pour tout que quatre cens escus d'argent contant en mariage, le reste de dix mil escus qu'on luy promettoit se deuoit attendre apres la mort des pere & mere. Estoit-ce là des aduantages, pour ausquels paruenir il fallust forcer la nature? Mais quelque interest que le beau-pere & la femme y peussent auoir, quelque fondement qu'ils voulussent faire sur la donation que le sieur du Bar leur faisoit, tousiours deuoient-ils sçauoir la condition de celuy auec lequel ils contractoient, & que leurs volontez, leurs desseins, ne leurs considerations ne pouuoient pas habiliter vn mineur, pour pouuoir donner son bien en faueur de son frere. Par là doncques il appert que le demandeur n'allegue aucune raison valable pour empescher en cette restitution l'effect de la minorité du donnant, & que cette donation ne soit declaree nulle de ce chef. Moins sont considerables les raisons par lesquelles on pretend que le donnant n'a peu du consentement de son frere reuoquer la donation, principalement deuant la naissance des enfans. Car quant à la loy *quotiens*, il a desia esté remarqué qu'elle ne donne le droit au tiers, que *secundum voluntatem donantis*, & par consequent monstré qu'il est tousiours en sa puissance de la reuoquer, & declarer ceste sienne volonté. Pour le regard de la loy premiere, *de his qui sine manu ad libert. per.* la raison particuliere y est, pource que le temps auquel la liberté deuoit appartenir, estoit passé auant que l'achepteur eust sceu la reuocation de la volonté du vendeur, & pource qu'en faueur de la liberté, la demeure de celuy qui est tenu deliurer le serf, le rend libre par la force de la loy. De sorte que le droict luy estant vne fois acquis, il seroit trop dur de le luy oster [a]. Mais c'est toute autre chose icy, où les enfans n'estoient pas encores nez lors de la reuocation, & où les enfans ne pouuoient pretẽdre aucun droict du viuant de leur pere. Quant à la loy *si cum fundum*, la consequence qu'on en veut tirer n'est aucunement à propos en ce faict. Car la raison pour laquelle celuy qui a baillé le fonds & stipulé qu'il fust rendu à vn tiers, ne peut reuoquer ceste paction. C'est qu'il appert par le texte mesme que cela auoit esté accordé au profit du detenteur du fonds, qui auoit interest que le fonds fust baillé au tiers conuenu. [b] Moins que tout cela peut seruir au demandeur la loy derniere *de pactis*, où il est dit, que l'exception vne fois acquise par le principal debteur au fideiusseur, ne

[a] *gl. & Dd. ibidẽ.*

[b] *Aretinus & Alexãder in di. §. Flauius Hermes. Bald. & Paul. de Castr. in di. l. si cum fundum.*

ſe peut plus reuoquer. Car il n'eſt pas queſtion en cet endroit de reuoquer vn droict, mais de faire renaiſtre vne action qui eſt vne fois eſteinte, & d'oſter vne exception qui eſt incommutablement acquiſe au fideiuſſeur : difference que remarque fort bien Alexandre [a]. Pour appuyer l'induction qu'on faiſoit de ces loix, on a voulu fonder vne maxime, qu'en telles donatiōs il sēbloit qu'en la perſonne des enfans appellez apres leurs peres, il y euſt vne ſecōde donatiō. Mais outre que cela ne peut cōpatir auec les reigles de droict, qui ne permetēt point qu'vne persōne qui n'eſt pas en nature puiſſe acquerir, ſinon par le moyen de celuy duquel puis apres elle eſt heritiere, pour les raiſons grādes & fortes qui sōt remarquees par *Nicolaus Valla* : il s'enſuiuroit touſiours de diſpoſition de droict, que cette ſeconde donation ſeroit reuocable, iuſque à ce qu'elle euſt eſté acceptee. Icy ſeroit le lieu d'entrer en la diſpute, ſçauoir ſi la donation faicte au pere & à ſes enfans, meſme par vn eſtranger (car le frere eſt eſtimé tel) ne s'entend pas faicte *filiis tanquam hæredibus*, comme le decide *Alexand. Bertrand. & Paul. de Caſtro*, & les feudaliſtes ſur le tiltre *de prohibita feudi alienatione*. Et en ce cas, que pourroit dire le

[a] *Sur ce §. Flauius Hermes.*

[b] *C. de leg.*

demandeur, lequel n'est point heritier de son pere ? Ne s'ensuiuroit-il pas qu'il ne peust rien demander en ceste donation ? Il ne reste sinon à satisfaire à quelques exceptions que le demandeur a voulu apporter à la loy *si vnquam*, dont la disposition est claire & decisiue en ceste cause. La premiere objection est, qu'elle n'a lieu sinon aux donations pures & simples. Que ceste donation est vne donation qui ne procede point de pure liberalité : qu'estant faicte en faueur de mariage, elle est par consequent aussi indissoluble que le mariage. Mais on sçait, & c'est vne maxime fort vulgaire en ceste matiere, que les donations à cause de nopces, qui se font par vn tiers, sont toutes estimees pour le regard du tiers pures, liberales & munifiques: d'autant que celuy qui donne n'est point tenu de donner : & de cela, il y en a infinis Docteurs rapportez par du Moulin au traité des donations [a], & par le Tiraquel sur la loy *si vnquam*. Le dot est bien plus fauorable : car la loy dit que la republique a interest que les filles soient dotees, & ce tiltre est nombré *inter pias causas*. Et toutesfois si vn estranger a donné pour doter vne fille, par la surnaissance de ses enfans, le dot sera reuoqué. Ce qu'Alexandre monstre & prouue claire-

[a] *num.* 75. & 81.

ment [a], où il dit, que bien que le dot soit vn tiltre onereux, pour le regard du mary, si est-ce qu'il est mesmes reuoqué pour son regard. Et ne se peut pas plaindre que celuy qui l'a reuoqué vse du droict commun, ains se doibt contenter de ce que pendant la condition, & iusques à l'euenement d'icelle il ioüist de la chose. Et neantmoins le mariage ne laisse pas de subsister, estant de sa nature indissoluble : *nam manente substantia matrimonij, accidentalia contractus possunt annullari.* [b] On dit dauantage, que le donnant *cogitauit de liberis*. Mais il faut sçauoir desquels. *Cogitauit de liberis* de ses freres, enuers lesquels il est bien croyable qu'il ne se fust monstré si liberal, s'il eust pensé auoir des enfans : mais se voyant marié, & que Dieu ne luy en auoit point encores donné, il a pensé qu'il ne pouuoit faillir de gratifier son frere, estimant bien que si luy donnant auoit des enfans, son frere ne voudroit pas à leur preiudice se preualoir de ceste donation. Ceste exception de celuy *qui cogitauit de liberis*, n'a pas esté receuë communement de tous les Docteurs ; mais ceux qui l'ont admise l'ont tous interpretee *de proprijs liberis donantis*, desquels il n'est faicte aucune mention en ce contract. Ce que Molineus monstre clairement [c] au traicté preallegué.

[a] *con. 71. Boer quaest. 159. Arret. con. 24. & Iason cons. 171. l. 1. & 4.*

[b] *Couar. var. l. Alc. in l. 1. C. si aduersus dotem.*

[c] *num. 24. & num. 66.*

Les deffendeurs ne s'arresteront point à respondre à vne autre exception que lon a voulu donner à cette loy, tiree de la renonciation & du serment, pource qu'il y a esté ja satisfait, parlant de la minorité & de la reuocation. Adjousterõt seulement qu'en ce cas de la suruenance des enfans on peut dire que la reuocation n'est point contraire au serment, tant pource que c'est la loy & non pas la personne, qui faict la reuocation, que pource que la nature de la chose estant changee, change aussi la conuentiõ: & lors le donnant peut dire ce que disoit Seneque, *eadem lex me deffendit quæ vetat: tunc fidem fallam, tunc inconstantiæ crimen audiam. Si cum omnia eadem sint, quæ erant promittente me, nõ præstitero promissum. alioquin quidquid mutatur facit libertatem de integro consulendi, & meã fidem liberat*. Aussi en ce cas les Docteurs ont resolu que la renonciation & le serment ne peut rien operer, pource que telle reuocation est fondee sur la pieté, laquelle demeureroit aucunement blecee par l'effet de telle renonciation. Et aussi n'est-elle pas seulement introduicte en faueur du pere, mais encor des enfans, ausquels ils ne peut preiudicier par le serment, comme estant le droit d'vn tiers[a]. Aussi peu pourroit seruir ce que le demandeur allegue, que la do-

a *Hoc, in l. cum auus. Alc. in l. pacta quæ contra l. ff. de pactis. Bald. con.* 173.

nation eſt peu de choſe. Car par la diſpoſition de cette loy, *donatio rei particularis etiam reuocatur.* Voire que la plus-part ont tenu qu'il n'importoit qu'elle fuſt de peu ou de beaucoup, pourueu qu'elle ne fuſt point de choſe minime [a]. Car comme ce mot *partem* ſeul, peut eſtre interpreté d'vne moitié ou autre grand part: ainſi ce mot *partem aliquam*, duquel la loy vſe, ſe peut interpreter iuſques à vne petite particule. Mais pour accourcir cette diſpute, il ſe verifiera clairement par le proces, que cette donation de trois cens eſcus de rente, eſtoit non la plus grand part, mais le total des biens du donnant. Car premierement par les baux à ferme des biens qui auoient eſté faicts cinq ou ſix ans auparauant, il appert que tous les biẽs de la maiſon du Bar n'eſtoient affermez qu'à douze cens eſcus, & ne valoient pas dauãtage. Cela eſt encores confirmé par la donation qui fut faicte par la Viconteſſe de Maille au ſieur de Malejay. Car elle, qui eſtoit ayeule des parties, & leur tutrice, qui auoit adminiſtré les biens de la maiſon, n'eſtima la legitime du ſieur de Malejay que dix mille huict cens liures, & voulut que iuſques à la concurrence de cette ſomme, l'aiſné fuſt obligé à ſon frere de l'euiction de Vidauban. Et par la tranſa-

a *Tiraquellus in ver. omnia vel partem nu. 234.*

ction qui fut faicte entre les freres l'an 1566. il est narré, & cela n'est point contredit par le sieur de Malejay, que les biens ne valloient pas dauantage. Or pour voir ce que le sieur du Bar auoit vaillant lors de cette donation, il falloit premierement de ces douze cens escus de rente, qui ne valloient lors que cinquãte sols piece, detraire deux mille liures de rente, qu'il auoit donné par le contract de son mariage fait auparauãt, qui reuenoient à plus de sept cens escus. Outre ce deux cens escus de rente donnez à sa femme, qui font neuf cens; puis deduire la legitime du sieur de Malejay, de laquelle il demeuroit debteur, qui depuis a esté accordee à vingt mille liures, qui disent pour le moins trois cens escus de rente, qui faisoient les douze cens: tellement que les trois cens escus qu'il donnoit, estoit non seulement tout son bien, mais plusque tout son bien. Immensité estrange, folle & exuberante, qui entroit en termes non seulement de prodigalité, mais d'vne demence euidente. Que si lon dit que les biens se trouuent monter aujourd'huy dauantage, & qu'il se trouuera plus de quatre mille escus de rente en la maison du Bar. On respond premierement, qu'il faut regarder le temps auquel le contract a esté fait, suiuant la maxime ordinaire [a]. Car si le vice a esté en la racine du contract, & en sa naissance le trait & laps du temps ne l'a pas peu rendre valable : *aduentitij casus non sunt considerandi* [b], *sed rei status, qui ab initio fuit, consideratur.* Par cette mesme raison le Iurisconsulte respond, que *si semel fuit locus legi Falcidiæ*, encores que puis-apres les biens viennent à croistre de pris, *non cessat Falcidia* [c]. Mais quand on voudroit considerer l'accroissement qui s'est fait aux biens depuis quarante ans, par lequel temps le pris des choses a triplé, voire quadruplé, il faudroit quant & quant considerer les charges qui sont aussi suruenues, qui sont telles pour abreger ce discours, que les biens sont aujourd'huy en discussion, qu'il y a pour quatre vingts ou cent mil escus de debtes, qui font que les enfans ne peuuent tirer vn soud de la maison pour leur entretenement, & que la veufue du donnant, qui a quarante ou cinquante mille escus, à prendre en consequence de son mariage precedant cette donation, n'en peut rien auoir. Et de cecy resulte vne autre consideration, qui seule seroit suffisante pour empescher l'effet de la donation pretenduë par le demandeur. Car par le contract de mariage de Claude du Bar, il estoit expressément

a *l. Rutilia Pola. ff. de contrah. empt.*

b *l. Iulianus. ff. qui & à quibus manumiss. & l. Insulam ff. de verb. oblig.*

c *l. in ratione. ff ad l. Falcidiã.*

porté qu'il ne pourroit faire aucunes donations au prejudice de celle qu'il auoit faicte à son fils & à sa femme. Or aujourd'huy ses biens sont en discution. Si le demandeur iouïssoit de sa donation, qui est posterieure, les creanciers puis-apres prendroient le reste, qui ne seroit pas suffisant pour les payer. Et les autres enfans ne trouuans plus de quoy se faire payer de leur legitime, s'addresseroient à leur frere aisné & à leur mere, & demandroient que leurs donations fussent retrâchees, afin qu'ils fussent payez dessus: ce qu'ils ne pourroient pas empescher. Puis doncques que cette seconde donation prejudicie à la premiere, & qu'il est stipulé que le sieur du Bar ne pourroit donner au preiudice de son contract de mariage, il s'ensuit qu'elle est nulle & de nul effet. Il ne reste à respondre qu'à vne seule raison, que le demandeur a gardé pour la derniere, pensant en faire le fort de ses moyens. Il dit que par la donation que Claude du Bar auoit faicte, il n'estoit nullement lezé, que sans s'incommoder il la pouuoit effectuer, sans perdre rien du sien, d'autant qu'il auoit riere-luy les droicts de legitime de Henry, qui estoient plus que suffisans; & pense par là eluder la nullité procedan[illegible]e la minorité, comme le mineur n'ayant point donné du sien: semblablement celle procedante de la reuocation, & de la loy *si vnquam*. Mais pour tirer quelque conclusion valable de cet argument, il faut qu'il face vne presupposition qui est fausse, qui est que la donation eust esté faicte au lieu & en recompense de la legitime. Or le contraire apparoist euidemment, tant pource que la donation n'en porte vn seul mot, que pource qu'auparauant icelle le sieur de Malejay auoit esté satisfait de sa legitime par la donation de Vidauban, faite pour cest effect. De dire qu'il pouuoit retenir par ses mains pour la seureté de son desdõmagement les dix mille liures qu'il auoit promis par le contract de l'an 1566. & les dix mille frãcs qu'il deuoit à cause de Vidauban, il n'y a point d'apparence. Car premierement, puis que de droict il apparoissoit que ceste donation estoit nulle, puis qu'elle estoit expressément reuoquee, puis qu'elle l'estoit par la suruenance des enfans, quel droict eust-il eu de pretendre aucun desdommagement? Celuy qui a stipulé vne euiction, si apres auoir prescrit la chose, il veut inquieter son vendeur, & demander de nouuelles seuretez, n'est-il pas reiecté par la loy [a]? Dauantage les dix mille francs promis par le contract de l'an 1560. estoient

[a] l. qui alienam. ff. de euictio.

estoient en consequence d'vne sentence arbitrale, par l'aduis des parens communs des parties & des premiers magistrats de la prouince, qui ayans trouué cette donation nulle auoient esté d'aduis que le sieur de Malejay ne s'en pouuoit ayder: mais aussi qu'il falloit le recompenser pour sa legitime de la somme de dix mille liures, & qu'ils deuoient estre payez promptement, y pouuoit-il desobeyr? Vn homme de sa qualité, *quem arma magis quam leges scire sacratissimus iussit imperator*, eust-il peu imaginer les subtils moyens qu'on inuente aujourd'huy contre ce que le droit veut & dispose clairement? Et neantmoins le payement de ces dix mille liures a esté fait. De façon que le profit en est encor demeuré au demandeur, qui iouist de la terre de la Maille, qui fut donnee en payement de partie de cette somme pour seize cẽs escus, & vaut aujourd'huy beaucoup dauantage. Quant aux dix mille francs de l'euiction de Vidauban, cõment eust-on voulu qu'ils seruissent pour la seureté de la donation, veu qu'ils n'ont esté deubs que depuis que la terre a esté euincee, qui n'a pas esté de long tẽps apres le contract de soixante six, lesquels le sieur du Bar a payez, forcé par toutes sortes de rigoureuses executiõs? De dire qu'il deuoit alleguer lors la donation, on luy eust repliqué que la donation estoit euidemment nulle, qu'elle estoit reuoquee & expressément & taisiblement. Il le pretendoit luy mesmes ainsi, il l'auoit fait iuger par sentence & par arrest, comment eust-il esté receuable à le proposer? Mais si cela deuoit estre proposé, n'estoit-ce pas à la mere du demandeur sa tuteresse, auec laquelle ont esté donnez contradictoirement les arrests parlesquels le sieur du Bar a esté cõtraint de payer ceste somme? Elle a formé infinies oppositions pour empescher l'effet des cõdamnations: si cette raison-la eust esté valable, y a-il apparence qu'elle l'eust obmise? Quoy que soit il suffit aux deffendeurs de dire que la donation estoit nulle de son cõmencement, qu'elle auoit esté iugee telle auec le pere & l'ayeul du demandeur, que le sieur du Bar a fait ce qu'il a faict sur la foy des loix, sur la foy des iugemens & des arrests. Et qu'en fin toute la dispute de ce proces se resoult en vn mot, de sçauoir si le demandeur (le pere duquel a tiré des sommes grandes & immenses de la succession) aujourd'huy en vertu d'vne donation faite par vn mineur expressément reuoquee du consentement du donataire, taisiblement reuoquee par la loy pour la suruenãce des enfans, aura tout ce qui peut rester de clair & de net de cette succession deuoree par vn grand nombre de creanciers. Et ce faisant les enfans du donnant iront mẽdier leur pain, destituez de tous biens & moyens. Cas si estrãge, si contraire au vœu de la nature, & au desir de la pieté, qu'ils ne se peuuent imaginer, comme le demandeur l'ose mettre en auant en la face & lumiere de iustice, qui ne peut supporter qu'auec quelque horreur & detestation chose si esloignee du deuoir des peres enuers leurs enfans. Et partant les deffendeurs perseueroient à fin d'absolution.

SVR cette contestation les parties ayans esté appoinctees à escrire & produire, & y ayans de part & d'autre satisfait, le tout bien & diligemment examiné, & mesmes consideré que les procedures faictes auec le sieur de sainct Tropés ayeul du demandeur, n'estoient faites auec partie capable & legitime.

LA Cour par son iugement & arrest, ayant aucunement esgard ausdites lettres en forme de requeſte ciuile, & autres lettres du quinzieſme May obtenues par le demandeur, a remis & remet les parties en tel eſtat qu'elles eſtoient auparauant l'arreſt d'acquieſcemēt du ſixieſme Mars mil cinq cens ſoixante ſix, & a mis & met l'appellation & ſentence du Lieutenant de Draguignan au neant. Et par nouueau iugement, entherinant les lettres de reſciſion obtenues par ledit Claude de Graſſe, a caſſé & annullé, caſſe & annulle la donation dont eſt queſtion, & mis les parties hors de cour & de procés, ſans deſpens.

SVR LA QVESTION, SI L'INSINVATION REQVISE par le ſtatut de Prouence equipolle celle de l'ordonnance: Et ſi la donation ainſi inſinuée doibt valoir, aumoins pour la vray-ſemblable volonté du deffunct ayant teſté, pour euiter l'inegalité entre nepueux.

PROCES *ſ'eſt meu pardeuant le Seneſchal de Prouence ou ſon Lieutenãt general au ſiege d'Aix, & depuis en la Cour de ceans entre Pierre Anthoine de Robert ſieur de Seillans demandeur en requeſte du dixhuictieſme May* 1602. *afin d'auoir deliurance des choſes à luy donnees par deffunct monſieur Ioſeph Griffon ſieur de ſainct Ceſari Conſeiller en la Cour ſon oncle d'v-*

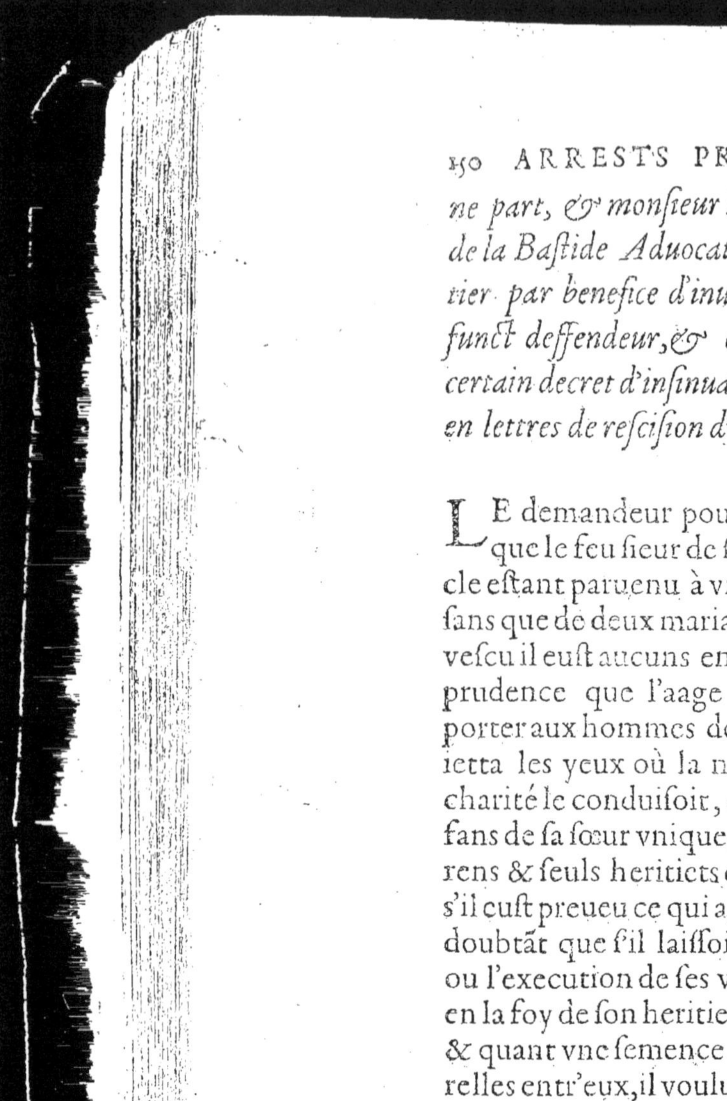

ne part, & monſieur Loys de Robert ſieur de la Baſtide Aduocat en la Cour & heritier par benefice d'inuentaire d'iceluy deffunct deffendeur, & encores appellant de certain decret d'inſinuation, & demandeur en lettres de reſciſion d'autre.

LE demandeur pour ſes moyens diſoit, que le feu ſieur de ſainct Cezari ſon oncle eſtant paruenu à vne longue vieilleſſe, ſans que de deux mariages auſquels il auoit veſcu il euſt aucuns enfans, aduerty par la prudence que l'aage a accouſtumé d'apporter aux hommes de pouruoir à ſes biẽs, ietta les yeux où la nature & l'ordre de la charité le conduiſoit, qui eſtoit ſur les enfans de ſa ſœur vnique, ſes plus proches parens & ſeuls heritiers de ſang. Et comme s'il euſt preueu ce qui arriue auiourd'huy, ſe doubtãt que s'il laiſſoit pluſieurs heritiers, ou l'execution de ſes volontez entieremẽt en la foy de ſon heritier, il ne laiſſaſt quant & quant vne ſemence de proces & de querelles entr'eux, il voulut diſpoſer entre vifs de partie de ſes biens, afin que ſon heritier ſceuſt plus certainemẽt ce qui luy demeuroit, & que les autres qu'il vouloit recognoiſtre & gratifier n'euſſent point à paſſer par ſes mains. Le premier objet de ſa liberalité fut le demãdeur, qui l'auoit longuement & peniblement ſeruy en beaucoup de faſcheux affaires: lequel auoit eſté priué de la ſucceſſion de damoiſelle Peyronne Griffon ſa mere, & qui pour cette occaſion euſt eſté contraint d'entrer en proces auec ſes freres & ſes ſœurs ſi le ſoing & liberalité de ſon oncle ne l'en euſt diuerty. Voulant donques preuenir ce mauuais euenement, & nourrir la concorde entre les ſiens (deſquels il eſtoit comme le pere) le vingtſixiéme Septembre 1601. pardeuant vn Notaire & quatre teſmoings il donne entre vifs au demandeur la ſomme de trois cens eſcus, à prendre ſur tous ſes biens apres ſon deces; ſpecifiant par le contract que c'eſtoit en conſideration des droicts que defuncte Peyronne Griffon ſa ſœur auoit à prendre ſur les biens de ſes pere & mere: & paſſe par le meſme acte procuration pour inſinuer cette donation, ce qui a eſté faict de ſon viuant. Depuis cela, voyant touſiours ſa vie ſ'aduancer à la fin, craignant que lors qu'il luy reſteroit moins de force & de iugemẽt, l'on ne l'importunaſt de dõner à qui moins il deſiroit, ou l'empeſchaſt de donner à qui plus le meritoit, deſirant entre autres reco-

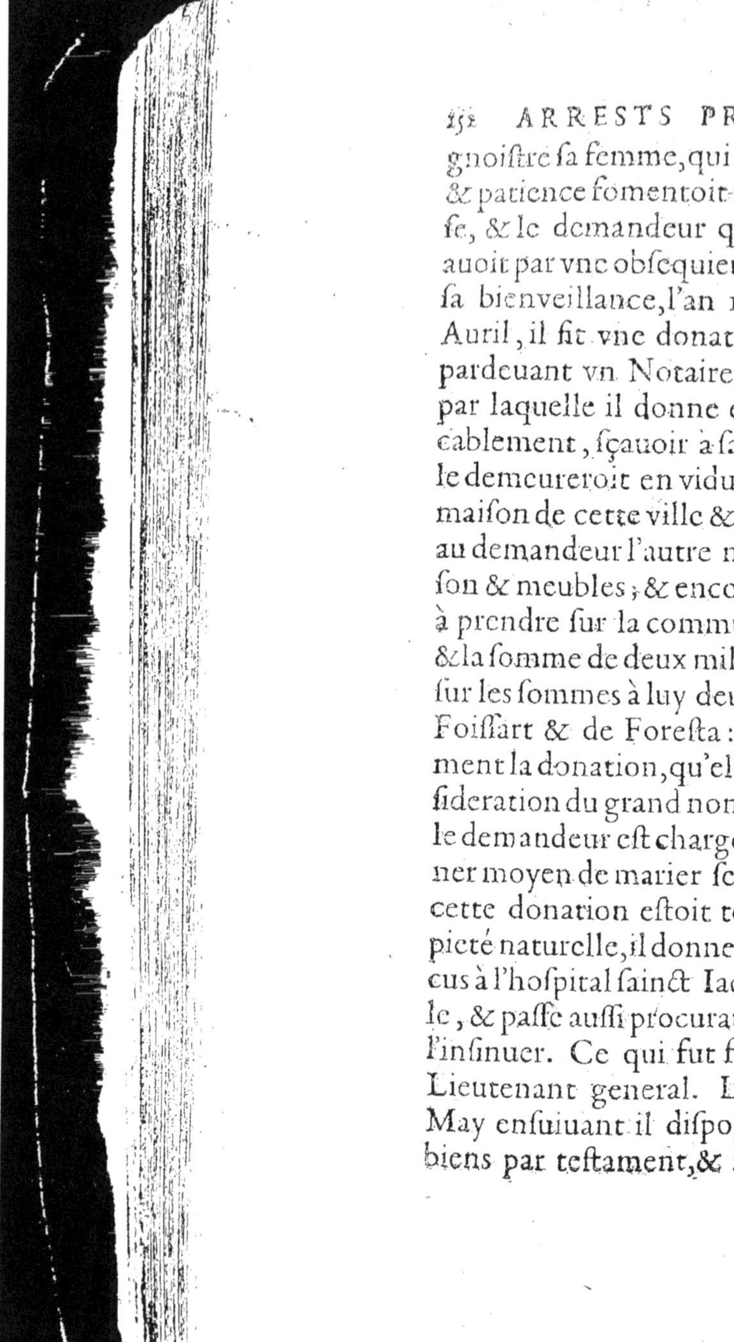

gnoistre sa femme, qui auec vn grand soing & patience fomentoit sa maladiue vieillesse, & le demandeur qui outre la parenté auoit par vne obsequieuse seruitude merité sa bienveillance, l'an 1602. le troisiesme Auril, il fit vne donation fort solennelle pardeuant vn Notaire & cinq tesmoings, par laquelle il donne entre vifs & irreuocablement, sçauoir à sa femme tant qu'elle demeureroit en viduité, la moitié de sa maison de cette ville & de ses meubles, & au demandeur l'autre moitié d'icelle maison & meubles; & encores la rente qu'il a à prendre sur la communauté de Seillans, & la somme de deux mille escus sol à prẽdre sur les sommes à luy deuës par les sieurs de Foissart & de Foresta: & porte expressément la donation, qu'elle est faicte en consideration du grand nombre d'enfans dont le demandeur est chargé, & pour luy donner moyen de marier ses filles. Et comme cette donation estoit toute fondee sur la pieté naturelle, il donne par icelle millẽ escus à l'hospital sainct Iacques de cette ville, & passe aussi procuration speciale pour l'insinuer. Ce qui fut faict par decret du Lieutenant general. Le cinquiesme de May ensuiuant il disposa du reste de ses biens par testament, & institua le deffendeur son heritier vniuersel, donna & legua à tous ses autres nepueux & niepces, fors qu'au demandeur, se souuenant qu'il l'auoit gratifié par cette donation: mais ayant chargé son heritier de quelque chose par le testament, au cas que luy ou ses heritiers n'y satisfacent, il substituë le demandeur & ses enfans, monstrant assez par là qu'il les tenoit plus chers que tous ses autres nepueux & niepces. Ne faict point non plus d'autres laiz à l'hospital, se contentant de la donation qu'il luy auoit faicte. Estant vn peu apres suruenu le deces du deffunct, bien que le deffendeur ne deust rien auoir de si cher que l'execution de ses volontez, *quæ voluerit meminisse, quæ mandauerit exequi*, toutesfois pour s'aproprier tous les biens, & en frustrer ceux au profit desquels le deffũct en a disposé, il auroit pris l'heritage par benefice d'inuentaire, qui n'est autre chose auiourd'huy que *emplastrum æris alieni*. Le demandeur l'a fraternellement recherché & requis de luy delaisser les choses qui luy sont données: mais n'ayant peu rien aduancer par la voye du respect & de l'honneur, il a esté contraint de recourir à la iustice & presenter la requeste dont estoit questiõ, à l'entherinement de laquelle il concluoit, & ce faisant que le deffendeur fust condamné luy payer la ſomme de trois cens eſcus portez par la premiere donation, enſemble luy deſemparer le ſurplus des autres biens portez par la ſeconde, auec reſtitution de fruicts & deſpens.

Le deffendeur au contraire diſoit, que le deffunct ſieur de ſainct Cezari ſon oncle ayant eſpouſé en premieres nopces damoiſelle Barbe de Iuſtas, yſſuë d'vne bonne & illuſtre maiſon, & qui auoit beaucoup de biens, mais tous en proces fort faſcheux & fort lourds, ayant demeuré longuement en ce mariage ſans eſperance d'auoir enfans, & ſe voyans chargez de beaucoup de grands affaires, prirent conſeil en commun d'acquerir par prudence ce que la nature leur denioit, & quant & quant ſe ſoulager de la peine de leurs affaires, & appuyer l'imbecillité de leur vieilleſſe ſur la vigilance des enfans comme adoptifs, qu'ils choiſirent d'vn commun conſentement. Le deffunct prit le deffendeur, fils aiſné de ſa ſœur qui auoit deſia donné ſes premiers ans aux lettres, & ſ'eſtoit rendu capable d'affaires. Barbe de Iuſtas eſleut Iſabeau de Iuſtas fille d'vn ſien frere, & les ayant retirez en leur maiſon les marierent enſemble, leur firent quelques petits aduantages portez par leur contract de mariage, & outre leur promirent verballement de les laisser l'vn & l'autre respectiuement heritiers & successeurs de tous leurs biens. En cette consideration les pere & mere des parties croyans que le deffendeur auoit sa fortune faicte & asseurée, bien qu'il fust l'aisné de la maison, ne luy laisserent quasi rien par leur testament, & le pere institua le demandeur heritier d'vne belle & ample succession, & la mere vn autre de ses enfans. Dés lors le deffendeur fut chargé de tous les affaires de cette maison, qui estoit vne hidre de proces, à la sollicitation desquels il a consumé tout son temps, couru toutes les prouinces de ce Royaume, suiui tous les Parlemens, bref distilé en peine & sollicitude sa vie & son entendement; tellement que ce qui luy en reste luy demeure tout taré de maladies & incommoditez incurables. Isabeau de Iustas de l'autre costé demeura chargee de tout le mesnage de la maison, se consuma en peine & trauail pour rendre la vie douce à son oncle & à sa tante. Mais comme ce labeur estoit immense, aussi ne leur estoit-il pas ingrat. Car le sieur de sainct Cezari & Barbe de Iustas, receuant d'eux tout le seruice qu'ils eussent sceu desirer de bons & naturels enfans, leur tesmoignerent vne amitié vrayment paternelle. Et en suitte de cela Barbe de Iuſtas en l'an 1691. fit ſon teſtament auec clauſes derogatoires, laiſſa l'vſufruict de ſes biens au ſieur de ſainct Cezari ſon mary, & tout le ſurplus à ſa niepce & aux enfans du deffendeur. Depuis le deces de Barbe de Iuſtas, le ſieur de ſainct Cezari voulant commencer à reconnoiſtre le deffendeur, paſſa procuration pour luy reſigner ſon office de Conſeiller, & continua à l'endroit de luy, de ſa femme & ſes enfans, toutes les demonſtrations d'vne amitié paternelle. Mais comme la vieilleſſe diminuant les forces du corps, affoiblit auſſi celles de l'eſprit, & rend les hommes plus aiſez à ſeduire; ce bon homme en l'aage de ſeptante cinq ou ſix ans, ſ'eſtant imaginé vainement l'eſperance d'vne lignee naturelle, & ayant deſiré les intempeſtiues careſſes d'vne ieune femme, conuola, ou pluſtoſt ſe precipita à de ſecondes nopces auec damoiſelle Anne de Sommat veufue du ſieur de Suffren Cõſeiller en la Cour deceans. Elle ſe propoſa dés lors pour recompence de ſes ſalaires & des autres incommoditez qu'il falloit endurer en cet inegal mariage, de s'aproprier les biens de cette maiſon, & faire-faire des diſpoſitions à ſon aduantage. Mais comme elle eſtoit combatue premierement de la nature, ſecondement des grandes obligations que le de-funct auoit au deffendeur & à sa femme, aussi fallut-il de grands aides & grands ar-tifices pour vaincre tous ces empeschemẽs là, & paruenir à ses intentions. Et pour-ce desesperant d'en venir à bout toute seule, elle associa le demandeur, & ayant espié l'absence du deffendeur, premierement el-le produisit au deffunct le demandeur, luy remonstrant qu'il estoit son neueu comme les autres: & pour reculer le deffendeur on commença de le charger de toutes les ca-lomnies dont on se peut aduiser, & entre autres qu'au lieu de solliciter les affai-res du deffunct il s'entendoit auec ses par-ties. L'on faict donc tant qu'on luy faict reuoquer la procuration, pour resigner son office qu'il auoit passee au proffit du deffendeur, & luy fait-on vendre l'estat, afin qu'il peust disposer des de-niers comme il voudroit. Apres cela lon le persuade de chasser hors de sa maison la femme du deffendeur & ses enfans. Ce qui fut fait auec contumelie & injures, & eux reduits à telle misere qu'il ne se peut exprimer. Et lors ayans la possession libre de ce pauure vieillard, qui par dessus son imbecille vieillesse auoit encor vne grande maladie qui l'attachoit au lict de la mort, on commence à l'esbranler par tous les artifices dont on se peut aduiser. Apres l'auoir alleché par toutes sortes de caresses & l'auoir irrité par toutes sortes de calomnies contre le deffendeur, on luy presente vn testament tout escrit de la main du demandeur, par lequel il le faisoit heritier seul & vniuersel, auec de grands laiz à la damoiselle de Sommat, *pessimum falsi crimen*, s'il y en a au monde. Mais comme la nature & la raison sont difficiles à vaincre par artifice, ce bon homme, bien que destitué de tout secours & tout conseil, bien qu'exposé à la mercy de ceux qui le possedoient, *& inter quos precariam animam trahebat*, refusa genereusement de faire cette inhumanité, en eut horreur, & s'en offença: & lors luy reuindrent en memoire les seruices & bõs traictemẽs qu'il auoit receu du deffendeur & de sa femme, *& dulces moriens reminiscetur Argos*. Il les demãda plusieurs fois, il les appella, mais en vain. Il se deffend qu'il n'estoit point encor temps qu'il songeast à tester, qu'il se sentoit fort & robuste, qu'il en auroit tout loisir: *hæc non successit, alia aggrediuntur via*. Ils luy disent que puis qu'il ne vouloit point disposer de tous ses biens par testament, qu'il disposast d'vne partie entre vifs, mais à la charge que la dispositiõ n'auroit lieu qu'apres sa mort. *Quid faceret?* quel moyen de se dépestrer de tant d'importunitez, & des mains de ceux qui auoient sa personne, ses biens, sa vie en leur puissance? Luy en fin qui auoit passé son aage parmy les liures & les proces, pensa qu'il falloit se seruir de son mestier en cette occasion, & se deliurer de cette importunité sans preiudicier ny à sa conscience ny à l'obligation qu'il auoit au deffendeur. Ne se pouuant donc deliurer d'autre façon, il fait vne donation de trois cens escus au demandeur, mais en sorte toutesfois qu'elle est euidemment nulle. Car elle est pour vne cause notoirement fausse. Il luy donne ces trois cẽs escus en consideration des droicts que la mere du demãdeur, sœur du deffunct, pouuoit pretendre sur les biens de ses pere & mere. Or à ces droicts-la le demandeur ne pouuoit pretendre aucune chose: car il n'est pas heritier de Peyronne Griffon sa mere, laquelle l'a exheredé, ains c'est Christofle de Robert qu'elle a institué. Il pense par cette donation auoir appaisé la cupidité du demandeur, mais il ne l'a qu'irritee & accreu ses esperances. Il se ioint derechef auec la femme, & à forces conjointes ils esbranlent tellement ce pauure hõme, qu'ils le contraignent de faire cette seconde donation, par laquelle la vefue qui auoit desia par son contract de mariage vne donation de quinze cens escus, & de cinq cens liures de pension viagere, se fait donner d'abondant la moitié de la maison & des meubles, le demandeur l'autre moitié, auec les rentes de Seillans, & deux mille escus d'argẽt: & afin de colorer cette donation, on y associe l'hospital pour mille escus. Or les choses ainsi donnees valent beaucoup mieux que tout l'heritage. Car les biens que possedoit le deffunct sont pour la pluspart de la succession de Barbe de Iustas, qui appartiennent par consequent à la femme du deffendeur & à ses enfans. Quant au reste, il est chargé de grandes debtes. Aussi le deffunct, qui iugeoit assez combien cette donation ainsi extorquee de luy estoit inique & iniurieuse, par vne singuliere prudence se contenta par vn semblant de saouler l'auidité de ses donataires : mais en effet ne voulut pas y apporter la solennité qu'il sçauoit estre requise par le statut pour la rendre valable. Car il n'y fit appeller ny le Viguier, le Baille du Bourg, les consuls de la ville, ny aucuns parens, comme il estoit necessaire par le statut : & par cette nullité industrieusement obseruee, se redima de cette importunité. Le demandeur & la damoi-

damoiselle de Sommat, pensant par cest acte entre vifs & irreuocable auoir asseuré à eux tous les biens, commencerent à donner quelque relasche à ce pauure homme, luy donner quelque peu de liberté, & luy permettre *suo ingenio vti*, estimant que tout ce qu'il pouuoit faire ne leur pouuoit plus preiudicier. Si tost que cela est, il rappelle en sa memoire l'image de sa deffuncte femme, se souuient des sermens qu'il luy auoit iurez, de restituer l'heritage commun de l'vn & de l'autre à son nepueu & à sa niepce. Il se represente deuant les yeux les enfans qui estoient nez de ce mariage, qui interpelloient sa conscience, le coniuroiẽt par la pauureté & la misere en laquelle ils estoient, qu'il eust pitié d'eux; qu'il se souuint que les meilleures annees de leur pere au lieu d'auoir esté employees à leur bastir quelque fortune & quelque apuy pour leur vie, auoient esté miserablement consumees en la sollicitation de ses proces. *Vbi mors interclusit omnia & ad ferenda sententiam incorruptum iudicem misit*, il se resoult de descharger son ame, & dire pour la derniere fois ce à quoy sa conscience l'obligeoit. Il faict doncques son testamẽt vn mois apres cette donation, & faict le deffendeur son heritier seul & vniuersel: par ce testament

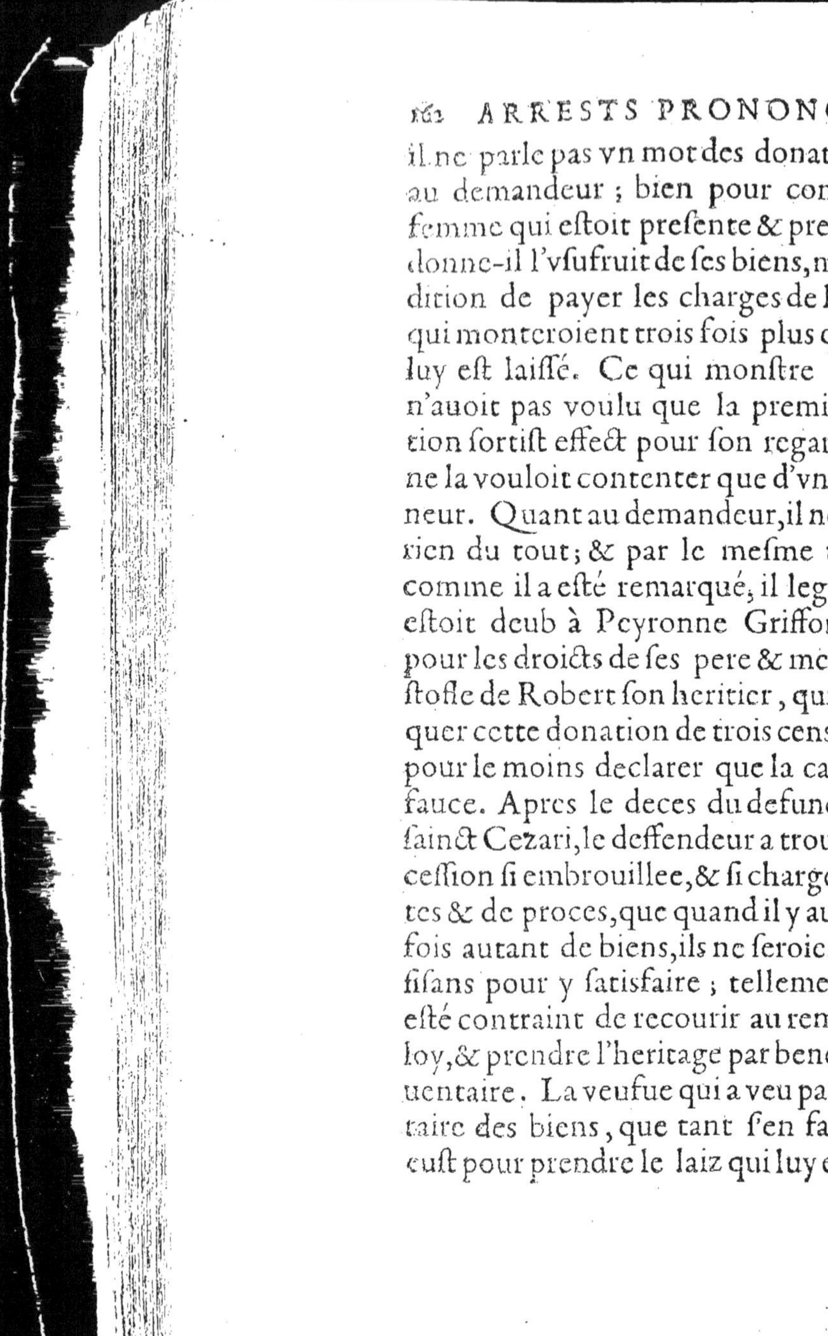

il ne parle pas vn mot des donatiõs faictes au demandeur ; bien pour contenter ſa femme qui eſtoit preſente & preſſante, luy donne-il l'vſufruit de ſes biens, mais à condition de payer les charges de l'heritage, qui monteroient trois fois plus que ce qui luy eſt laiſſé. Ce qui monſtre aſſez qu'il n'auoit pas voulu que la premiere donation ſortiſt effect pour ſon regard, & qu'il ne la vouloit contenter que d'vn vain honneur. Quant au demandeur, il ne luy laiſſe rien du tout ; & par le meſme teſtament comme il a eſté remarqué, il legue ce qui eſtoit deub à Peyronne Griffon ſa ſœur pour les droicts de ſes pere & mere à Chriſtofle de Robert ſon heritier, qui eſt reuoquer cette donation de trois cens eſcus, ou pour le moins declarer que la cauſe en eſt fauce. Apres le deces du defunct ſieur de ſainct Cezari, le deffendeur a trouué la ſucceſſion ſi embrouillee, & ſi chargee de debtes & de proces, que quand il y auroit deux fois autant de biens, ils ne ſeroient pas ſuffiſans pour y ſatisfaire ; tellement qu'il a eſté contraint de recourir au remede de la loy, & prendre l'heritage par benefice d'inuentaire. La veufue qui a veu par l'inuentaire des biens, que tant ſ'en faut qu'il y euſt pour prendre le laiz qui luy eſtoit faict ny sa donation, qu'au contraire il n'y auroit pas dequoy payer ses conuentions matrimonialles, & qui a recognu en sa conscience le tort qu'on auoit faict au deffendeur, non seulement s'est departie de son laiz & donation, mais encores a librement quitté quasi vne moitié de ses aduantages nuptiaux. Le demandeur aussi tost a commencé de le trauailler, & presenté requeste pour auoir deliurance des choses qu'il pretend luy auoir esté donnees, se fondant sur les deux donations, & l'insinuation d'icelles faicte par ordonnance du Iuge. Ce que le deffendeur voyant, pour elider le faux fondement sur lequel le demandeur s'appuyoit, a esté contraint de se porter pour appellant du decret d'insinuation, & par mesmes lettres demander la rescision des donations dont est question. Donc tout l'estat de cette cause depend de ce seul poinct, si les donations dont est question sont valables ou non. Car si elles sont nulles, le Lieutenant a mal iugé, d'auoir ordonné qu'elles seroient insinuees, d'autant que l'insinuation n'estant autre chose que l'interuention du iuge pour authoriser & rendre publique vne conuention particuliere des contractans, s'il a authorisé ce que la loy reiette & annulle, il a mal iugé; & en ce cas aussi le demãdeur est mal fondé à en demander l'execution. Or ne peut-on excogiter deux plus grandes nullitez que celles qui se trouuent en ces donations cy, qui sont le defaut de volõté & de solẽnité. Car pour le regard du premier, comment peut-on dire qu'il y ait donation parfaicte, où il n'y a point de volonté, veu que donation n'est autre chose qu'vne liberale & spontanee largition? [a] *beneficij potissima pars est datum esse iudicio.* Aux autres conuentions des hommes il interuient des causes qui aident à les faire subsister, mais la donation est vn negoce qui n'a point d'autre source que la liberalité, qui ne peut demeurer ferme si elle n'est libre, puis qu'on voit qu'elle emprunte son nom de la liberté *beneficium est*, dit Seneque, *quod quis dedit cum ei liceret non dare* [b]. Où lon voit vne seduction & subornation euidente, peut-on estimer qu'il y ait libre volonté? La preuue de cette seductiõ resulte si clairement du faict, qu'il ne la faut point chercher: d'ailleurs toutes les circonstances d'iceluy parlent & mõstrent, qu'il n'y a rien moins en ce faict que volonté. Car pour le regard de la premiere donation, ell'est pour vne cause euidemment fauce, que le demandeur auoit supposee, & qui se iustifie clairement par le

a *l. donari. ff. de dona. l. donari de reg. iur.*

b *lib. 3. de benefic.*

testament de sa mere qui l'auoit exheredé. Le testateur l'a depuis ainsi iugé, & par son testament pour cette occasion transferé cette donation en la personne de Christofle heritier de la mere auquel ce droit estoit deub. Pour venir à ce qui est commun aux deux donations, il faut presupposer qu'elles ont esté faictes à la poursuitte de celuy-la mesmes qui auoit escrit & supposé le premier testament; & que la loy partant iuge par cest acte tousiours coulpable du mesme crime. Mais par qui ces donations ont-elles esté faictes? Premierement il se faut representer vn pauure vieillard octuagenaire, à qui la vieillesse auoit ja desrobbé les forces & du corps & de l'esprit. Car comme dit le poëte *Vt hedera serpens vires arboreas necat, ita me senectus amplexu suo enecat*. Puis il se le faut representer malade au lict, où la mort peu de iours apres l'a trouué, *cùm pallida labra cibum sumerent digitis alienis*. La loy a presumé que le malade qui est entre les mains des medecins, s'il faict quelque chose à leur profit, le faict de peur & de crainte, & declare tel acte suspect de violence & d'impression [a]. L'ordonnance du Roy faict le semblable. Que deuons-nous dõc croire de ce pauure vieillard assiegé de tels captateurs, & reduit à ceste extremité? Quelle

[a] *l. si medicus ff. de variis & extraord. cognit.*

apparence y a-il qu'en cet estat il songeast à faire des dispositions entre vifs, & comme dit la loy *moriens inter viuos donaret*? cest acte a-il quelque affinité auec le temps, auquel il est faict? Et par cet acte, que faict-on? à l'heure qu'il deuoit songer de faire son testament pour la descharge de sa consciẽce & pour l'establissement de sa famille, on luy faict renoncer à toute faculté de faire testament. Car on luy faict disposer irreuocablement & entre vifs de plus qu'il n'auoit vaillant. Est-ce pas la plainte de ce pere de famille, qui disoit *me viuo inquit patrimonium meum diuisum est*? ou de celuy qui dãs Tite Liue disoit, *me viuo & spirante hæreditatẽ meam creuistu*? Qui croira vne libre volonté, vne solide election ou sain iugement en celuy qui se priue de cette faculté dont les hommes sont si ialoux lors qu'il en est la saison? Mais au profit de qui dispose-il? au profit de sa femme: & neantmoins c'est elle au profit de laquelle les loix luy deffendent de disposer entre vifs, & iugent par vne commune & vniuerselle presumption que telle dispositiõ est extorquee par crainte & importunité [a]. Et de qui encor? au profit d'vn sien nepueu, qui n'a iamais esté aupres de luy que lors de cette donation, qui y ayant esté peu de iours a aussi tost suggeré

[a] *l. secundo ff. de donat. inter virum & vxor.*

vn testament à son oncle, & luy a donné subjet de l'eslongner de luy. Et comment auroit-il peu meriter les bonnes graces de son oncle, qui n'a pas sceu conseruer l'amitié de sa mere? Mais qui pis est a tellement demerité enuers elle, qu'elle l'a iugé digne de sa malediction, & l'a flestri de l'infamie d'vne exheredation. Mais au preiudice de qui toutes ces dispositions? au preiudice d'vn nepueu, qui a consumé toute sa vie auec vne sollicitude incroyable à seruir son oncle, solliciter ses proces, faire ses affaires: au preiudice de celuy qu'il auoit taisiblement adopté, nourry, esleué, marié, tenu luy & ses enfans iusques à cette heure-la chez luy. Et quand? pendant qu'il est absent. Mais voyons si c'estoit sa volonté: quel tesmoing interrogerons-nous pour le sçauoir? luy-mesmes. Et quand? lors qu'il dit plus librement ce qu'il pense, lors qu'il parle pour la derniere fois, lors que la mort luy donne la liberté & le conseil tout ensemble: *mors est, si verum fateri volumus, quæ de animis nostris verum dicit.* Cet homme donc qu'on a despouillé de tous ses biens a voulu faire testament, & declaré partant, qu'il vouloit disposer derechef de ce dont on luy auoit osté la disposition. Ce qu'il a declaré expres; car les mesmes choses qu'il auoit donnees à sa femme, par donation entre vifs, il les luy laisse par ce testament, mais auec vne estrange condition : sçauoir vn vsufruit, chargé de toutes les charges de sa maison. Qui est à dire en bon langage vn vain honneur, vn beau rien, vn moins que rien. Qui est à dire, vous m'auez, ma femme, de mon viuant induit à disposer de mes biens à vostre profit : considerez qu'il n'est point raisonnable que ie charge mon ame pour vous complaire, que i'apauurisse les miens pour vous enrichir, que je priue ceux qui m'ont si longuement & si fidellement seruy pour vous gratifier. Contentez-vous de cet honneur, que ie me suis souuenu de vous. Et si ie n'ay faict dauantage pour vous, excusez la nature & ma conscience, qui ne me le permettent pas. Mais à la verité, la femme en cela est excusable, elle a ingenument reconnu sa faute, & la volonté de son mary tout ensemble, elle s'est volontairement departie & du laiz & des donations. Voyons pour le regard du demandeur, si par ce testament le defunct a voulu confirmer cette donation. Premierement le testateur auãt que tester l'a esloigné de luy, & chassé de sa maison. Car quelle liberté se pouuoit-il promettre aupres de celuy qui luy auoit impudemment suggeré vn testament tout escrit de sa main, auquel il s'estoit nommé seul & vniuersel heritier? *Vbi nunc lex cornelia dormis*? Apres cela il a r'appellé le deffendeur, sa femme & ses enfans, qui est à dire qu'il a prononcé vn rigoureux & infame iugement contre ceux qui l'auoient seduit pour les chasser. Or par ce testament il ne laisse rien du tout au demandeur; il dit que c'est pour ce qu'il luy auoit donné. Il auoit aussi donné à sa femme, & neantmoins il repete cette mesme donation. C'est doncques pource qu'il auoit donné au demãdeur, mais donné, forcé, violenté, contraint, assiegé par les prieres de sa femme & du demandeur, vaincu par leurs violentes importunitez. Voulez-vous voir plus clairement qu'il n'a iamais pensé que cette donation sortist effect? Il a r'appellé le demandeur & ses enfans, les a fait heritiers auec plusieurs substitutiõs. Or si cette donation a lieu, il ne faut point d'heritier au deffunct: car il ne demeure du tout rien en sa succession, elle emporte tout ce qui y est. Quoy donc? mõ frere, mon cadet, vous ne vous contentez pas de m'auoir chassé de la maison de mon pere, de m'auoir priué de son heritage, moy qui estois l'aisné, vray & naturel heritier? vous-vous excusiez lors ſur l'aſſeurance que mõ oncle me donnoit de ſa ſucceſſion, & maintenant vous m'en excluez. Combien de ſucceſſions faudra-il pour vous contẽter? que me laiſſerez-vous pour ſouſtenir ma vie, & la charge de ma famille? quelle ſorte de partage eſt cecy entre deux freres? que le puiſné aye tout, & l'aiſné n'ait rien? S'il nous reſtoit quelque autre oncle ie m'y retirerois: mais encor crois-ie que vous m'en chaſſeriez. Vous qui auez connu le deffunct, interrogez vn peu ſes ombres, & leur demandez voir auec quel repos elles pourroient voir autour de ſon ſepulchre celuy qu'il auoit cõme adopté pour enfant: celuy de qui il auoit vsé la vie à ſon ſeruice; celuy qu'il auoit marié, & ſolicité de luy engendrer des heritiers, deſnué de tous biẽs & moyẽs, pendant que le demandeur qui n'a iamais eſté pres de luy, qui ne luy a iamais fait ſeruice, iouïroit à ſon aiſe de tout l'heritage. Ce n'a donc point eſté la volonté du deffunct, & s'il y en a quelque image en cette donation, elle eſt vaine, elle eſt fauſſe, elle eſt ſuppoſee, pour eluder ſeulement l'importune cupidité & auidité du demãdeur: ne plus ne moins que ce nubileux fantoſme, qui dans les Poëtes ſe ſuppoſe au lieu de la vraye Iunon, pour amuſer les faux embrassemens de l'ambitieux Ixion. Reste à iustifier l'autre nullité de cette donation procedant du deffaut de solennité, & de la forme requise par le statut. Comme aux choses naturelles pour leur donner leur estre & les mener à leur perfection, il faut necessairement que la forme cõcurre auec la matiere : forme qui est celle de qui depend la force & vertu, sans laquelle la chose ne peut acquerir, ny son nom ny son effet. De mesmes aux actiõs & negoces ciuiles, outre les volontez & conuentions des parties, il faut que la puissance de la loy interuienne, les anime & leur donne l'action: *forma enim ordinata legis dispositio est* [a], mais plus aux donations qu'en tous autres actes. En quoy il faut considerer qu'il y a grande difference entre les donations du droit des gens, & les donations du droit ciuil. Les donations qui ne sont que du droit des gens, n'operent qu'autant que celuy qui donne, en donnant transfere la possession de la chose donnee. Et en ce cas il y a quelque raison, sans autre solennité de confirmer l'acte, auquel celuy qui le fait a luy mesme apporté la perfection. Car il semble que la presence de la chose, & cette volontaire execution, monstre qu'il ait bien pensé à ce qu'il fait; & que celuy qui veut

[a] *l. certa est forma. C. vt in poss. leg.*

puis-apres reuoquer ce qu'il a donné, ne merite pas d'estre ouy. C'est de celle-la que parle Platon *in Philebo*, quand il dit, τῶν ὀρθῶς δοθέντων ἀφαίρεσις οὐκ ἔστω. Et Demosthene *contra Leptinem*, ὅσα ἂν δῷ τις ἅπαξ, δίκαιον ἔχειν ἐᾶν. Et toutesfois il y a plusieurs peuples qui du tout n'ont point voulu receuoir ce mot de donation, le iugeant entierement contraire à la droicte raison, & au bien de la societé ciuile. Car ils ont dit, qu'il y auoit subjet & raison de donner, pour recompenser celuy de qui nous auons receu quelque plaisir, ou non. Au premier cas, ils soustenoient que ce n'estoit point donation : au second que c'estoit vne pure folie, vne insupportable profusion, nuisible à l'estat, & dommageable aux familles, *quas integras seruari reip. interest*, ce dit la loy. Mais quant aux donations qui sont pures de droit ciuil, qui ne sont point accompagnees de tradition, sinon au moins simulee, qui procedent de la seule force d'vn instrument, & de la simple prolation des parolles, les loix les receuãt & introduisant, c'a esté auec certaines formes & solennitez, lesquelles elles ont plantees, comme de fortes barrieres contre les blandices, inductions, subornations des captateurs, & pour le secours de la facilité, ignorance ou folle profusion de ceux qui se laissent trop aisément aller à dispenser & eslargir leur bien, ou à leur propre preiudice, ou au preiudice de leurs heritiers de sang, que la nature a conioint à eux par ce sainct lien de charité. Et selon que les loix ont congnu l'inclination des peuples subiects à leur Empire pancher à l'excés de cette profusiõ, ou l'artifice des captateurs, (grand & difficile à euiter) par ceux qui en sont assiegez, elles ont accreu les solénitez de tels actes, pour seruir comme d'vn frein aux volontez déreiglees des hommes, & les garder de se precipiter eux ou leurs heritiers en pauureté volõtaire. Les loix Rõmaines ont esté vn tẽps qu'elles vouloient qu'elles se fissent par forme de vendition, & que le donateur prononçast ces mots; I'aliene, & que le donataire donnast vn denier au donnant, cõme pour pris de la chose donnee, pour faire entendre à celuy qui donnoit la consequence de l'acte, & qu'il se priuoit de ce qui estoit auparauant sien, à fin que puis-apres il n'y eust plus de regret[a]. Le statut particulier de cette prouince pouruoyant à ce fait-là, *ad occasionem donationum inter viuos plerunque sine causa inconsultè & intempestiuè, aliquando ad suasum calidum factarum*, a voulu qu'en icelle interuienne le Viguier, ou le Baille & Iuge du

a *l. 2. C. de donat.*

lieu, ou les Sindics auec le Baille & son Lieutenant, ou deux parens du donateur auec vn des Sindics du lieu. Declarant que la donation qui sera autrement faicte, & sans la presence de ceux-la, demeurera nulle & de nul effect. On a quelque-fois douté, si quand vne chose est ordonnee par la loy, ce qui est fait au contraire est de soymesme nul. Il semble que la loy l'ait voulu ainsi declarer, & qu'elle contienne vne taisible sanction, par laquelle elle annulle ce qui est fait contre sa disposition. Car puis que les actes ciuils ne subsistent que par la puissance de la loy, qui leur influe son authorité pour leur seruir d'ame & de vie ciuile; ce qui sera fait contre l'ordonnance de la loy, ne sera-il pas priué de son authorité, & par consequent d'ame & de vie ciuile? Ne demeurera-il pas par consequent nul, selon qu'elle le declare [a]? Or quand cela seroit douteux pour le regard de la loy, il seroit sans difficulté pour le regard du statut. En quoy il est besoin de remarquer la difference qu'il y a de la loy & du statut, de laquelle procede cette diuersité d'effect. Car bien que la loy semble plus puissante; toutesfois elle n'a pas sa sanctiō si austere; & le statut qui semble inferieur, procede auec plus de rigueur. La raison en

a l. cum hi, §. pretor. D. de trāsact.

est belle & digne d'estre consideree: C'est que la loy procede d'vne plaine puissance souueraine du superieur sur le subjet, lequel pour establir le droit, ne prend conseil que de soy-mesme. Aussi en son execution se reserue-elle l'authorité de ployer, flechir & amander ce en quoy celuy qui est assubjetty, se trouue interessé contre l'equité à vn cas que luy ny la loy n'auoit point preueu [a]. Mais le statut au contraire estant vne loy qui est requise par le subjet, & authorisee par le Prince, il semble que l'vn & l'autre ait volontairement renoncé à l'authorité de la pouuoir changer ou mitiguer. Car elle est bastie par vne forme de stipulation & sponsion, & reuestue d'vne espece de contract, qui vne fois parfait, doit auoir son estre constant & immuable [b]. Chacun des subjects est censé auoir stipulé ce qui est ordonné par le statut. Tellement que si en ce mesme cas il se presente pour contreuenir à ce qu'il a demandé, la loy le rejette: *quia quod quis propria voce dilucide protestatus est id in eundem casum infirmare extrema impudentia est.* Aussi est-ce vne reigle generale confirmee par le commun suffrage de tous les Docteurs, par l'vsage ordinaire des iugemés, que quand le statut requiert vne forme certaine en vn acte, il la faut obser-

[a] *l. & Ideò & l. benignius. ff. de legib.*

[b] *Albericus, de statut per l. quæ vero. ff. de legib. & per l. in honorariis. ff. de actio. & oblig.*

uer, comme-on dit, ric à ric, autrement l'acte est nul [a]. Mais à fin que lon n'en fist aucun doute, en ce fait-cy le statut n'a pas voulu attendre le ministere des Iuges pour soudre la question. Car par vne exuberante precaution preuenant toutes les cauillations des hommes, il a declaré nul & de nul effect toutes les donations qui seroient faictes en autre forme, ayant en cela pris la forme la plus parfaicte de la loy, qui non contente de commander le bien, punit aussi le mal [b]. Tellement qu'il ne faut point douter que cette forme ne soit substãtielle, puis que son manquemẽt annulle l'acte: & respectiuement que l'acte ne soit nul, puis que cette forme qui defaut est substantielle. Ce qui est biẽ si vray, que quand il y auroit plusieurs choses requises par le statut, & que toutesfois vne seule voire la moindre auroit esté obmise, l'acte demeureroit tousiours nul [c]. La raison en doit estre puisee d'vne reigle generale en la nature, qui est, que la forme (comme l'ame est indiuidue) ne peut subsister qu'en son integrité, ne peut receuoir aucune section ou diuision [d]. Et en ce cas ce qui est vtile est vitié par ce qui est inutile: & se verifie ce commun dire des Theologiens Scholastiques, que, *omne bonum est* ex

[a] *Bald. in l. ordo. C. de executione rei iud. Ang. in l. ius publ. ff. de pactis. Iason in l. 1. ff. de lib. & posthu.*

[b] *Vlpian. in frag.*

[c] *Dec. con. 530. & Alexand. l. qui quadringenta. §. quaedam ad l. Falcidiam.*

[d] *l. si is qui ff. qui test. fac possint & ibi Bald.*

ex causa vniuersali, pource qu'il faut pour constituer l'estre parfait que toutes les causes essentielles que les Grecs appellent συναιτίας, concurrent κατ' εἱρμὸς, comme dict Proclus, se lient & se noüent ensemble, ou au contraire pour destruire le subjet il suffit du manquement de l'vne. Et cela est bien si vniuersellement vray, que quand ce manquement seroit aduenu par quelque hazard, ou par la faute ou ignorance du notaire, sans qu'il y eust rien du vice ou deffaut de la partie, toutesfois l'acte demeureroit tousiours nul, pource que regardant la forme substantielle, elle ne peut estre par nul moyen suppleée [a]. En quoy on ne peut alleguer pour excuse la faueur du negoce. Car pour si fauorable qu'il puisse estre, il demeure tousiours subjet à cette reigle, laquelle a lieu generalement en tous contracts, sans que lon y reçoiue aucune exception [b]. A combien plus forte raison doncques en donations, qui ne meritẽt aucune faueur, qui sont subjectes à la cẽsure des plus estroictes rigueurs du droit, qui sont egalees par les parolles du droit à la perte & profusion du bien? On ne peut non plus pour les soustenir, alleguer la faueur des persõnes. Car choisissez-les telles que vous voudrez, faictes que ce soit le pe-

a *Baldus in c. ex literis de fide instru.*

b *Bald. in l. omnes populos ff. de Iust. & Iu. & in l. testamenta C. de test.*

re qui donne aux enfans, les enfans qui donnent au pere, tousiours sans la solennité du statut, la donation sera-elle nulle[a]. Car bien qu'en quelque cas la loy rende capable de donner celuy qui ne le seroit pas en vn autre[b]; si ne l'authorise-elle pas pour donner en autre forme qu'il est prescrit par elle. A combien donc plus forte raison cette donation demeurera-elle nulle qui est faicte à vn nepueu, pour exclure non seulement son aisné, mais son aisné comme adopté par le testateur, que le testateur par plusieurs sermens, par plusieurs declarations publiques s'est obligé de faire son heritier: comme il y estoit obligé par tant de labeurs, par tant de veilles, par tant d'ennuis soufferts par le deffendeur à son seruice? Donation qui outre le deffaut de la forme du statut a euidemmēt tous les vices que le statut a voulu euiter par cette forme. Le statut a voulu euiter qu'on ne donnast *inconsultè*, c'est le propre terme. Quel conseil a peu prendre vn pauure vieillard, assiegé de sa femme & de ce captateur, qui par leurs artifices & calomnies auoient esloigné de luy tout ce qu'il aimoit & deuoit aimer? Le statut a voulu euiter qu'on ne donnast *sine causa*. Icy lon le faict donner non seulement sans cause,

a *Decius cons.* 80. *per testum in l. data. C. de donatio.*

b *l. filius familias ff. de donat.*

mais soubs vne fausse cause. On luy faict croire que les droicts de Peyronne Griffon appartenoient à ce demãdeur qu'elle auoit exheredé. Le statut a craint qu'on ne donne *intempestiuè*. Est-ce le temps de donner entre vifs & irreuocablement, lors qu'on a l'ame sur le bord des leures? Si le demandeur eust creu meriter cette donation, & la pouuoir tousiours meriter, ne se fust-il pas contenté d'vne dispositiõ à cause de mort, qui eust esté de sa nature reuocable, mais irreuocable par le merite du donataire? Il a fallu chercher en la forme de la donation ce que la qualité de ses seruices ne luy pouuoient promettre. Il a bien connu que cette liberalité ne luy pouuoit estre asseuree, si elle n'ostoit au donateur la liberté de declarer encores vn coup son intention. C'est pourquoy on s'est tant precipité pour insinuer cette donation dés le lendemain. En fin le statut a craint *ne ad suasum calidum, & machinationem quærentium habere quæ sua non sunt*, telles donations ne se fissent. Et où peut-on imaginer vne machination plus frauduleuse, que quand on espie l'absence du vray heritier, quand on faict chasser de la maison sa femme & ses enfans, quand l'heritier escrit le testament tout de sa main, se faict seul heritier, & faict exhereder ou preterir tous les autres? Tellemẽt qu'il ne faut pas s'esbahir si le demandeur a redouté d'appeller à la confection de cest acte, *conscientiam & approbationem eorum* qui pouuoiẽt recognoistre la violẽce, la subornation & l'induction auec lesquelles elle estoit pratiquee. Mais d'où peut estre procedé ce deffaut? le demandeur de son costé manquoit-il de conseil en vne si bonne ville? & le deffunct qui auoit passé tout le cours de sa vie à l'action iudiciaire, *vetus patritius, vetustissimus magistratus suæ ciuitatis ius ignorabat*, qui le croiroit? Non non, mais en ce deffaut recognoissez d'vn costé vn grãd dol : de l'autre costé vne singuliere prudence: vn dol de n'auoir voulu rendre tesmoings de cette action, sinon que des personnes recherchées & apostees par les donataires. Car qui est-ce qui les a esté chercher & prier? le deffunct gisant en son lict, ou les donataires qui l'assiegeoient? *Prudens consilium testantis animaduertitur*, qui ne se pouuant depestrer autrement de ces importunes & violentes suggestions, *hac arte properantes cupiditates elusit, & coruum delusit hiantem*. La Cour auec cette mesme prudence & selon son ordinaire equité & iustice, mettra l'appellation & ce dont a esté appellé au neant. Et ayant esgard aux lettres, caſſera & annullera les donatiõs dont eſt queſtion, debouttera le demandeur de ſes fins & concluſions auec deſpens, à quoy il concluoit.

Le demandeur repliquoit au contraire, que l'appellation interjectee du decret de l'inſinuation eſtoit entierement illuſoire & inſouſtenable. Car le decret dont eſtoit appel, ne contenoit autre choſe que l'execution de l'ordonnance du Roy, qui veut que les donations ſoyent inſinuees. *Iuris executio non continet iniuriam.* Mais on veut colorer ceſt appel par les moyens de nullité inſerez aux lettres de relief, qui n'eſt qu'vn faux teint dont on a voulu farder cette cauſe, pour palier la demeſuree cupidité d'vn heritier, qui ſe veut exempter d'executer la volonté du deffunct, veut exclure ceux que la nature, la loy & la raiſon appellent comme luy à la ſucceſſion, & ſ'approprier tout ceſt heritage. Pour reſpondre donc à ces pretendues nullitez, & commencer par l'ordre qu'elles ont eſté propoſées, il faut veoir ſi en cette donation il y a comme on pretend, deffaut de volonté. Pour eſtoufer tout d'vn coup cette objection, il pourroit ſuffire de dire, voila vn contract paſſé pardeuant vn Notaire & cinq teſmoings, par lequel le deffunct a declaré sa volonté : il a declaré que volontairement, liberalement, & pour les causes specifiees au cõtract il donnoit. Qui pourra supporter apres cela la calomnieuse voix d'vn heritier, qui voudra soustenir le contraire? *Nostra ætas parum fidei gerit, Tabulæ notantur, & adsunt testes duodecim: tempus, locumque scribit actuarius, & tamen inuenitur Rethor qui factum neget* [a]. Et qui aura-il iamais de certain entre les hommes, si l'escriture solemnelle de tant de tesmoings peut estre esbranlée par des faicts calomnieusement inuentez pour renuerser les volontez de ceux qui ne peuuent plus declarer leurs intentions? Mais encor examinons quels faicts on allegue pour renuerser vn instrument public? des presumptions, & quelles? Il estoit dict-on vieil & malade. Et quel aage ont prescrit les loix pour oster aux hõmes la disposition de leur bien. Si cette raison est bonne, il estoit encor & plus vieil & plus malade, & plus proche de la mort, lors qu'il a disposé au profit du deffendeur. Il estoit malade: & quelle loy a deffendu aux malades de dõner entre vifs? Tãt s'en faut, il y a beaucoup de cas, ausquels il est permis à vn malade de donner entre vifs, & qu'il n'est pas permis de donner par testament [b]. Mais il a disposé entre vifs, & ce-

[a] Plautus.

[b] l. C. ad hær. ex. de test.

n'en estoit pas le temps : il estoit plus à propos de faire vn testament qu'vne donation. Et qui est ce superbe heritier, qui au lieu d'executer les commandemens du deffunt, les censure? qui appelle en iugement l'esprit des morts pour luy rendre raison de leur volonté *quam bono hæredi scire sat esset?* Resuscitons vn peu le defunct & le r'amenons icy pour contenter l'inique curiosité de ce mauuais heritier, & il luy respondra auec la mesme plainte que Seneque faisoit de l'ingratitude de sõ temps. L'ingratitude est si grande auiourd'huy, qu'il faut que les hommes pouruoyent de leur viuant, non seulement à l'execution de leurs autres volontez, mais mesmes à la construction de leurs sepulchres. Le deffunct recongnoissant l'humeur de son heritier, sa dureté, sa contumace, son importunité, s'il eust disposé par vn acte reuocable au profit du demãdeur, il l'eust contraint de reuoquer cette disposition, ou il ne l'eust iamais laissé en paix. Ne voyez-vous pas comme il a vsé à l'endroit de la femme, qui n'estant honoree que d'vn simple vsufruit, en a esté priuee par les clauses artificieuses que cest heritier, si tost qu'il a esté r'appellé pres du defunct, a faict inserer en son testament? Et au bout, quelle sorte d'argument est celuy-la, que pour conclure que la volonté du deffunct a esté seduicte, l'on die qu'il a disposé entre vifs, & non pas à cause de mort? Qui a iamais ouy dire que les dispositions entre vifs, soient plus subjectes à seduction & subornation que celles qui sont faictes à cause de mort? C'est bien tout le contraire, pour trois raisons toutes euidentes. La premiere, pource que la cogitation de la mort qui interuient aux actes, trouble grandement noz ames, esbranle noz affections, & nous oste la lumiere du iugement, & quant & quant la liberté de l'election : Elle nous trouue, ce dict l'Empereur en sa nouuelle [a] ἀπὸ τῆς ἐν τῷ θανάτῳ ταραχῆς στενοχωρουμένους. Car cõme dict Platon, ἀνοήτως γὰρ διατεθρυμμένως διὰ τρόπον τινὰ ἔχομεν οἱ πλεῖστοι, ὅταν ἤδη μέλλειν ἡγούμεθα τελευτᾶν. Tellement que parmy ces frayeurs-la, nous nous laissons cõduire & mener au premier qui nous prend; & comme vn poids esbranlé, nous prenons aisément nostre cheute du costé dont on nous pousse. La seconde raison est, qu'aisément nous-nous laissons induire à faire les fautes que nous estimõs reparables, & ne craignons point de contenter l'importunité de ceux qui nous demandent, sur l'asseurance que nous auons d'y pouuoir remedier quand nous voudrons. La troisiesme, que nous consentons

[a] De triente & semisse.

bien plus facilement à faire ce qui ne doibt preiudicier qu'à noz heritiers, que ce dont nous-mesmes deuõs porter la peine, & sentir l'incommodité. Car comme dit le poëte *proximus sum egomet mihi*, le premier & plus fort amour est celuy de nous-mesmes, qui nous retient quand nous voulons faire quelque chose qui soit à nostre dommage. Or la disposition que nous faisons entre vifs & irreuocablement, aliene de nous & met tout presentement ce dont nous disposons hors de nostre puissance, diminue d'autant nostre bien, & nous en oste l'vsage: les dispositions à cause de mort n'ont aucun effet qu'apres la mort, & iusques là sont tousiours fluctuantes & incertaines, & apres cela ne nous concernẽt plus. Car que nous importe qui les possede apres nostre mort, sinon par interest imaginaire? Par là dõcques on peut iuger que quelque chose que lõ die, le defunct a beaucoup plus aimé le demãdeur que le deffendeur, puis qu'il a esleu en sa faueur la façon de disposer, la plus auantageuse & plus certaine. Et au contraire il n'a osé se fier du deffendeur, ny luy lascher si longues les resnes de sa liberalité; ains cognoissant son naturel l'a voulu tenir souz le frein d'vne reuocation, à laquelle estoit subjette la disposition qu'il vouloit faire en sa faueur. Aussi voulez-vous voir clairement quel iugement il a fait du deffendeur? quels estoient ses comportemens à l'endroit de son oncle? Il confesse qu'il a esté contraint de chasser luy & sa femme de sa maison. Ou au contraire, le demādeur a tousiours vescu auec le respect enuers le deffunct, qu'il luy deuoit, sans luy auoir iamais donné occasion de plainte. Car quand il s'est retiré apres sa donation, ç'a esté pour aller faire les affaires du deffunct, qui estoient toutes decousuës. Ouy mais, ce dit-on, le deffunct n'a rien laissé au demandeur par son testament, & neantmoins il a laissé à tous ses autres neueux & niepces; Cela monstre donc bien son peu d'affection & son mescontentement. Disons tout au contraire, & l'argument sera beaucoup meilleur. Il a laissé à tous les autres & n'a rien laissé au demandeur, pource qu'il a creu l'auoir aduantagé par les donations qu'il luy auoit faictes. Tellement que ce silence n'est autre chose qu'vne taisible priere qu'il luy a faicte, d'estre content de ce qu'il luy auoit laissé. Et quoy? le deffendeur doncques voudroit aussi dire, que pource que le deffunct par son testament n'auoit rien laissé à l'hospital, il a entendu reuoquer ce qui luy est donné par la mesme donation? Eſt-ce pas argumenter tout au cõtraire de la loy? qui veut que les diſpoſitions meſmes qui pourroient eſtre ſuſpectes, ſi elles ne ſont point reuoquees iuſques à la mort, ſoyent cenſees cõfirmees, & la preſomption que la loy a contre-elles d'induction & de ſubornation, eſt par là du tout effacee & couuerte [a], voire-meſmes que celles qui ſont faictes aux perſonnes notoirement ingrates, ſont aſſeurees par cette taiſible aprobation? Que doit-ce eſtre donc de celles qui ſont faictes entre vifs, irreuocables, entre perſonnes non ſeulement non ſuſpectes, mais entre leſquelles on voit vne obligation naturelle à faire ce qu'ils ont fait? Et toutesfois cette preterition n'eſt pas telle que le deffendeur la feint. Car par le meſme teſtament, le deffunct ſubſtitue le demãdeur au deffendeur deuant tous ſes autres neueux & niepces. Que veut donc dire cecy? il l'a preferé à ceux-la. Donc il l'a plus aimé. Il donne aux autres par le teſtament, il ne donne rien à ceſtui-cy: eſt-ce donc pas à dire qu'il a pẽſé luy auoir auparauant donné, & n'a point creu que le deffendeur ſeroit ſi deſnaturé frere, que de luy debattre ſa donation? Tellemẽt que lon peut vrayement dire de luy; que ſi en cas ſemblable, & pour deſchar-

[a] l. de donatio. inter virum.

ger l'heritier d'vne si mauuaise opinion, & lors qu'on n'auoit autre chose qu'vne simple conjecture de la volonté du deffunct, lon a induit vn fideicommis, à combien plus forte raison doit-on tirer de là la confirmation de cette donation? Si quand seulement le testateur a dict, ie sçay que vous viurez comme freres, & n'aurez rien qui ne vous soit commun, lon a induit vn fideicommis, à combiẽ plus forte raison quand les parts sont exprimees? Le deffendeur n'a point craint de s'aduancer iusques là, de dire que le deffunct estoit offencé contre le demandeur, pour les inductions & violences qu'il luy auoit faictes, pour luy faire faire cette donation. Si cela estoit, pourquoy doncques le substituoit-il par le testament? Si cela estoit, la femme comprise en cette donation en estoit coulpable aussi: pourquoy luy a-il augmenté son laiz? En cet endroit on peut faire vn dilemme cõtre le deffendeur, duquel il ne sçauroit eschapper qu'il ne demeure conuaincu, ou de calomnie, ou d'iniquité. Le testament du deffunct a esté fait vn mois apres la donation, le demandeur absent pour les affaires du deffunct, & le deffendeur present. De deux choses l'vne, ou le deffunct auoit lors le iugement sain & le sens entier. Et pourquoy donc ne faifoit-il mention de la violence, de l'induction, de la feduction qui luy auoit efté faicte? Que ne faifoit-il quelque mention de cette donation? quelque declaration qu'il ne vouloit point qu'elle fortift effect? Si au contraire, il auoit perdu le fens, la memoire & le iugement, comment en vertu de ce teftament, le demandeur fe veut-il pretendre heritier? & fonder vne qualité pour debattre cette donation? On voit par là comme le menfonge fe defment toufiours foy-mefme, & comme la verité au cõtraire retombe toufiours fur fon quarré. Mais le demandeur, ce dit-on, auoit efcrit vn teftament tout de fa main, qu'on auoit voulu faire paffer au deffunct, & par là conclud qu'il luy fuggeroit fes volontez. Il a efté defia dit, que ce auoit efté par l'expreffe volonté & commandement du deffunct, auquel le demandeur f'eftant rendu extremement obfequieux toute fa vie, n'auoit ofé defobeïr, le voyãt malade & chagrin; & tout ce qu'il auoit peu, c'auoit efté de tirer les chofes à la longue, & cõmencer ceft efcrit fans l'acheuer, à fin de luy donner loifir de meurir la colere qu'il auoit contre le deffendeur. Et que cela foit ainfi, qui a donné ce teftament au deffendeur? ne l'a-il pas trouué entre les mains du deffunct? Si le demandeur eust voulu s'en preualoir, & s'il n'eust esté commandé de ce faire, il n'en eust pas vsé ainsi, il ne l'eust pas laissé en tierce main. Et chacun ne sçait-il pas que s'il eust voulu se seruir du temps, & profiter de l'indignation que le deffunct auoit contre le deffendeur, il se pouuoit faire donner tous les biens, ou faire instituer heritier vniuersel? Le deffendeur doncques au lieu de se plaindre du demandeur, a toute occasion de louër sa moderation & le respect qu'il luy a rendu. Plus foible que tous les autres est l'argument que lon veut tirer de la donation de trois cens escus, qu'on dit auoir esté extorquee souz vne fausse cause, & en consideration des droicts de Peyronne Griffon. Car premierement, qui croira que le deffunct qui estoit le chef de toute la famille, ne fust bien aduerty de la disposition de sa sœur? Mais ce que le deffendeur dit auoir deu demouuoir le deffunct à faire cette donation, est au contraire ce qui l'y a meu. Voyant que l'exheredation que sa sœur auoit faicte du demandeur, alloit estre vne allumette de procés entre ses neueux & niepces, luy qui auoit esprouué quel malheur aportët aux familles telles dissensiõs, la voulut estouffer à ses despens, & du sien desinteresser le demandeur. Et à fin que les autres freres & sœurs n'eussent occasiõ de dire ce qu'ils disent aujourd'huy par son testament, il leur donne encores pour les mesmes droicts beaucoup plus qu'ils ne pouuoient monter. Car il faut remarquer que par son testament, il ne legue pas seulement à Christofle heritier de Peyronne, mais aussi à toutes les autres sœurs auec expression de la mesme cause, & pour les droicts pretẽdus par leur mere, bien qu'ils n'en fussent point heritiers. Et au bout, de vouloir inferer par là ou nullité ou presomption de fraude, c'est vne mocquerie & vn erreur en droit tout euidẽt. Car on sçait bien qu'vne fausse cause adjoustee ou à vn laiz ou à vne donatiõ, ne la rẽd iamais nulle ny vicieuse: *subest enim semper causa donandi liberalitas & beneuolentia*[a]. Mais s'il vous faut rendre raison pourquoy il a donné, considerez seulement à qui il a donné: *si sanguinis ordo, aut si proximitas primusque requiritur hæres.* N'ayant point d'enfans il a donné à son nepueu, à celuy qui par nature, par la loy ciuile & municipale pour ses seruices, & obsequieux comportemens deuoit estre son heritier, & auoit mesmes part en sa succession que le deffendeur. Pour monstrer que le demandeur n'en demande point d'a-

a *l.1. ff. de donationibus.*

uantage & en a beaucoup moins, il a tousiours offert au deffendeur, & luy offre encores aujourd'huy de renoncer à ses donations, & qu'il le reçoiue à partager l'heritage auec luy. Et qui a-il plus iuste & plus seant entre deux freres que l'egalité? *prima pars æquitatis est æqualitas*, & n'y a rien si conforme à l'equité naturelle, & qui nous soit plus ancien que cela. τὸ γὰρ ἴσον ἀνθρώποις νόμιμον ἔφυ, dit Aristote. Aussi estoit-ce la loy d'Athenes, rapportee & loüee par Plutarque au traitté de l'amitié fraternelle, ἅπαντας τοὺς γνησίους ἰσομοίρους εἶναι τῶν πατρῴων, & repetee par l'Empereur Leo auec la raison [a]. Et la loy par mesme raison interpretant la volonté du testateur, qui dispose entre les descendãs, presume tousiours qu'il a voulu *seruare inter eos ius legitimarum successionum* [b]. Que si peut-estre lon veut dire qu'il s'agit de la succession d'vn oncle, & non d'vn pere, qu'on die aussi qu'il s'agit d'vn oncle qui n'auoit point d'enfans; qui par les termes de la loy n'a point d'autre nom pour appeller les enfans de sa sœur, que celuy auec lequel il appelleroit ses petits enfans, s'il en auoit: *sunt enim ex sorore nepotes*, lesquels par les anciennes mœurs des François n'estoient pas estimez moins chers aux oncles, que les enfans sont aux peres.

Dequoy

a nouuelle 19.

b *l. vel singulis. ff. de vul. & pupill.*

Car comme les freres ſortent de meſme ventre, ſont compoſez & nourris de meſme ſang qui leur doit engendrer de meſmes affections, ils les doiuent continuer à l'endroit de ce qui ſort d'eux. Que le defendeur donques ceſſe de dire que le defunct n'a point eu d'occaſion, n'a point eu de volonté de donner au demandeur. Il ne peut dire cela ſans offenſer ſa memoire, ſans luy reprocher qu'il manquoit de charité naturelle, & de cette legitime affection dont l'ardeur naiſt auec nous, & y dure auſſi long temps que l'humanité. Reſte à voir ſi en ces donations il y a tel deffaut de ſolennité, que lon les puiſſe pretendre nulles. Celuy que lon y remarque, c'eſt que par le ſtatut il eſt requis que *interueniat Viguerij ſeu Baiuli & Iudicis ordinarij conſcientia, & approbatio, vel duorum propinquorum cum vno ex ſindicis, vel duorum ſindicorum vnà cum loco tenente*. Où premierement il faut remarquer que le mot du ſtatut dont on ſe veut icy preualoir, eſt vn erreur populaire & terme abuſif. Car c'eſt vne ordonnance du Roy René, faicte de ſon mouuement, laquelle comme pluſieurs autres ſemblables, celuy qui a compilé les ſtatuts a inſeree dedans, ſans que pour cela il ait changé ſa nature, ny son authorité, ny qu'il luy ait par là imparti vne plus rigoureuse & austere sanctiõ que n'ont les autres loix du Prince. Or par ce pretendu statut, voila trois formes introduites, l'vne desquelles suffit pour valider vne donation, *ita quòd clandestinitas, quæ est fraudis nota, præsentia prædictorum alternatim prout supra interuenientum secuta, legum doctrina excludatur: decernẽtes electionem in his ad donatorem pertinere.* Le demãdeur soustiẽt qu'il a esté entierement satisfait à ce pretendu statut, bien que la donation dont est question, n'y fust aucunement subjette. Et cela il le faut monstrer. Les parties demeurent d'accord que la donation dont est question, a esté bien & deüement insinuee en iugement par decret du Lieutenant general de cette ville, & par là soustient auoir esté satisfait au statut par deux raisons. La premiere, que l'ordonnance est vne loy nouuelle, qui a introduit vne nouuelle forme & solennité pour les donations, & par consequent a couuert celle qui estoit anciennement obseruee; estant certain que les dernieres loix derogent aux premieres.[a] En quoy il faut cõsiderer que toutes ces deux ordonnances n'ont qu'vne mesme fin & vn mesme effet, qui est de faire insinuer les donations & les rendre publiques: car aussi voit-on que le

a *l. vltima C. de const. princ.*

tiltre de l'vne & de l'autre est *de insinuãdi donationibus*. La secõde & peremptoire, & sans responce est, que la solennité de l'ordonnance comprend en soy celle du statut, est plus ample & plus rigoureuse, & par consequent on ne peut doubter qu'en y satisfaisant on n'ait satisfait au statut. Car tout ainsi que lon dit en Phisique, que la derniere forme qui suruient au corps naturel, couure & enueloppe la premiere, en sorte qu'elle ne paroist plus, ne plus ne moins qu'vn plus grand sceau appliqué sur vn plus petit l'efface & ne laisse que la figure du dernier imprimee; de mesmes aux negoces ciuils la formalité plus exacte qui est introduicte par la loy en vn acte, estouffe entierement la precedante [a]. Or examinons le statut & l'ordonnance, & nous trouuerons la forme du statut dans celle de l'ordonnance, sans que lon puisse satisfaire à l'ordonnance sans satisfaire au statut, principalement de la façon dont l'ordonnãce s'execute en cette Prouince. Car on ne se contente pas icy pour insinuer, de faire comme és autres lieux de la France, vne simple enregistration muette au Greffe, mais iudiciairement lon la demande, & le iuge l'ordonne du consentement de l'vne & l'autre des parties: & en cette façon

a *l. 1. §. si serui. ff. de quæst. Bald. ib.*

les donations dont eſt queſtion ont eſté inſinuees. Or que requiert le ſtatut *conſcientiam & approbationem Vigueriy ſeu iudicis ordinariy*. La voicy doncques & ſuperabondante, car on ne peut pas nier que le Lieutenant general de cette ville ne fuſt le Iuge ordinaire du deffunct. Il a ſceu, il a approué cette donation: & comment? publiquement en iugement, apres auoir eſté conteſtee. Que ſi lon vouloit dire qu'il n'a pas eſté preſent à l'acte, lon remarquera que par le ſtatut auſſi n'eſt-il pas requis. Car pour le regard du Viguier & du iuge ordinaire, il ne requiert que *conſcientiam & approbationem*: ce mot de preſence n'eſt employé au ſtatut, que quand il parle des Conſuls ou des parens, & pour bonne raiſon: car en cette action l'office des vns & des autres eſt tout different. L'office du iuge eſt accompagné d'authorité, laquelle il depart à l'acte le rendant legitime, & par conſequent il eſt plus ſeant, plus raiſonnable qu'il interuienne lors qu'il eſt faict que quand il ſe faict. L'office des autres n'eſt qu'vne eſpece de teſmoignage, & ne conſiſte qu'en ſimple aſſiſtance, & par conſequent le ſtatut la nomme bien preſence. Puis doncques que ceſt acte a eſté preſenté au iuge ſeant en ſon siege par les procureurs du donnant & donataire, qu'apres la lecture il a esté ordonné qu'il seroit gardé, & pour cest effect enregistré ; ne voila pas la forme du statut, ric à ric obseruee. Et neantmoins on pourroit soustenir qu'en cest acte par le statut, cette forme n'estoit point necessaire. Car il y a difference quãd la loy requiert precisémẽt vne forme sans en rendre raison : en ce cas il est du deuoir du subjet d'obeir à cest Empire absolu, sans y apporter autre discours ny consideration. Mais quãd la loy rend la raison de ce qu'elle ordonne, & declare son intention : en ce cas il est certain que celuy qui satisfaict à l'intention du statut, est son vray & obeyssant subject, mieux que celuy qui s'attacheroit qu'aux parolles [a], & que par vn acte equipolent on peut suppleer celuy qui est prescrit par la loy [b]. Aussi est-ce la reigle que noz Docteurs tiennent, & que Balde particulierement a donnee, que le statut s'entend tousiours selon le cas auquel le statuant eust respondu s'il eust esté interrogé. Or la fin du statut est pour deux choses, l'vne pour euiter la clandestinité, l'autre pour empescher que par l'inconsideree facilité du donant il ne soit faict preiudice à l'heritier du sang. Pour le regard de la clandestinité, par la donation dont est question, il y est abondamment pourueu

a *l. contra legem. ff. de legib.*

b *DD. in l. quotiens ff. de hared. inst. Castr. in l. nemo dubitat. eod. tit.*

par la ſageſſe du donnant, car il l'a voulu faire pardeuant cinq teſmoins & vn notaire, qui eſt vne preuue ſi publique, qu'elle exclud toute eſpece de ſoupçon, de fraude ou de fauceté. C'eſt la preuue que les loix ont choiſie pour prouuer les faicts aduancez, contre ce qui eſt prouué par vn acte probant & autentique. Tellement que la loy n'a point craint de preferer vne telle preuue à vn acte public & ſolennel [a]. Car qui croiroit qu'on peuſt gaigner vn ſi grãd nombre de teſmoins, & leur perſuader d'accommoder leur foy & preſter leur cõcience contre la verité? Quant au preiudice qu'on a craint qui ſe fiſt à l'heritier par les donations, il ceſſe du tout en cette cauſe; car le deffunct donne à ſon plus proche parent, & à celuy qui luy deuoit ſucceder ab inteſtat, & luy donne moins qu'il ne deuoit auoir par la ſucceſſiõ : l'offre qu'il faict auiourd'huy de ſucceder egalement auec l'heritier le iuſtifie aſſez. Chacũ ſçait qu'en droit, les diſpoſitions qui ſe font au profit des heritiers de ſang, ſont touſiours fauoriſees & priuilegees, ores qu'elles ſoiẽt moins ſolennelles: & entre celles-la, celles qui induiſent l'egalité ſont touſiours preferees [b]. Tellement que ceux qui d'ailleurs ſeroient incapables de diſpoſer, ſoit pour faute de

a *l. teſtium facilit. C. de teſtib.*

b *l. hac conſult. C. de teſt.*

ſens ou autre empeſchement, diſpoſant ſelon la charité naturelle & l'ordre du ſang, leurs diſpoſitions ſont ſouſtenues: comme on voit en l'exemple du teſtament de Tuditanus, lequel bien qu'il fuſt reputé pour inſenſé; toutesfois ayant laiſſé ſa ſucceſſion à ceux à qui la nature la donnoit, *magis centum viri quid ſcriptum eſſet in tabulis, quam quis eas ſcripſiſſet conſiderandum putauerunt.* Chacune de ces raiſons-la deuoit eſtre ſuffiſante pour clorre la bouche au deffendeur: & neantmoins par deſſus celles-la, il y en a encores vne autre plus grande, plus forte, plus preſſante, laquelle feroit, que ſi les ſolennitez qui abondent en cette donation y deffailloient, elle ſeroit ſouſtenuë par la faueur de la cauſe par laquelle elle eſt produicte. Car que les donations qui ſont faictes pour choſes pies, ne ſoient affranchies de toutes ſortes de ſolennitez & formalitez, que les loix requierent aux cõtracts, il n'y en a point de difficulté [a]. La raiſon en eſt euidente. Car les ſolennitez n'eſtans introduictes, comme dit le meſme ſtatut, que pour euiter les inductions & ſubornations, les peut-on craindre és choſes auſquelles Dieu & les hommes, les loix diuines & humaines nous exhortent? Il ne faut point craindre qu'elles ſoient ſans

a *DD. in l. 1. & l. illud de ſacroſanctis Eccleſiis. & Iulius Clarius in §. teſt.*

cause, *pietatis causa semper subest & fauor animæ deffuncti.* Bref la loy les trouue si fauorables, que de la simple pollicitation ell'en donne action [a], & pour preuue de la volonté, elle ne desire que deux tesmoins [b]. Or cette donation pour le regard du demandeur, qu'elle ne soit toute pie, toute religieuse, on n'en peut doubter. Quand le deffunct l'a voulu faire, il a consideré qu'il estoit au lict de la mort, qu'il luy restoit peu de temps pour semer ce qu'il deuoit recueillir au Ciel, qui estoit les bonnes œuures: il a ietté les yeux autour de soy, & consideré où il en auoit les plus propres & conuenables subjects. Comme il auoit esté nourry aux lettres & bien institué en ce qui est du droit diuin & de la conscience, il sçauoit que ceux qui veulent exercer les œuures de charité, doiuẽt commencer par les persõnes qui leur touchẽt de plus pres, s'ils en ont besoing. Car cõme dit l'Apostre *qui domesticorum curam negligit est infideli deterior.* Aussi S. Thomas [a] dict, que c'est vne reigle de charité infaillible que ceux qui ont à dispẽser leur biẽ pour œuure religieuse, sõt obligez de preferer ceux qui les touchent de plus pres, s'ils sont en egale necessité que les autres. Et pour cette raison ores que les biens de l'Eglise ne soient qu'en depost

b *l. 3. de poll.*

c *Bar. in d. l. 1. de sacr. ecc. c. relatũ. de testam.*

a *Secunda secundæ quæ. 27.*

entre les mains des beneficiers pour les dispenser aux pauures, *sunt enim*, dict sainct Hierosme, *pietatis deposita.* Toutesfois le Prelat qui en a la dispensation est tenu, s'il a des parens pauures & necessiteux, de les secourir deuant tous les autres[a]. Le defunct doncques bien instruit en cette sage & saincte doctrine, voulant faire cette donation a regardé le demandeur, non point seulement comme son nepueu, mais comme ayãt sept enfans, & entre iceux quatre pauures filles à marier; il a exprimé par l'acte pour cause de cette donation, nõ point sa simple liberalité & munificence, mais la descharge de sa conscience; & a dit qu'il donnoit à son nepueu pour luy aider à marier ses filles, pour luy ayder dis-je, pource qu'il sçauoit bien qu'a vn si grand nombre ce qu'il donnoit estoit peu. Or si cette actiõ est pie, saincte, religieuse & priuilegee, il semble qu'en doubter, ce seroit ignorer le droit naturel, diuin & humain. Car de toutes les notions communes, imprimees par la nature en l'esprit des hommes, qui les cõduisent comme vne lumiere interieure qui luit en eux à la pieté, il n'y en a point qui se manifeste si euidemment, que le soing que tous les hommes en general & chacun d'eux, ont à la conseruation de la

[a] *c. 1. & ibi abb. de cohabitatione cleric. & mul. c. vt super de bonis eccles. non alienand. 86. quæst. c. quiescamus.*

pudicité & chasteté des femmes. Aussi la nature en a-elle graué les preceptes, non seulemẽt aux choses viuantes & animées, mais mesmes aux mortes. Car nous voyons par experience, & Pline l'a ainsi obserué, *Virorum cadauera supina fluctuare, mulierum vero prona, quasi pudori deffunctarum etiam parcente natura*, tant le vœu & instinct de la nature est grand, tant son soing est exquis & euident à conseruer la pudeur de ce sexe, auquel consiste son principal ornement. Que lon cõsidere la police de tous les peuples du monde, on ne trouuera point qu'il y ait aucune partie de leur gouuernement en laquelle tous ayẽt esté si cõformes qu'à conseruer l'honneur de ce sexe, comme estimãt qu'en iceluy gisoit la seule esperance de la prorogation du genre humain, la conseruation des familles, la certitude des successions, & le fondement de toutes bõnes mœurs. *Pudicitia*, disoit Tertullian, *flos morum, honor corporum, decor sexum, integritas sanguinis, fides generis, fundamentum sanctitatis, praeiudicium omnis bonae mentis*. Or le plus grand ennemy de la pudicité, c'est la pauureté & la necessité, ἀπὸ τῆς ἀνάγκης πόλλα ποιοῦσι κακά, dict Menander. C'est pourquoy dãs Terence ce vertueux & ingenu Pamphile s'affligeant de la fortune de la fille qu'il aymoit, disoit, *bene & pudice doctum, & eductum, sinam coactum egestate ingenium immutarier:* & sainct Ambroise loüant & recommandant la charité de ceux qui eslargissoient leurs biens pour ayder à colloquer en mariage les filles, que cela estoit *subtrahere turpitudini fœminas.* De là vient que par les villes Chrestiennes on voit tant de belles institutions, tant de Monts de pieté erigez pour cest effet, où la religion des hommes a deposé des tresors publics pour ayder à marier les filles. Les grandes familles à Gennes en ont chacun vn particulier, reconnoissans assés que si la pauureté n'est recouruë de la charité, elle est contraincte de passer à des alliances fort inegales, & perd l'honneur de la famille où elle est née, & quelque chose auec de l'opinion de sa pudicité; tesmoin celuy dans Plaute, qui ne vouloit pas marier sa sœur, pource qu'il n'auoit pas moyen de la doter, bien que de grands & opulens citoyens la demandassent sans dot,

Me meam germanam in concubinatu tibi,
Sic sine dote dedisse magis quam in matrimonium.

Et pource si le deffunct se voyant pres de sa fin est entré en cette cogitation: Si n'ayant point d'enfans il a songé à l'honneur de ses pauures niepces. Si à quatre filles à marier il a donné quelque peu de secours & d'aumosne, douterez-vous s'il a fait pieusemẽt, s'il a fait religieusement? Quand les viuans s'en tairoient, les morts en parleroient cõme ils ont fait autresfois. Nous lisons en Cedrenus que le Philosophe Euagrius ayãt deposé entre les mains de Sinesius Euesque d'Alexandrie, trois cens liures d'or, pour les employer en certaines œuures pies apres sa mort, il se trouua vn certificat escrit & signé de sa main, par lequel il asseuroit qu'il auoit receu au ciel le centuple de cette sienne liberalité. Il n'y a dõc point de doubte que cette action ne merite le nom & le tiltre de pieté, & noz loix ciuiles mesmes la leur donne [a]. Et la plus-part de noz Iurisconsultes ont decidé que generalement & vniuersellement *causa dotis pia erat*, & iouyssoit du priuilege deub à la pieté; mais particulierement quand la proximité & la pauureté concurrent, il ne s'en trouue vn seul qui en ait osé doubter. A quoy il faut encores adjouster qu'elle est conjoincte à vne autre cause pie, qui est celle de l'hospital, laquelle luy redouble sa force; estant certain que les dispositions mesmes qui de soy se trouuent aucunemẽt manques & imparfaictes, sont neantmoins

[a] *l. cum is qui ff. de cond. inde.*

validees & raffermies par l'interuention & compagnie de la cause pie [a]. Ce que toutesfois le demandeur remonstre par exuberance de raisons, car il soustient qu'il a esté satisfait, & à la forme & au desir du statut. Que le deffendeur doncques laisse en paix la memoire du deffunct son oncle, qu'il le laisse ioüir du repos que luy a acquis vn œuure si charitable & si vertueux, qu'il ne noircisse point son nom de la fraude qu'il luy veut imputer, d'auoir voulu tromper ses pauures niepces, & par vn acte nul *properantes earum necessitates eludere*: qu'il se contẽte d'auoir esté nourry & esleué par le deffunct, que par son moyen, sa peine, sa despence & son industrie, il a recueilly toute la succession de la maison de Iustas, par son testament il a esté honoré du tiltre de son heritier vniuersel, & ce faisant que luy qui n'a que deux enfans masles, profite de cette succesion deux fois autant que le demandeur & sept petits enfans qu'il a. Qu'il considere que quand les quatre filles du demandeur demeureroient miserables, destituees de moyen, & subiectes aux opprobres que tire apres soy la pauureté, vne partie de la honte redonderoit sur luy, puis qu'elles portent son nom. Et pource le demandeur s'asseure que la Cour, sans auoir

[a] *DD. in l. 1. C. de Sacr. Eccles.*

esgard aux lettres, mettra l'appellation au neant, & luy adjugera les fins & conclusions par luy prises.

Le deffendeur pour dupliques respondoit: Que quelques artificieuses couleurs dont le demandeur ait voulu peindre sa cause, il n'auoit sçeu si bien faire, que sa captation & subornation ne parust euidente: Puis que desia elle demeure conuaincuë par sa propre main, par le testamẽt qu'il auoit luy mesmes escrit, pour exclure entieremẽt le deffendeur. Par où lon voit auec quel front il veut aujourd'huy pretendre vne egalité, luy qui a desia eu toute la succession du pere, & qui vouloit auoir toute la succession de l'oncle par le testamẽt qu'il auoit dressé, & qui l'auroit encor si ses donations auoient lieu. Cette égalité est fauorable où les qualitez & merites sont égaux; mais en ce fait-cy, *quid esset æqualitate illa iniquius*: Le demandeur a demeuré toute sa vie en sa maison à mesnager la succession de son pere, qu'il a toute euë. Le deffendeur a toute sa vie vacqué parmy le mõde & sollicité des procés pour le deffunct; & se peut dire que s'il y a quelque bien en cette maison, c'est par son trauail & sollicitude qu'il y est. La iustice distributiue, de laquelle depend la remuneration ne consiste pas en proportion numerale & arithmetique, qui diuisant vne chose en deux, la distribuë par égales portions, elle est totalement geometrique, qui ne regarde pas le nombre des personnes, mais leur merite, estimãt la vraye égalité, celle de la proportion d'iceux auec la remuneration. Puis qu'il n'y a donc point de proportion des seruices du demandeur auec ceux du defendeur, qu'il cesse de se vouloir égaler à luy. C'est aussi fort mal à propos de vouloir transferer en ceste cause la faueur des dispositions égales d'vn pere enuers ses enfans: Pource premierement que les parties ne sont pas enfans, & ne s'agist pas de la volonté d'vn pere, qui est le fondement de cette resolution. D'autant que lon presume, comme il est porté par la nouuelle de l'Empereur Leon, & que l'obligation naturelle y est, que les peres aiment également leurs enfans. Secondement, cela ne se practique sinon quand les vns & les autres sont cõpris également en la derniere volonté. Or icy elle n'est qu'en faueur du defendeur seul. Mais si on veut opposer vn contract entre vifs à vne derniere volonté, il faut qu'elle soit entierement solennelle, aussi bien pour le fils que pour les autres [a]. Que sera-ce donc au

[a] *l. data. C. de donationib.*

fait d'vn nepueu tel que celuy-cy? & contre vn nepueu tel que cestuy-cy? où pourra-on emprunter en ce fait de la faueur pour se couurir du deffaut de sa solennité? De vouloir dire que l'ordõnance des insinuations a couuert la forme du statut, cela est entierement impertinent: Car l'ordonnance est du tout differente du statut, soit en sa forme, soit en son effect. En la forme, pource qu'elle veut les donations faictes & parfaites estre insinuees au greffe des sieges du domicile de toutes les parties, ensemble du lieu où les choses immeubles sont assises: & le statut requiert seulement en la confection de la donation, la présence & approbation des personnes y designez. Pour l'effect, la principale intention de l'ordonnance est dirigee à pouruoir au droict des creanciers, afin que par vn tiltre, lequel se peut aisément simuler, ils ne soient trompez, & qu'on ne transfere & destourne le droict des choses sur lesquelles ils ont desia hypothecque, ou celles sur lesquelles ils l'auront puis-apres. Pretendre donc qu'vne chose qui est si differente soit la mesme, cela est hors de tout discours. Et de vouloir dire que l'ordonnance qui a apporté plus de solennité aux donations ait remise celle qui estoit auparauãt, c'est se moquer: Ioint

Ioint que la vertu du statut est telle, qu'on n'y peut deroger que par clause particuliere & speciale: car estant vne disposition locale, specifique, & ordinairement contraire à la loy generalle, la loy n'est estimee y deroger, que quand ell'en faict particuliere mention [a]. A quoy il faut encores adiouster que la nature des loix & leur proprieté est celle-là, que quand il en suruient vne nouuelle, elle n'est censee deroger à la premiere, sinon qu'elle soit incompatible auec elle, & introduise vne disposition qui ne peut subsister auec la precedãte [b]. Mais quand toutes deux sont compatibles, tant s'en faut que la derniere abroge la premiere, qu'au contraire elle la confirme & s'interprette par elle [c]. Cette excuse ne pouuant donc seruir au demandeur, il reste à examiner les deux autres poincts sur lesquels il faict son principal fondement, sçauoir si ses donations se peuuent dire causes pies, se peuuent dire exemptes de la forme requise par le statut. Pour la premiere donation des trois cens escus, la chose est sans difficulté, non seulement elle n'a aucune cause pie, mais vne fauce cause d'vn droit que le donateur estimoit appartenir au demandeur. Et de se penser excuser de cette supposition, en disant que le deffunct sça-

a *Barth. in l. sciendum ff. qui satis. cog.*

b *vlt. C. de const. prin.*

c *l. sed & posteriores ff. de leg.*

uoit bien que ce droit n'appartenoit point au demãdeur, il y a deux raisons qui destruisent cette opinion. Premierement, pource qu'il est croyable que si cette donation n'eust esté fondee que sur la pure liberalité, le donateur n'en eust point voulu perdre la gloire, & choisir plustost vn tiltre qui faisoit croire qu'il faisoit cela d'obligation, que celuy qui monstroit qu'il le faisoit de munificence. Secondement, il a monstré par son testament que depuis il auoit esté instruit à qui appartenoit ce droit. Car par iceluy il en a legué la recompense à d'autres. Mais venons à la seconde donation, & sur le subjet d'icelle discutons ces deux poincts, & voyons comme ils s'y peuuent adapter. Le demandeur pour fonder son intention veut premierement establir cette maxime, que toute dispositiõ faicte pour marier des filles est censee estre pour cause pie, & n'est point subjecte aux solennitez du droit, & apres monstrer que celle-cy est de cette nature. Il a raison de dire que la pieté procede de la nature, & que c'est vne commune opinion qu'elle a versee aux esprits des hommes, qui leur a engendré ces communes affections, & entre autres celle de conseruer la pudicité des femmes. Mais il n'a pas raison de dire, que tous les peuples vniuersellement, ny que tous les hommes sages ayent estimé que le moyen de conseruer la pudeur, la modestie en ce sexe, ce fust de luy donner des biens & des commoditez. Au contraire il se peut faire vne grande & longue enumeration de peuples qui ont detesté les dots, comme la vraye corruptele des mœurs, comme le poison de la pudicité, comme l'ennemy de la vertu, comme la ruine du repos familier & domestic. Les Sophites dans Arrianus, les Grecs dans Aristote, & Plutarque en la vie de Solon, les anciens Prouençaux en Strabon, les Germains dans Tacite, & les Gaulois dans Cesar, non seulement ne donnoient point de dot aux femmes, mais au contraire l'homme qui la prenoit le luy donnoit. Platon en son sixiesme liure des loix estime qu'en vne republique bien ordonnee, lon ne doibt point permettre que les femmes soient dottees, & l'ordonnance mesmes de cest estat & de toutes les republiques voisines ont auec beaucoup de soing trauaillé de reduire les dots au plus bas poinct qu'il seroit possible, iugeant auec vne grande & euidente raison, que l'opulence des femmes, estoit la semence de tout le debordement qui naissoit dans les familles. Ce que nous voyons naiuement representé sur le theatre de la vie ciuile, qui est la comedie, où les Poëtes espluchans les vices domestiques, & tares qui sont aux familles, remarquent que c'en est là vne des principales. C'est pourquoy Plaute [a] introduit vn qui se veut marier auec la fille de son voisin pauure & sans dot, & rend raison de son dessein.

a In Aulularia.

Namque indotata, ea est in potestate viri,
Dotatæ mactant & malo & damno viros.

Vn autre dans le mesme Poëte qui n'auoit pas pris cet aduis, ne mit guieres à s'en repentir disant,

Argentum accepi dote imperium vendidi.

Au contraire parmy la pauureté Rommaine, la vertu & la pudicité estoit asseuree dans les maisons,

Præstabat castas humilis fortuna sabinas.
Dos erat magna parentium
Virtus, & metuens alterius viri
Certo fœdere castitas.

C'est pourquoy cette pudique matrone se glorifiant dans le comique de sa vertu & pudicité disoit,

Non mihi illam dotem dico quæ dos dicitur,
Sed pudicitiam & pudorem, & sedatum cupidinem.

Mais maintenant que *luxuria incubuit victúque vlciscitur orbem*, que les mariages s'estiment par l'argent, que *de moribus vltima sit quæstio*, & que pour plus grand ornement des nopces *— lance beata*

Dacicus, & scripto radiat germanicus auro.
Dum diues sit nullum vitium vitio vertitur.
Nullum crimẽ abest facinusque cupidinis, ex quo
Paupertas Romana perit.

Ce n'est dõc point fauoriser la pieté, ce n'est point la vouloir introduire dãs les republiques, que de procurer des cõmoditez pour les mariages des filles. Mais donnons neãtmoins cours à cette opiniõ vulgaire, & passons pour maxime que les dots soient fauorables, & qu'ils ayent leur origine de la pieté. Pourra-on puis apres conclurre que toutes donatiõs faictes pour causes pies ne soient point subjectes aux formalitez, soit des insinuations ou autres, veu que le texte de la loy [a] est tout au contraire, lequel veut que depuis qu'elles passent cinq cens escus à quelque œuure pie qu'elles soient faictes, qu'elles soient insinuees, sans que cette loy se trouue auoir iamais esté ny reuoquee ny moderee ? Quant à ce que lon a voulu que par la loy derniere *de iure dotium*, les dots particulierement soient exempts & immunes de la solennité de l'insinuation, cela s'entend du dot qui est precisément constitué par le contract de mariage, & qui est

[a] *l. illud C. de sacrosanctis ecclesiis.*

donné par celuy qui est tenu de doter. Et pour le regard de l'estranger, seulement iusques à certaine quãtité. Au bout nostre vray droit & nostre plus certaine legislation, est-ce pas celle des ordonnances de noz Roys? entre lesquelles celle de Moulins qui a esté faicte par l'aduis des plus sages hommes de ce Royaume, n'egale-elle pas les donations en faueur de mariage en tout & par tout aux autres? Mais qu'a de commun cela auec le statut, qui ne parle pas de la simple insinuation de droit, mais d'vne forme particuliere par iceluy introduicte generalement en toutes donations, auec expresse sanction de nullité contre le deffaut d'icelle? Or quand toutes ces maximes & illations seroient vrayes iusques à là, comment les pourroit-on maintenant appliquer à l'hypotese de cette cause, & montrer que cette donation ait esté faicte pour marier des filles, que ce soit esté la cause impulsiue de cette donatiõ? car pour iouyr du priuilege de la cause pie, il le faudroit iustifier. Toutes choses y resistent, premierement la personne à qui est faicte la donation, car ell'est conceuë en la personne du demandeur seul. Secondemẽt elle n'est pas faicte seulement pour luy aider à marier ses filles, mais à auancer ses autres enſans indiſtinctement. En troiſieſme lieu, elle n'a aucune clauſe ny obligatoire au demandeur d'employer là cette donation, ny reuocatoire en cas de contrauention, ce qui ſeroit neceſſaire. Car puis que la cauſe eſt impulſiue, il faut qu'elle ait ſon effect certain, & lors que l'effect vient à mãquer, elle ceſſe auſſi d'operer. Or la donation qui eſt faicte au demandeur contient pluſieurs cauſes impulſiues, toutes exprimees par le donateur. La premiere & ſeule ſuffiſante, ſa liberalité : la ſeconde pour luy donner moyen de faire ſeruice au donnant. Tellement que lon voit que les autres qui ont eſté adiouſtees ne ſont que pour accompagner les precedantes, & par conſequent ne ſont ny principales ny impulſiues. Mais accordons qu'elle ſoit ſeule principale & impulſiue, accordons que la cauſe de dot ſoit cenſee pie, diſpenſee de toutes ſolennitez, pour cela la cauſe du demandeur ſera-elle bonne? non. Car tous les Docteurs qui ont traicté cette matiere reſoluent que la donation pour cauſe de dot n'eſt cenſee pie pour eſtre ſolue & eximee du ioug des formes & ſolennitez, ſinon quand ell'eſt faicte pour doter de pauures filles, qui n'ont nul moyen d'ailleurs [a]. Or le demandeur ne ſe peut pas dire de cette qualité,

a Iohannes Royas in epitome ſucc. c. 33. nu. Albericus l. de ſtatutis c. 91. Campegius de dote num. Boſcheus de nuptiis lib. 6. c. 33. Baldus nouell. de dote part. 5. nu. 3. Bonicaſſius in tractatu de paupertate quæſt. 5. num. 9.

luy qui a esté seul heritier d'vne bonne & ample maison, qui a exclus tous ses freres de la succession de son pere auec vn petit legs. Quand il est question de iuger la pauureté, il ne la faut pas iuger par cõparaison des autres estrangers. Car il n'y a riche qui ne se trouuast pauure en regardant vn plus riche que soy. Mais il la faut iuger par cõparaison des autres plus miserables que soy, ou pour le moins par comparaison de ceux desquels nous sommes sortis. Que si nous sommes aussi riches qu'eux, dequoy nous pouuons-nous plaindre? Le demandeur a tout le bien de la maison d'où il est né, se peut-il dire pauure sans offencer la nature & la fortune? Voyant que de son chef il n'a moyen d'estançonner cette cause, il a voulu emprunter la faueur d'autruy, & voulu soustenir que sa donation estant nulle doibt estre neantmoins validee par la concurrence des pauures, pource que par le mesme acte il est donné à l'hospital. Raison sans raison, & qui ne merite du tout point de responce. Car outre que la commune opinion de tous les docteurs est que la faueur de la cause pie ne profite iamais à ceux qui ne sont pas *in eadem causa*, selon les authoritez qui sont rapportees par le Clarus [a]. Ceux mesmes qui ont tenu l'opinion

[a] *in §. testam. nu.*

contraire, l'ont limitee en vn cas qui est en vn testament où la cause pie est instituee, & qu'il est legué à d'autres, ou bien en vne donation où la cause pie est chargee de faire & donner quelque chose ; car en ce cas il seroit entierement hors de raison, que la cause pie receuant la liberalité du deffunct par vne faueur particuliere de la loy, se voulut exempter de la charge annexee à cette liberalité, & auoir plus de priuilege succedant en vertu d'vn testament ou contract imparfait, que si elle mesuroit son droit d'vn acte entierement accomply & parfait.

A cela derechef, le demandeur repliquoit qu'en vain le deffendeur vouloit par ses subtilitez renuerser vne reigle qui est confirmee par la commune opiniõ de tous les Docteurs, & laquelle est appliquee en ce fait-cy auec vne manifeste equité, tant pour le salut de l'ame du deffunct, que pour l'honneur de sa famille. Et se trouuera la cause du deffendeur si mauuaise, que quãd on luy accorderoit ce qu'il a tant de peine de monstrer, que cette donation ne peut subsister par la rigueur de l'ordonnance ou du statut ; toutesfois sa condition en seroit pire. Car il ne peut pas faire par toutes ces raisons, que le demandeur ne soit nepueu du deffunct, comme il ne peut pas que ces quatre pauures filles ne fussent ses petites niepces : que par consequent la loy de nature, l'honneur du monde, ne l'obligeast d'en auoir soing & de leur bien faire. Il ne peut pas faire qu'on ne connoisse par ses donations, la volõté que le testateur auoit de leur bien faire. Il ne peut pas faire partant, que par ce testament on ne connoisse plus clair que le iour, que la seule occasion pour laquelle il a laissé à tous ses autres neueux & niepces qu'il aimoit moins & auoit occasion de moins aimer, & n'a rien laissé au demandeur, ç'a esté qu'il a creu auoir pourueu au demandeur par cette donatiõ, laquelle il a estimee bonne, comme dit la loy, *nemo præsumitur genus testandi eligere ad infirmanda sua iudicia.* Posons (bien qu'il ne soit pas vray) qu'il se soit trompé, cette fausse opinion aura-elle pas esté cause qu'il a laissé le deffendeur seul heritier, & a obmis à disposer au profit du demandeur qui estoit en égal degré? En ce cas, que veut la loy, sinon que les choses soyent reduittes abintestat? Car bien qu'anciennement par la subtilité de la loy, cette fausse opinion ne nuisist rien à la disposition du testateur, & n'empeschast point l'effect de l'institution; toutesfois les Empereurs meuz d'vne euidente equité, ont resolu tout le contraire. L'exemple en est rapporté par Paulus [a], la mere ayant eu nouuelle que son fils estoit mort à la guerre, auoit institué d'autres heritiers, le testament ne fut pas cassé, car il faut croire que lors la preterition de la mere ne rendoit pas nul le testament, mais le fils r'entra en son droit hereditaire, à la charge d'acquitter les charges du testament. Comme si l'Empereur eust voulu dire, que puis que cela arriue par erreur, il suffisoit de reduire les choses aux termes ausquels il est croyable que la mere elle mesme les eust mises, si elle n'eust point esté trompee de cette fausse opinion. Et à fin que lon ne die point que la qualité de la mere en cela ait apporté quelque poids à cette decision, les Empereurs & le mesme Iurisconsulte apres en ont resolu le semblable *in extraneo, Pactumeius Androsthenes*, ayant institué, *Pactumeiam filiam Pactumei magni*, & sur vn faux aduis qu'il auoit eu ayant changé son testament & institué vn autre, les Empereurs casserent la seconde institution & releuerent la premiere [b], introduisant par là cette reigle, que ce qui aduient par l'erreur du testateur, en sa disposition cõtre sa volonté, se doibt reparer par l'equité. Et pourrions dire, que nous som-

a *In l. cum mater ff. de inofficioso testamento.*

b *l. pactumeius. ff. de hære. inst.*

mes proprement en ce cas aux termes de la loy [a], où il est dit, que *si testator conditionem destinans addere institutioni non addidit, institutionem non valere.* Et pour cet effect, les Iurisconsultes ont introduit l'exception de dol cōtre l'heritier, lequel se voulant attacher à la subtilité du droict, voudroit frustrer l'apparante volonté du deffunct [b]. Ce faisant que pourroit operer la pretendue nullité de ses donations, sinon que faire que le demandeur succedast par égales portions auec le deffendeur? ce que ne voulant pas accorder (aussi luy seroit-il trop desaduantageux) il faut qu'il accorde l'effect des donations.

[a] *§. tantumdem Marcellus de hered. instituendis.*

[b] *l. cum tale §. falsa causa ff. de cond. & de.*

Les parties ayans esté ouyes en iugement, par arrest auroit esté ordonné que sur toutes leurs fins & conclusions, elles escriroient & produiroient ce que bon leur sembleroit dans trois iours, à quoy elles auroient de part & d'autre satisfait. Et depuis en iugeant le procés, le demandeur ayant esté mandé sur quelques offres qu'il auoit faictes au procés, d'accepter au lieu de sa donation la moitié du droit hereditaire que son frere auoit par le testament du deffunct;

& ce faiſant luy communiquer de ſa part tout ce qu'il auoit eu de la ſucceßion de leur pere commun, auroit eſté ordonné que ces offres ſeroient communiquees au deffendeur, qui ne les auroit voulu accepter. Tout veu & diligemment examiné, LA Cour par ſon iugement & arreſt, ſans auoir eſgard à la clauſe appoſee aux lettres, a mis l'appellation au neant: Ordonne que ce dont a eſté appellé ſortira ſon plein & entier effect. Et au principal, ordonne que le demandeur iouyra du contenu aux donations dont eſt queſtion, ſans reſtitution toutesfois par le deffendeur de fruicts, intereſts ne deſpens.

SVR LA QVESTION, SI LE TESTATEVR PEVT FAIRE que les fruicts pris par les enfans du premier degré, soyent en quelque cas imputez en leur legitime.

PROCES s'est meu pardeuant la Cour, entre Melchion de Faret heritier de deffuncte Dame Claire de Meynier, en son viuant femme du Visconte de Porieres demandeur, à fin d'auoir adiudication de la part & portion des biens qui appartenoient à ladite Claire de Meynier en la succeßion de Dame Ieanne de Vintemille sa mere, ensemble supplément de legitime sur les biens de deffunct Meßire Iehan de Meynier, Baron d'Oppede, & premier President en la Cour de ceans son pere, auec restitution de fruicts d'vne part: Et Iean Forbin sieur de la Fare, comme pere & legitime administrateur de Vincens Anne de Meynier, dict Forbin, Baron d'Oppede son fils deffendeur d'autre.

AVquel proces le demandeur disoit, que pour le faict les parties demeuroient d'accord, & resultoit par les pieces, que du mariage du sieur President d'Oppede & Dame Iehanne de Vintemille n'estoient yssues que deux filles, Claire & Anne de Meynier. Claire fut colloquee en mariage auec le Viscōte de Porieres dés l'an 1543. & par le contract de mariage le sieur President d'Oppede luy donna en dot la somme de quinze cens escus & la terre d'Aigalades. Et ce pour tous droicts paternels & maternels, ausquels elle renonça, & iceux cedda à l'heritier qui deuoit estre d'iceluy sieur President, auec serment, & autres clauses accoustumees. Depuis & en l'an 1546. voulant le sieur President d'Oppede pouruoir à sa succession, & maintenir le lustre & splēdeur de sa famille, fit son testament; & par iceluy entr'autres choses au cas qu'il decedast laissāt des enfans masles, laissa à sa fille Claire Dame de Porieres par droit d'institution le dot qui luy auoit esté donné, & outre la somme de mil escus à vne fois payer: & en cas qu'il decedast sans enfans masles, luy laissa l'vsufruit de tous les biens qu'il auoit au Conté de Venisse, excepté la terre d'Oppede, qui appartiendroit à son heritier, à la charge qu'elle ne pourroit rien demander en ses biens & succession pour quelque droit & cause que ce fust, & en cas de contrauention la priue elle & les siens de ce qu'il luy auoit laissé, & luy laisse seulement le dot qu'il luy auoit constitué, & dix escus pour vne fois. Il faict vn semblable legs à damoiselle Anne de Meynier, femme du sieur President de Lauris de l'vsufruit des biens de Prouence, declarant expressément que c'estoit pour tous droicts, mesmes pour ceux qu'elle pouuoit pretendre en la succession de sa mere : veut qu'elles payent les debtes, l'vne celles de Prouence, l'autre celles du Contat; & en cas qu'elles fussent si grandes qu'icelles payées elles n'eussent pas leur legitime, que ce qui defaudra de leur legitime soit repeté sur son heritier: & au surplus de tous ses biens, il institue son heritier son aisné masle ; & au cas qu'il n'en ait point, l'aisné de la dame de Porieres; & en cas qu'elle decedast sans enfans masles, l'aisné de la Dame de Lauris, auec substitutions aux descendans masles de l'vn à l'autre à perpetuité, & prohibitions d'aliener ou detraire aucune chose ; ce qu'il dit luy estre permis, pour ce que ses heritiers ne sont point enfans du premier degré. L'an cinquante-trois ensuiuāt, estant en l'affliction

que

que chacun sçait, il faict vn autre testament confirmatif du premier, & declare d'abondant qu'il faict son heritier le premier enfant masle qu'il aura au temps de son deces; & en cas qu'il decede sans enfans, le plus ancien fils masle de la dame de Porieres qui suruiura lors du deces de luy testateur; & en cas que ladite dame de Porieres decedast sans enfans masles, il faict son heritier vniuersel Claude fils d'Anne de Meynier dame de Lauris, auec les substitutions, conditiõs, charges & qualitez apposees au premier testament qu'il confirme en tous ses chefs. Estant decedé en cette volonté l'an 1558. Claude fils de la dame de Lauris presenta requeste afin d'estre mis en possession des biens, comme estant seul heritier, attendu que la dame de Porieres n'auoit aucuns enfans. La dame de Porieres l'empescha, disant qu'il n'estoit appellé sinon en cas qu'elle mourust sans enfans, par consequent iusques à son deces il ne pouuoit rien pretendre aux biens, pouuant aduenir & qu'elle auroit des enfans, & que luy mourroit auant elle, & par consequent qu'elle deuoit demeurer en possession des biens iusques à ce que la condition fust aduenuë. Ce differend ayant esté longuement agité entre les parties, qui toutes declaroient & protestoient ne vouloir en rien contreuenir à la volonté du deffunct, en fin le proces ayant esté euocqué au Parlement de Grenoble Arrest s'en ensuiuit l'an 1566. par lequel la Cour declare qu'il n'y a lieu quant à present de mettre Claude fils d'Anne en possession, & que cependant & iusques à ce que Claire de Meynier decede sans enfans masles, ou bien que d'elle soit né vn enfant masle, icelle Claire & Anne sa sœur iouïront des biens & hoirie du deffunct, & feront chacune les fruicts de l'hoirie siens par egales portions, à la charge d'acquitter sur l'hoirie & fruicts d'icelle les charges hereditaires, autres que celles dont elles estoiét chargees à cause de l'vsufruit à elles legué. Le tout sans preiudice du droit de legitime & autres par lesdites parties pretenduz. Ayant chacune d'elles respectiuemét iouy des biens, suiuant cet arrest iusques en l'an 1579. Claire de Meynier dame de Porieres decede laissant son mary son heritier, lequel elle chargea de restituer sa succession au demandeur, priant l'vn & l'autre de laisser iouyr Claude de Perussis des biens du sieur President d'Oppede, sauf à eux de poursuiure son droit de legitime sur iceux & la part & portion à elle afferante en la succession de sa mere. Depuis Melchion Faret demandeur ayant par Arrest de cette Cour de l'an 1595. esté declaré heritier fideicommissaire de la dame de Porieres, en executiõ d'iceluy auroit presenté requeste afin qu'il luy fust permis de faire appeller le sieur de la FARE & Vincẽt de MEYNIER sieur d'Oppede son fils, comme heritiers & detenteurs des biens du deffunct President d'Oppede & Iehanne de Vintemille sa premiere femme, pour se voir condamner à luy rendre la moitié des biens de ladite dame, & luy payer supplément de legitime sur les biens du deffunct President d'Oppede auec restitution de fruicts. Et pource qu'il se doubtoit bien qu'on luy vouloit objecter le laps du temps qui auoit couru durant les troubles, auroit incidemment obtenu lettres pour en estre releué. A quoy il se disoit estre indubitablement bien fondé, puis que d'vn costé il estoit heritier de la dame de Porieres, laquelle estoit fille d'iceux President d'Oppede & dame Ieanne de Vintemille sa femme, & qui par consequent auoit droit de legitime aux biens de son pere qui auoit testé, & la moitié en la succession de sa mere qui estoit decedee ab intestat, & que d'autre costé le deffendeur possedoit tous les biens de l'vne & l'autre ſucceſſion, fors ce peu qui auoit eſté baillé en mariage à la dame de Porieres dont il offroit faire deduction. Et ne pourroit ſeruir au deffendeur ſ'il vouloit dire que cette action fuſt preſcrite par le laps du temps qui a coulé depuis le deces du ſieur Preſident d'Oppede iuſques à la demande, qui eſt enuiron trente huict ans, tant pour ce que le demandeur en eſt releué à cauſe des troubles qui ont couru, que pource que de diſpoſition de droit, cette action ne peut eſtre preſcrite par les premiers heritiers, moins contre la dame de Porieres qui a touſiours eſté en puiſſance de mary, & moins encor pendant les proces qui ont duré longuement pour ſçauoir à qui la ſucceſſion vniuerſelle appartiendroit ſuiuant la vulgaire diſpoſition de la loy. Auſſi peu encores luy pourroit ſeruir les approbatiõs qu'on pretend auoir eſté faictes par la dame d'Oppede de la volonté de ſon pere. Car nonobſtant icelles la loy veut que la legitime ſoit ſupplee aux enfans. Ioint que nonobſtant toutes ces approbations-la, par arreſt de Grenoble, cette legitime a eſté reſeruee à la dame de Porieres. Que ſi on vouloit dire qu'en tout cas ell'en eſt plus que payee par la iouyſſance qu'elle a faicte des fruicts de l'heritage, tant en vertu de ſon legs, que de l'Arreſt de Grenoble, la reſponce y eſt prompte, qu'il faut que la legitime ſoit ſupplee en corps hereditaire & de la ſubſtance du deffunct, comme l'ordonne l'Empereur [a], eſtãt certain que lors que les enfans recueillent quelques fruicts de l'heritage de leur pere, ils ne leur ſont iamais imputez au principal de leur legitime [b]. Au moyen dequoy il perſiſtoit en ſa demande & requeroit deſpens.

Le deffendeur au contraire diſoit, que c'eſt fort iudicieuſement que Valere parlant du teſtament l'appella *actum præcipuæ curæ & vltimi temporis*. Car comme dit le Stoique Latin, *cum in ipſo vitæ fine conſtituti ſumus cum teſtamentum ordinamus, quãtum temporis conſumitur, quandiu ſecreto agitur, quantum & quibus demus. Nunquam magis iudicia noſtra torquemus, quam vbi remotis vtilitatibus ante oculos honeſtum ſtetit.* Mais comme cette eſpineuſe ſollicitude point plus auant noſtre ame qu'aucune autre de noz cogitations, auſſi l'eſperance que nous auons que ce que nous ordonnons ſi ſoigneuſemẽt pour le bien de noſtre poſterité & l'honneur de noz familles ſera religieuſement obſerué, conſole plus viuement noſtre infirmité qu'autre choſe que nous puiſſions conceuoir. *Imo* diſoit Quintilian le declamateur,

a *l. ſcimus § ſancimus C. de inoff. teſt. authe de trien. & ſem. §. prohibemus.*

b *l. iubemus C. ad S. Trebell.*

Vnicum solatium mortis, est voluntas vltra mortem. Ce que Pindare exprime encor mieux quand il dit que celuy a bien la mort plus douce & plus belle, qui mourant laisse à sa chere posterité la succession de son nom, mesmes quand il est illustre & honorable. C'est à quoy a aspiré & dirigé ses premieres pensees ce grand personnage des biens duquel il s'agist auiourd'huy. Car apres auoir vescu fort long temps en la lumiere du monde, & passé le cours de ses iours en la carriere des plus hauts honneurs de sa profession, songeant de bonne heure à clorre honorablement la periode de sa vie, il fit auec beaucoup de soing, beaucoup de deliberation & de sollicitude son testament, pour affermir par ses sages ordonnances, & transmettre à sa posterité la gloire du nom que sa vertu & celle de ses predecesseurs auoit acquise à sa famille. Et ainsi mouroit-il fort consolé soubs l'asseurance commune que les loix donnent aux mourans de faire religieusement effectuer leurs volontez: & neantmoins voicy auiourd'huy vn estranger, qui s'estant insinué en cette famille vient troubler les ombres de ce grand personnage, renuerser les loix familieres qu'il auoit données à ses descendans, & dissiper s'il peut vne succession que le deffunct a tasché de tout son pouuoir de conseruer vnie & entiere. Et vient pour cet effect quarante ou tant d'années apres sa mort resueiller des contentions que le silence continuel de ses enfans auoit assoupies. Mais les loix ont sagement remparé le repos des maisons contre telles curieuses & visqueuses recherches par l'asseurance des prescriptions, comme par vne forte & large trenchee, par laquelle elles excluēt telles demandes de l'entree mesmes des iugemens. Car pour le regard de la demande qu'on faict pour les biens maternels, il est bien sans doubte que l'action n'en peut durer que trente ans, qui sont les bornes qui ont esté plantees pour terminer le cours d'vne telle poursuitte [a]. Quant au supplement beaucoup ont tenu que deriuant d'vne mesme source que la querelle d'inofficiosité, l'action n'en pouuoit durer dauantage de cinq ans, mais quand le demādeur prendra tout ce qui est plus fauorable pour luy, tousiours faudra-il qu'il confesse qu'elle ne peut passer plus outre que le mesme espace de trente ans, comme sont d'accord tous les docteurs [b]. Tellement que le President d'Oppede estāt decedé dés l'an 1558. & la demande des droicts dont est questiō n'ayant esté faicte qu'en l'an 1595. il a cou-

a l. 3. iūcta glo. C. de pr. 30. vol. 40. ann.

b In l. si quis filium C. de inoff. Angl. in l. Papinia.

eu trente-ſept ans tous entiers, qui ont abſorbé ſes actions. Puis qu'ainſi eſt que toutes les choſes du monde ont vn eſtre borné, vn temps prefix par la nature, apres lequel de ſoy-meſmes elles meurent, deperiſſent & laiſſent d'eſtre, il eſtoit bien neceſſaire auſſi que les actiõs iudiciaires qui sont introduictes par les loix euſſent leur vie bornee. Car autrement au lieu qu'elles ſont inuentees pour entretenir le repos en la ſocieté ciuile, & rendre à vn chacun ce qui luy appartient, elles ne ſeruiroient qu'a produire du trouble, & donner moyen aux vitiligateurs & chiquaneurs d'embler le bien d'autruy dans l'obſcurité des tenebres que la longueur du temps & le changemẽt des affaires charrient continuellement dãs les grandes familles. On ne ſçauroit doncques aſſez loüer la ſage prouidence des legiſlateurs qui ont planté cette barriere de preſcription contre l'opiniaſtre & inuincible ardeur des plaideurs, preſcription de laquelle on peut dire que tous les peuples tiennent & releuent tout leur heur, leur bien & leur repos. Qui faict cognoiſtre que c'eſt bien à tres-iuſte tiltre que Caſſiodore la nomme *patronam generis humani*, comme voulant dire que ſans elle les fortunes des hommes demeureroient expoſees à toutes ſortes d'iniures,ſans auoir moyen de ſ'en garentir. En quoy il ſ'eſt rencontré en la meſme conception qu'auoit faict cet autre qui elegamment l'auoit appellee *finem litium & ſollicitudinis*,qui luy auoit attribué le principal tiltre, en vertu duquel nous pouuons dire que nous auons quelque choſe à nous. Puis doncques que les predeceſſeurs du demandeur, meſmes la Dame de Porieres n'a point voulu exercer cette action durant le long temps qu'elle a veſcu; Il ſ'enſuit qu'apres le temps preſcrit par les loix, ſon heritier n'y eſt point receuable. Et ne ſeruiroit ſi on penſoit dire que la preſcription n'auroit point couru durant le temps des premiers heritiers. Car cela eſt bon quand ce premier heritier eſt interpellé,ou par la loy,ou par la volonté du teſtateur à faire quelque choſe & qu'il y contreuient. Mais en ce fait où l'heritier a ſuiuy la volonté du teſtateur,où celuy meſme qui demande y a acquieſcé,on ne peut pretẽdre aucune mauuaiſe foy en l'heritier, & par conſequent qu'il y ait rien qui empeſche la preſcriptiõ. Auſſi peu eſt conſiderable ce que l'on voudroit dire que la Dame de Porieres a touſiours eſté en puiſſance de mary: pource que ce dont il s'agiſt aujourd'huy n'eſtoit point dotal; comme il se voit par son contract de mariage, qui porte certaine constitution. Et moins encor pourroit seruir si lon pensoit dire selon la loy vulgaire *contra maiores*, que durant le temps du premier procés, l'action pour la legitime n'auroit point couru. Car cela ne s'entend que quand les actions sont incompatibles. Mais riẽ n'empeschoit la Dame de Porieres de demander aussi bien son supplément de legitime que son vsufruit, qu'elle a fort bien pris & en a iouy. Si lon pensoit dire aussi que par l'arrest du Parlement de Grenoble, il est reserué aux parties de demander la legitime. La responce resulte clairement du discours du procés, des parolles du testament du sieur d'Oppede, & des termes de l'arrest; car par tout le procés il ne se trouuera point qu'il y ait eu aucune demande de legitime ou supplément d'icelle. Au contraire declaration expresse de la Dame de Porieres, qu'elle n'entendoit nullement contreuenir à la volonté du testateur. Or est-il certain que le Iuge n'est iamais censé reseruer le droit duquel l'on n'a point plaidé pardeuant luy [a]. Tellement que la reserue qui est portee par l'arrest, n'est que celle qui est portee par le testament. Car le testateur auoit voulu que si les debtes payees

a. c. cum dilectus extra. de vend. & empt.

sur l'vsufruict, il se trouuoit que la legitime ne demeurast pas à ses filles, en ce cas ce qui en manqueroit fust repeté sur son heritier, qui est le cas auquel se rapporte l'arrest? cas qui n'est point aduenu, d'autant qu'il est bien certain que la Dame de Porieres, ayant iouy l'espace de vingt deux ans tous entiers de l'vsufruict de la moitié de tous les biens est payee trois fois de sa legitime, & se peut dire auoir eu la valeur de la moitié en fonds de tous les biens. Et pource la reserue portee par l'arrest ne se peut adapter à l'action que lon exerce aujourd'huy, ny interrompre le cours de la prescription qui l'a consumee & deuoree. Ce moyen seul pourroit suffire, mais le deffendeur en a encor vn plus puissant procedant du fait mesmes de la Dame de Porieres de qui le demandeur a droit, laquelle a expressément renõcé aux choses dont il fait aujourd'huy demande, & ce par plusieurs fois. La premiere par son contract de mariage, par lequel moyennant ce qui luy est baillé, elle renonce aux biens maternels, & nommément à tout supplément de legitime, & ce par renonciation iuree, au moyen de laquelle elle n'en peut faire aucune demande suiuant la disposition du droit[a]. Ce qui a esté si fauorablement in-

[a] c. quamuis de pactis in 6.

troduit pour la conſeruation des familles nobles, que quand bien cette renonciation ne ſeroit que generale à tout droit de ſucceſſion, neantmoins elle ſ'eſtendroit au droit de legitime & ſupplément d'icelle [b]. La ſeconde renonciation eſt par l'acceptation expreſſe qu'à fait la Dame de Porieres du laiz à elle fait, à la charge de ne rien demander d'auantage, ny pour biens maternels ny pour droit de legitime. Laquelle acceptation elle a reiteré par diuers actes tous puiſſans & efficaces de ſignifier ſa volonté, & l'obliger à l'execution de celle du teſtateur. Car premierement au procés pẽdant au Parlement de Grenoble, elle a declaré qu'elle n'entendoit nullement contreuenir à la volonté de ſon pere portee par ſon teſtament. Secondement par l'arreſt de l'an 1565. ſon vſufruit luy eſt adiugé aux charges portees par le teſtament du ſieur d'Oppede, qui ſont de ne pouuoir riẽ demander autre choſe. Or ayant accepté cette adjudication, ayant iouy en vertu, & du teſtament & de l'arreſt, comment peut auiourd'huy ſon heritier faire vne contraire demande? Pline ſecond diſoit, que *ſufficie bono hæredi ſcire voluntatem teſtatoris*, ſans attendre d'eſtre compellé par la loy à l'execution d'icelle: comme à la verité il ſemble

[b] *Fern. Vaſquius tr. de ſucc. ad finem.*

bien que quand vn teſtateur honore ſes enfans leur laiſſe ſes biens, & n'a autre cogitation & deſſein en ſa diſpoſition que l'heur & l'honneur de ſa famille, comme a eu le ſieur d'Oppede, que ſes enfans auſſi ne deuroient auoir deſir que d'honorer ſa volonté par vne religieuſe obeyſſance. Mais puis que le demandeur quittant les reigles de la pieté & charité naturelle ſe veut armer des preſtiges du droit & ſubtilitez des loix ciuiles, voyons ſi elles luy pourront ſeruir. N'eſt-il pas certain de droict que celuy qui accepte vn laiz, par lequel il eſt chargé de faire quelque choſe, eſt tenu d'y ſatisfaire, voire qãnd ce qu'il doit faire luy couſteroit plus que ſon laiz? Sont-ce pas les propres parolles de noſtre auſſi religieux que ſubtil Papinian, qui dit, que *ſi pecunia accepta rogatus ſit rem propriam, quamquam maioris pretij reſtituere, non eſt audiendus legatarius, legato percepto ſi velit computare* [a]. C'eſt pourquoy Marcellus [b] dit, que celuy qui a receu vn legat, à la charge de mettre en liberté vn ſien eſclaue ou bien celuy d'vn autre, eſt tenu de ce faire *quamuis minus ſit in eo quod accepit iudicio teſtatoris, quam ſit in pretio ſerui.* Et toute la moderation qu'Vlpian apporta à ceſte opinion, ce fut de diſtinguer ſi l'eſclaue eſtoit ſien, ou ſ'il eſtoit à vn au-

a *l. imperator. §. ſi centum. ff. de leg. 2.*
b *generaliter. ff. de fidei. liber.*

tre. Si l'esclaue estoit sien, il declare qu'il est tenu de satisfaire à la charge du laiz s'il est d'vn autre, il ne sera tenu que iusques à la concurrence du laiz. Et en cela dequoy se peut plaindre celuy qui est contraint de satisfaire à ce qu'il est prié? Ne s'y est-il pas volontairement obligé, puis qu'il a sceu la condition, *Dicta tibi lex, Me tamen insequeris me lite moraris iniqua?* Que si cette reigle doit auoir lieu en vn simple laiz, cõbien plus en celuy où nous sommes, où le testateur ne s'est pas contenté par termes fort disers d'exprimer sa volõté & faire entendre son intention? Car outre cela il l'a conceuë par vne forme alternatiue, qui porte qu'au cas que la Dame de Porieres acceptast le laiz de l'vsufruit, elle renonçast à tous autres droicts & demandes. Et en cas qu'elle demandast quelque chose, il la priuoit de ce laiz, & luy laissoit simplement sa legitime. C'estoit premierement pour luy faire entendre, combien ce laiz luy estoit fauorable, combien plus auantageux que sa legitime. Secondement pour luy dõner loisir de deliberer ce qu'elle voudroit faire: qu'elle ne die point que le testateur l'ait voulu greuer en sa legitime, si elle pense sa legitime meilleure que le laiz, le testateur luy en donne le choix libre, mais par vne expresse & entiere dispositiõ qu'elle ne puisse auoir que l'vn ou l'autre. Or on sçait que par toute raison, non seulement de droit, mais mesmes de discours commun, deux alternatiues ne peuuent compatir ensemble. Il faut que si l'vne demeure, l'autre soit ostee. Pource que leur nature emporte en soy vne certaine proprieté de vicissitude, par le moyen de laquelle elles se subrogent l'vne à l'autre [a]. Puis donc que le testateur a proposé à Claire de Meynier sa fille de prendre l'vsufruit de ses biẽs, & s'en cõtenter sans demander autre chose, ou bien de prendre sa legitime & quitter cet vsufruit, il faut faire l'vn ou l'autre: & ayant vne fois opté l'vn, elle ne peut plus reuenir à l'autre. Car soit que la loy soit que le testateur defere l'option, depuis qu'vne fois elle est faicte, elle ne peut plus estre changee, pource que l'action est formee, parfaicte & affermie par vne deliberation & election, qui sont les qualitez les plus propres pour receuoir & produire vne volonté parfaicte & accomplie, laquelle quant & quant est reduitte en acte par cette execution, & par consequent renduë incommutable [b]. Le demandeur se pense sauuer de ces raisons par la loy [c], en ce qu'elle dit, *si filius sibi relictum simpliciter agno-*

a *l. si quis seruum heredis. l. 2. §. sed si duobus l. si illud l. grege. ff. de leg. 2.*

b *in l. serui electione de leg. 1. l. apud Aufidium de opti. leg.*

c *si quãdo §. generaliter. C. de inoff. test.*

uerit nullum sibi in repletione facere præiudicium. Mais cela est bon quand le laiz ne contient pas prohibition de demander autre chose, car en ce cas comme le laiz n'est pas pur & simple, aussi n'est pas l'acceptation, & lors *verbis generalibus facta acceptatio*, n'exclud pas le fils de la demande de la legitime a. Que si outre la prohibition, la reuocation du laiz en cas de contrauention y est expresse, lors on ne fait nulle difficulté que l'acceptation, en quelque façon qu'elle soit faicte, n'exclue l'acceptant de toute demande, d'autres droicts, & mesmes de supplément de legitime, auquel il est censé auoir disertement renoncé b. Mais posons qu'il y soit receuable, que tant de declarations de fait & de droit ne l'excluent point de sa demande, ne perd-il pas le vsufruit qui luy a esté legué? Car la mesme puissance que la loy baille au testateur de donner & de leguer, la mesme puissance luy donne-elle d'oster & reuoquer ce qu'il a donné c, & ce purement & simplement, ou souz telle condition que bon luy semble. Or ce testateur faisant ce laiz de l'vsufruit, l'a fait à ceste condition que la Dame de Porieres ne demanderoit autre chose quelconque sur son heritage. Et en cas de contrauention reuoque le laiz, & luy

a *Socin. Iun. 136. Rui con. 56. Meno. con. 71. Cephal. con. 153.*

b *Dec. cō. 681. Curt. con. 159. Socin. Iun. 122. Iosephus Ludouicus decis. 28.*

c *l. datum C. de leg. & toto titu. ff. de adim. leg.*

luy laisse seulement son dot, & dix escus pour tout droit d'institution, & qui plus est en ce cas la priue & ses descendans de toutes les substitutions portées par son testament. On ne peut pas dire que la condition soubs laquelle est faicte cette reuocation ne soit licite, honneste & permise, car elle ne tend qu'a la conseruation de la famille de la dame de Porieres, mesmes à l'auancement & agrandissement de ses enfans: dessein que les loix ont tousiours fauorisé. Par consequent doncques, du iour que la dame de Porieres ou son heritier voudront contreuenir à la condition du laiz, & demander quelques droicts sur la succession, il luy faudra rendre les fruicts qu'elle a perceuz, qui montent deux fois autant. Que si lon veut pretendre que toutes ces clauses de prohibition & reuocation comprises en cette condition sont reprouuees par la loy, & par consequent tenues pour non escrites; pource que par là, la dame de Porieres seroit priuee de sa legitime, chose deffendue par les loix, & que partāt la condition fust reiettable[a]; A cela il y a plusieurs grandes responces: la premiere, que cette maxime est faulce. Car tout au contraire si par quelque disposition quelle qu'elle puisse estre, le pere laisse

[a] d. § prohibemus.

quelque chose à ses enfans au lieu de leur legitime, & que par là ils pretendent estre greuez en icelle, la disposition pour cela n'est pas nulle, ains seulement ell'est modifiee en sorte que les enfans puissent auoir leur legitime, demeurans obligez au surplus d'accomplir la volonté du testateur [a]. La seconde est que la dame de Porieres auoit eu sa legitime par son cõtract de mariage & constitution de dot, qui luy auoit esté specifiquement donné pour cette cause: & d'abondant ell'auoit esté instituee en son dot, que si ce qui lui auoit esté baillé n'estoit suffisant, elle auoit son supplément qui ne luy pouuoit estre denié. Tellement que le testateur ayant satisfait à ce que la loy desiroit de luy, soit pour auoir institué ses filles, & faict la mention qu'il deuoit d'elles, le laiz de l'vsufruit ne se peut dire auoir esté donné pour la legitime; & ne peut-on pas pretendre que la disposition contienne chose prohibee par la loy. En troisiesme lieu, quand on pourroit dire que la disposition qui commande aux filles de se contenter d'vn vsufruit pour leur legitime ou supplément d'icelle fust prohibee de droit, [b] cela s'entendroit tousiours quãd le testateur ne leur laisseroit qu'vn simple vsufruit. Mais quand le testateur, outre

a *l. quoniam in priorib. C. de inoff. testam. auth. vt cum de appell. §. caeterum.*

b *§. Prohibemus in auth. de triente & semisse.*

l'vsufruict leur laisse encores du bien en fonds, comme auoit faict le nostre par le contract de mariage de la dame de Porieres, en ce cas on ne pourroit nullement dire qu'il fust tombé en la prohibition & censure de la loy: Ores qu'a la verité à l'exactement regarder, on trouuera qu'elle prohibe de laisser la legitime aux enfans en vne nuë proprieté, quand bien on leur laisseroit la proprieté de tous les biens, mais non pas en simple vsufruit, pourueu qu'il excede la valeur de la legitime. Aussi la raison qui est exprimee par la loy, & sur laquelle ell'est fondee, a lieu au cas que la seule proprieté est laissee aux enfans. Car comme dit l'Empereur, dequoy leur seruira cette proprieté s'il faut qu'ils meurent de faim auant qu'ils en puissent iouyr? mais non pas en l'vsufruit qui leur donne vn secours tout prompt & present, & leur donne moyen d'espargner de cet vsufruict plus deux fois que ne vaut la legitime, comme a peu faire la dame de Porieres. Ne sçauons-nous pas bien, & aussi est-ce chose fort triuiale en droit, que toutes ces prohibitions-là de ne greuer la legitime des enfans ont leur exception & limitation? qui est qu'elles n'ont point de lieu quand les dispositions qui portent telles charges & conditions ſont plus auantageuſes pour les enfans, qu'elles ne ſeroient ſi elles n'eſtoient ſimples: car en ce cas les charges ſont reputees comme vn prudent & charitable conſeil que le pere a pris pour les enfans, voire quand bien l'euenement en ſeroit douteux[a]. Il eſt bien vray que le teſtateur eſt tenu de laiſſer la legitime à ſes enfans de ſes propres biens; mais ſ'il leur laiſſe deux fois autant d'autres biens qu'il en appartient à ſon heritier, comme il y a des peres qui laiſſent tout leur bien à l'vn de leurs enfans, à la charge de laiſſer aux autres les biens maternels qui vaudront quaſi autant, voudroit-on dire que cette diſpoſition fuſt reiettee? Il en faut donc venir là, que la vraye & naiue limitation de cette prohibition de la loy, c'eſt l'vtilité ou dommage qu'en reçoit l'enfant, car ce qui luy eſt plus vtile, n'eſt point deffendu au pere. Auſſi les plus ſages de noz docteurs ont eſtimé qu'en ce cas il faut venir à l'eſtimatiõ de l'vſufruit, car ſ'il ſe trouue beaucoup plus valoir que la legitime en fonds, ils reſoluent que le fils qui l'a acceptee ne peut plus rien demander. Le demandeur pour ſe ſauuer de ces raiſons, recourt à d'autres ſubtilitez; & dict que par la loy[b] en telles diſpoſitions où le fils n'a pas ſa legitime de

a l. ſi pater puellæ C. de inoff. teſt.

b Scimus au §. repletionem.

la substance du deffunct *repletio fit ipso iure*, & que pour la faire il faut reietter tout ce qui est onereux au laiz faict pour la legitime, & laisser neantmoins ce qui est profitable, de peur que si on reiettoit le laiz pour le tout, le fils ne demeurast exheredé, & le testament nul. Mais pour premiere respõce, il faut remarquer que sur le commencement ceste loy *Scimus*, interpretant ce mot *ipso iure*, dit que *repletio fit ipso iure conquerente tamen filio*; mais s'il ne s'en plaint point, le reiect de la charge ne se fait point. Que si par trente ans il demeure sans se plaindre, ils demeurent tous d'accord que *non reiicitur amplius*[a]. Que sera-ce donc en nostre faict, où nous n'auons pas seulemẽt le silence, mais des declarations & acceptations expresses, apres lesquelles le fils ne peut plus reietter ce dont il s'est contenté? *si filius consenserit tali oneri*, il ne s'en peut plus plaindre: qui est aussi la doctrine de Paul de Castre[b]. Secondement cela pourroit auoir quelque apparence si le testateur n'auoit faict qu'vn laiz, mais en ayant faict deux & alternatifs, en reiettant le premier le second demeure & faict subsister le testamẽt. Et arriue en ce cas tout ainsi comme quand le pere institue son fils soubs vne condition casuelle, car s'il le faict sans y pouruoir

a *Xuares in l. quoniam in priorib. ampliatione* 10.

b *In l. filio praeterito de in. rup. & irr. fa. test.*

autrement, le testament est nul. Mais si en ce faisant en deffault de la condition il l'exherede legitimemẽt & luy substitue, le testament est bon & valable [a]. Nostre testateur a commandé à sa fille de se contenter de l'vsufruit, on dit qu'il ne l'a peu faire, Il luy legue donc simplement sa legitime, personne ne doubte qu'il ne l'ait peu faire. Si lon dict que l'vn de ces laiz est contre la prohibition de la loy, il faut recourir à l'autre qui est subrogé en son lieu, au cas qu'il ne soit pas accepté. Or outre ces raisons-la il y en a vn autre qui exclud entierement le demandeur, qui est le temps auquel il agit : car il est bien vray qu'vn testateur ne peut contraindre son fils de prendre sa legitime par payes & solutions particulieres: Pource que la loy dit, qu'elles ont de l'incommodité, mais apres les auoir toutes receuës, peut-il estre receuable à s'en plaindre, & à demander d'estre payé deux fois? ne luy diroit-on pas qu'il seroit de mauuaise foy, de vouloir auoir deux fois vne mesme chose? l'exception vulgaire *quod petis intus habes* ne l'excluroit-elle pas? *Non oportet*, ce dit la loy sur ce subjet *testantium voluntates circumueniri*, comme elles seroient si on s'en vouloit ayder, pour contre leur intention auoir deux fois vne chose. C'est pour-

[a] *Cl. & Barth. in l. si pater C. de inst. & subst.*

quoy l'Empereur[a] dict que *sola nostræ serenitatis intentio est à parentibus & liberis iniuriam preteritionis & exheredationis auferre*, & non pas de fauoriser les enfans pour obtenir plus que la loy leur donne contre la volonté des testateurs. Car comme dict le mesme Empereur[b] *oportet hæredes non decipiendo sed obsequendo lucrum facere*, dont il rend vne belle raison, c'est qu'il faut qu'ils considerent qu'ils testeront à leur tour, & commanderont aux autres ce qui leur est commandé. Mais le demandeur pour se desuelopper de tout cela veut dire qu'encores que ces loix-la & ces raisons l'excluent, il en a d'autres par lesquelles il peut pretendre que nonobstãt que par le moyẽ des fruicts qu'il a receuz de son laiz il soit payé de sa legitime, neantmoins il la peut redemander, pource que les fruicts ne s'imputent iamais en la legitime, tellement qu'il doibt gagner l'vn & l'autre. A cela il dit estre fondé premierement par la loy *iubemus*: Secondement par l'arrest du Parlement de Grenoble: il les faut examiner. La loy *iubemus* est vne disposition de l'Empereur Diocletian, qui a introduit que les enfans du premier degré qui sont chargez de restituer à leurs enfans, n'imputent point en la Trebellianique les fruicts qu'ils ont perceuz

a §. ceterum auth. vt cum de app.

b Auth. 2.

pendant la condition, nonobstant que les testateurs l'eussent expressément ordonné. Du texte de cette loy resulte deux choses, qui seruent de pertinente responce au demandeur, l'vne qu'il appert qu'auparauant cette loy, les fruicts s'imputoient aux enfans, l'autre que ce priuilege n'a lieu qu'en matiere de restitution. Or nous ne sommes point au cas de restitution, car la dame de Porieres n'est chargee d'aucun fideicommis, & par consequent ne se peut ayder du benefice de la loy, qui estant, comme il a esté dit, nouuelle, ne peut receuoir aucune extension. Dauantage, tous les docteurs ont tenu que cette loy ne s'entend que pour les fruicts que l'heritier a par le iugement du testateur: mais ceux qu'il prend contre son expresse volonté, il est tousiours tenu de les imputer, pource qu'à ce premier cas la loy a faict quelque difficulté d'oster au fils ce qu'il auoit desia pris par le consentement du deffunct, & a creu qu'il les pouuoit de bonne foy auoir consumez: mais quand ils se prennent contre l'expresse prohibition du testateur, ils se doiuent imputer; & ce principalement en ce qu'ils excedent la legitime: car ceux-là, le testateur n'estoit nullement tenu de les laisser, il ne les donne que d'vne pure munificence & liberalité, à laquelle, partant il peut donner telle loy, & appoſer telle cōdition que bon luy ſemblera, qui eſt la raiſon qui a faict incliner pluſieurs docteurs à cette opinion, qui eſt pleine d'vne euidente equité. De ſorte qu'il faut, ou que le demandeur impute les fruicts par luy receuz, ou qu'il les rende s'il veut auoir la legitime. Auſſi peu & moins ſert au demandeur l'arreſt du Parlement de Grenoble, en ce qu'il eſt porté que les filles feront les fruicts ſiens. Le demandeur de là veut induire deux choſes: La premiere que puis que les filles font les fruicts ſiens en vertu de cet arreſt, ils ne ſont point ſubjects à eſtre imputez, pource que ce qui obuient à l'heritier d'ailleurs que par l'expreſſe volōté du teſtateur, n'eſt point imputé en la legitime [a]. L'autre que puis que l'arreſt a ordonné que les filles iouyroient attendant la condition de la naiſſance des enfans de la dame de Porieres ou ſon deces ſans enfans, elle a iugé par conſequent que les filles qui eſtoient inſtituees en choſe particuliere, par droit d'accroiſſemēt, demeureroient heritieres vniuerſelles, pour euiter que le deffunct ne demeuraſt *pro parte teſtatus, & pro parte inteſtatus*, choſe que le droit ne peut ſouffrir. D'où ils concluent que la condition aduenuë,

[a] *Dicta l. ſcimus §. repletionem.*

elles estoient par cōsequent condamnées de restituer, demeurāt l'institutiō ou substitutiō de la personne de Claude de Perussis par ce moyen obliquee & conuertie en fideicommis suiuāt les termes de la loy [a]. Or pour connoistre que ces discours-la n'ont nul fondement, il ne faut qu'examiner les termes de l'arrest, & le differend sur lequel il a esté donné. Premierement il est certain que les arrests n'apportent aucun nouueau droit aux parties, & ne font que declarer celuy qui leur appartenoit auparauant. De sorte qu'en vain voudroit-on appliquer la dispositiō de la loy cy dessus alleguée [b] à ce fait, veu que ce qui est ordōné par l'arrest, n'est qu'en consequēce de la disposition du testateur. Mais tāt s'en faut, que les termes d'iceluy puissent seruir au demādeur, qu'au contraire ils sont directement contre luy. Il faut remarquer par l'arrest, que quand il ordonne que les filles feront les fruicts siēs par égale portion, cela s'entend des fruicts de l'hoirie, deduit les vsufruicts leguez. Ce qui appert clairement par quatre raisons: La premiere par les termes de l'arrest, qui porte en mots exprés; Sauf & reserué en tous lesdits cas ausdites Damoiselles Claire & Anne de Meyniers l'vsufruict, & autres choses à elles respectiuement leguees, par

a *Scæuola ff. ad Trebell.*

b *§. repletionem.*

le testamēt de Messire Iean de Meynier de l'an 1546. & aux charges y contenues. La seconde par les autres mots apposez en fin de l'arrest, par lesquels il est ordonné que les parties se rendront compte des fruicts & reuenuz desdits biens & hoirie, dont l'vsufruict ne leur a esté legué, & qu'elles auoient pris depuis le decés. Par où il se voit manifestemēt que l'arrest a distingué la iouyssance qu'elles faisoient de l'vsufruit à elles legué d'auec les fruicts, cõme estant à diuers tiltre, pour diuers temps & à diuerses conditions. La troisiesme, c'est que par autre arrest du Parlement de Grenoble, cela a esté ainsi declaré, & que les parties mesmes en ont iouy de cette façon, ayant chacune d'icelles iouy de l'vsufruit à elles legué separément & à part, & selon qu'il estoit porté par le testament, & des fruicts de l'hoirie par indiuis. D'où il s'ensuit qu'on ne peut pas dire que les parties ayent iouy de cet vsufruit à autre tiltre que du testament, & que par consequent il ne soit point imputable, cõme obuenu d'ailleurs. Et quant aux fruicts du surplus de l'heritage, la Cour les adjuge à condition d'acquiter les charges de l'hoirie, autres toutesfois que celles dont les filles estoient chargees sur leur vsufruit, chose fort considerable en cette cause. Car de deux choses l'vne, ou les droicts qui sont demandez aujourd'huy estoient charges imposees, & à porter par l'vsufruit, ou à porter par l'hoirie. Au premier cas par les parolles que nous auons exprimees, l'arrest qui adjuge cet vsufruit aux charges portees par le testament, condamne taisiblement les filles à en acquitter la succession, & les condamne encor expres en ce qu'elle ordonne que l'hoirie ne portera que les autres charges dont les vsufruits ne sont point chargez. Ce qui est d'autant plus raisonnable & indubitable que les parties au procés auoient expressément declaré ne vouloir en façon quelconque contreuenir à la volonté du testateur. Que si les choses demãdees sont charges de l'hoirie ayãt accepté les fruicts à cette condition, comment peut demander la Dame de Porieres à vn autre ce qu'elle doit elle mesme? Que si lon vouloit dire que la reserue qui est en fin de l'arrest en ces mots; Sans prejudice des droicts de legitime pretenduz par les parties, est vne exception qui empesche que les termes precedans ne comprennent ce droit de legitime, lequel semble demeurer entier; Il y a esté desia respondu au commencement, que cette reserue ne se peut approprier qu'à celle qui est portee par le testament, qui estoit au cas preueu & pourueu par le testateur : A sçauoir si les filles iouyssoient si peu de tẽps de leur vsufruit, cõme il pouuoit arriuer, qu'elles n'eussent pas moyen d'en payer les debtes dont elles estoyent chargees, & se payer de leur supplément de legitime? Car en ce cas le testateur auoit nommément voulu qu'elles en fussent payees par son heritier sur le fonds d'iceluy. Or cela n'est-il point aduenu, car la Dame de Porieres a iouy vingt trois ans de la moitié de tous les biens, & par consequent a esté trois fois payee de sa legitime. Ces raisons-la pourroient seruir de responce à ce que lon pretend que le mesme arrest a rẽdu les filles heritieres vniuerselles, à la charge de restitution en certain cas? & par consequent les a mises aux termes de la loy *Iubemus*. Mais outre icelles il y a vne autre plus forte responce, resultante des termes mesmes de l'arrest. Car il est ordonné par iceluy, qu'aduenant la naissance d'vn fils masle de la Dame de Porieres, ou le decés d'icelle sans enfans masles, son fils masle ou Claude Perussis sera tout incontinãt mis en possession des biens. Tellemẽt qu'il se voit par là, que la Cour n'a en rien obliqué cette institutiõ directe, faicte de la personne des enfans de ses filles pour en faire vn fideicommis. Aussi la nature de l'affaire ne le pouuoit supporter, tant pour la disposition expresse du testateur que celle de la loy. Car le testateur auoit expressément declaré, qu'il ne vouloit point faire ses heritiers ses enfans du premier degré, à fin de pouuoir empescher toutes detractions, Ce sont les propres parolles de son testament. Or iamais ne se faict-il inflexion des parolles directes pour les rendre obliques & fideicommissaires, que pour aider à la volonté du testateur, & non contre son expresse declaration. La loy l'empeschoit aussi, car pour rendre les filles heritieres, & pour introduire vn fideicommis, il falloit supposer vn droict d'accroissement en leur personne, par le moyen duquel leur institution en vne chose particuliere attirast à soy le reste de la succession. Ce que la loy ne peut souffrir, laquelle declare l'heritier institué en chose particuliere, simple legataire, & incapable de ce droit d'accroissement [a]. Et quand on se voudroit tant dispenser, comme quelques-vns ont tenu en faueur des enfans d'estendre ce droict d'accroissement à la personne de l'heritier institué *in re certa*, cela auroit lieu au cas qu'il n'y eust point d'autre heritier vniuersel in-

[a] *l. prima §. si ex fundo ff. de hæredib. Instituendis l. quoties. C. eodem.*

stitué *sub conditione*, ou autrement. Car il est indubitable que l'heritier vniuersel institué *sub conditione*, exclud l'heritier particulier, mesmes pendant la condition, & peut demander *bonorum possessionem secundum tabulas* [a]. Que si outre cela le testateur a opposé cette clause, que *vetuerit in re certa institutum plus capere*: En ce cas la reigle est indubitable, comme il est noté aux additions de Gomez en cet endroit par l'authorité du Barthole, Balde, Paul de Castre, & autres là alleguez. Puis doncques, & que la volonté du testateur, & la disposition de la loy resiste à cet imaginaire fideicommis, & à cette institution d'heritiers vniuersels en la personne des filles, il ne faut nullement penser qu'vne Cour souueraine, qui iuge *pro luce dignitatis & sapientiæ suæ*, auec tant de religion & circonspection l'ait voulu introduire par son arrest. Que si lon veut plus curieusement rechercher quel a donc esté le motif de cet arrest, il apparoistra qu'il n'est autre sinon, que la Cour *quæ iure prætorio fungitur in dandis bonorum possessionibus*, a consideré que ce procés estoit entre deux sœurs, que leurs enfans estoient heritiers instituez, mais auec égale incertitude; que ce qui restoit des biens outre l'vsufruit estoit peu de cas, qu'il y auoit des charges à

[a] *Antonius Gomez titu. de successione vniuersali ex testamento.*

payer dessus : qu'vn curateur qu'il eust fallu regulierement donner aux biens, eust plus dissipé qu'amendé la succession : & pource meuë d'vne singuliere equité, elle a laissé la iouyssance des fruicts aux filles pour les faire siens. Mais tousiours conformémẽt à la volonté du testateur, qui estoit à la charge de ne rien demander sur l'heritage, à laquelle, les filles au procés auoient declaré ne vouloir contreuenir. Comme aussi si elles y eussent contreuenu, leurs enfans n'eussent peu demander l'effet des institutions & substitutiõs faictes à leur profit, car elles estoyent toutes à cette condition fort expresse, & infinies fois reiteree. Que veut donc dire aujourd'huy le demãdeur? que peut-il esperer de cette poursuitte? Le deffendeur a monstré clairement quelle a esté la volonté du sieur President d'Oppede, de conseruer sa famille entiere à ses masles, ou aux masles venans de ses filles. Il vous a iustifié que la Dame de Porieres a acquiescé à cette volonté, non seulemẽt par sõ cõtract de mariage, mais par expresses declarations faictes depuis le testament: qu'elle a accepté le laiz qui luy auoit esté fait, à cette charge expresse de ne demãder autre chose sur ses biens pour quelque cause que ce fust : que ce laiz luy a esté

adiugé

adjugé par arrest, & la succession à ses enfans masles si elle en eust eu, aux charges portees par le testament. qu'elle en a iouy, & iouy si long temps, qu'elle a receu des fruicts deux fois plus que ne pouuoit valoir sa legitime & les biens maternels. Que durant vingt-trois ans qu'elle a vescu, ny iamais en sa vie elle ne s'est plainte de la volonté de son pere. Qui souffrira donc auiourd'huy vn estranger improuuer la volonté d'vn pere que les propres enfans ont approuuee, & ce apres vn si long temps? Qui croira qu'au mesme lieu, au mesme siege où le testateur a fait si longuement reluire sa prudence & resplendir son equité, lon blasme & l'on condamne son dernier iugement? Ce iugement familier, cet arrest domestique qu'il a rendu entre ses enfans, sur lequel nous voyons qu'il a ruminé toute sa vieillesse, sur lequel il a dormy sept ans tous entiers, auquel il ne s'est proposé, & par lequel en effect il n'a procuré que l'honneur de son nom, la gloire de sa posterité. Autre qu'vn estranger & aliené de son nom, & ennemy de sa memoire n'eust peu ny osé entreprendre cette poursuite; mais il falloit pour la faire trouuer bonne, choisir d'autres Iuges que ceux qui ont encores l'image du deffunct empreinte en leur memoire, ausquels la souuenance de sa sagesse, de son equanimité, de son erudition persuaderõt tousiours que les mourans ne peuuent plus esperer d'execution à leurs dernieres volontez, & par consequẽt de cõsolatiõ à leur mort, si ce que celuy-cy a si longuemẽt deliberé, si prudẽment designé, si religieusement ordonné est renuersé & aneanty par les cauillations & prestiges de droit dont le demandeur se pense seruir. Lequel partant, le deffendeur disoit deuoir estre declaré non receuable, & en tout cas mal fondé en sa demande, & condamné aux despens, dommages & interests de l'instance.

A cela le demandeur repliquoit que le deffendeur monstroit assez par sa procedure combiẽ il sentoit sa cause foible & destituee de raison, puis qu'il constituoit le fort de ses deffences en ses fins de nõ receuoir, *improba se temporis tuens allegatione*, comme dict l'Empereur, *& tempus pro veritate pretendens.* Les Parthes vainquent bien en fuyant, mais en vn combat où la ruse & la violence valent plus que toute autre chose *at in hoc puluere forensi*, en ce theatre de la iustice où l'equité & la verité ont tousiours la victoire, les fuittes, tergiuersations & subtilitez, y sont aussi peu profitables que honorables. Il sera fort aisé & sans grand effort de renuerser les barrieres d'vne imaginaire prescription que le deffendeur a voulu planter pour couurir l'iniquité de sa cause, & au fonds monstrer que le demandeur ne demande autre chose que ce que la voix de la nature, l'expresse parolle des loix, la reigle ordinaire des iugemens, & l'opinion commune des Iurisconsultes luy adiuge. Quand le demãdeur n'auroit autre responce à la prescription, que celle que luy fournit la memoire de noz calamitez passees, & reliques des infortunes publiques, elle seroit suffisante pour escarter cette exception, & r'ouurir le pas à vne si saincte action. Car on sçait assez que la pluspart de ces trente-huict annees-la dont on veut former cette prescription, ont esté si calamiteuses qu'elles ont osté tout moyẽ à ceux qui auoient de iustes actions de les exercer. Et par consequent ont empesché le cours des prescriptiõs, ou pour le moins fondé la cause d'vne restitution contre icelles, telle que le deffendeur entant que besoin seroit a obtenuë. Mais outre cela il a plusieurs autres moyens de droict qui le couurent de cette fin de non receuoir, & luy rendent son droit libre, sauf & entier. Car quelque chose qu'on ait voulu dire, c'est vne maxime qui est receuë & tenuë trop constammẽt, que iamais les premiers heritiers ne prescriuent en telles actions, pource qu'il ne faut pas dire qu'ils ne soiẽt point interpellez, puis que la loy publique leur apprend quel est leur droit, quel le droit de leurs heritiers. Il suffit que le frere congnoisse son frere, la sœur sa sœur, pour sçauoir qu'elle luy doibt partage & legitime. Aussi peu receuable la responce que lon a voulu donner à la loy *contra maiores*, car on sçait assez que ce sont choses incompatibles, que de se pretendre heritier vniuersel comme faisoit l'vne & l'autre des sœurs, & se dire legitimaires. Mais pour abreger cette dispute sur le faict de la prescriptiõ, il y a vne raison qui coupe chemin à toutes difficultez, & ferme la bouche au deffendeur. C'est vne maxime confirmee par l'opinion cõmune de tous les docteurs, que iamais le droict de legitime ou supplément d'icelle ne se peut prescrire, tant que celuy à qui ell'est deuë est possesseur de l'heredité; voire disent les docteurs, quand ils la possederoit mille ans [a]. Puis doncques qu'apres la mort du feu sieur d'Oppede la dame de Porieres & sa sœur ont possedé l'heritage, qu'ils ont esté par l'arrest maintenus en cette possession, que suiuant ice-

[a] *Xuares in l. quoniam in prioribus ampl. 9.*

luy elles en ont iouy toute leur vie; comme se peut-on imaginer que la prescription ait couru contre elle? toute raison de droit y resiste. Car contre qui en eust-elle faict la poursuite, cōtre soy-mesmes? Il faut qu'vn iugement se constitue entre deux differentes personnes, la qualité de demandeur est relatiue à celle de deffendeur, l'vne ne se peut supposer sans l'autre, & ne peuuent concurrer toutes deux en mesme subjet. Dauantage la prescription ne se peut alleguer que par celuy qui a continuellement possédé, & contre celuy qui a esté continuellement priué de la possession. Que si celuy qui a laissé à posseder pour vn temps r'entre seulement pour vn iour en la possession de la chose, il est dict en droict l'vsurper, c'est à dire reprendre son droict par vsage, & interrompre l'vsucapion ou prescription, laquelle il faut de nouueau puis apres recommencer. Or cette raison est plus forte en matiere de legitime qu'en toute autre action, car la legitime est tellement deferee par la loy à l'enfant, qu'elle affecte la chose & luy acquiert vn droict reel en icelle: de sorte que ce droit venant à estre reuestu par la possession, on peut dire qu'il consiste entier & parfait en la personne de celuy auquel il est deferé, tellement qu'il ne luy est plus de besoing d'en faire aucune demande, puis qu'il l'a pardeuers luy, & par bon tiltre, puis que c'est par la puissance de la loy, & par perfaicte possession, puis qu'il a & la naturelle & la ciuile. Aussi sçait-on bien que celuy qui a à prendre vne legitime en vn heritage qu'il possede, s'il faut qu'en quelque cas il en quitte la iouyssance, il ne procede pas par petition, mais par retention de sa legitime, laquelle il detraict auant que de restituer, ne l'acquerant pas de nouueau, mais seulement la conseruant par cette detraction. Mais d'abondant, que peut-on dire contre l'arrest de l'an 1566. qui expressément l'a reseruee? car quand on poseroit que cest arrest n'auroit attribué nul droit pour ce regard, au-moins auroit-il seruy pour la conseruation de celuy qui estoit acquis, & empesché le cours de la prescription. Or cette trenchée estant faucée, il faut ioindre l'autre moyen de nō receuoir, sur lequel le defendeur semble faire dauantage de force, c'est l'approbation que lon dict que la dame de Porieres a faicte, tant de parolles que d'effect de la volonté de son pere. Audeuant duquel moyen, pour le munir & fortifier dauantage, on a voulu reietter la renonciatiō que la dame de Porieres auoit faicte par contract de mariage à la succession & droit de legitime de ses pere & mere. Mais à cela il y a double responce, car c'est chose certaine que par l'opinion commune des docteurs, & par l'vsage commun de ce Palais, telle renonciation ne s'estend point au droict de legitime, & ne vaut rien pour ce regard, comme n'estant point à la puissance des enfans d'y renoncer auparauant qu'elle soit acquise, tant pource qu'elle est deferee par vn droit de nature inuiolable, que pource qu'elle contient en soy vne nature d'alimens, ausquels on ne peut renoncer ny en transiger pour l'aduenir & auant qu'ils soient deubs. Dauantage, cette renonciation portee par le contract est nommément stipulee au profit des enfans masles du sieur d'Oppede, ausquels la dame de Porieres cede le droit, auquel elle renonce. Or il n'en a point eu, & partant il n'y a personne qui se puisse seruir de cette renonciation, laquelle par ce moyen est demeuree comme nulle, estant la taisible condition soubs laquelle ell'estoit faicte esuanouye par la non existance des enfans masles. Cette renonciation estant doncques inutile, il faut venir à l'approbation qu'on dict que la dame de Porieres a faicte du testament & volonté de son pere. Le premier acte dont lon l'a tiré, c'est cette generale declaration qu'ell'a faicte au Parlement de Grenoble, de ne vouloir en rien contreuenir à la volonté de son pere. Mais cette declaration estant vague & generale, il la faut restraindre à l'acte auquel ell'est conioincte : Il n'estoit pas lors question de la legitime, mais seulement de sçauoir qui iouyroit de l'heritage pendant la condition soubs laquelle les heritiers vniuersels estoient instituez. De sorte que cette approbation ne se peut r'apporter à la legitime, de laquelle il ne s'agissoit pas. Claude de Perussis demandoit lors d'estre mis en possession de l'heritage. La dame de Porieres au contraire soustenoit qu'il n'estoit appellé que soubs vne conditiō qui n'estoit point aduenuë, que l'attendant elle deuoit iouyr des biens, consideré mesmes le testament de l'an 1549. Tellement qu'elle disoit qu'en cela elle ne contreuenoit en rien à la volōté du deffunct. Raison qui sert aussi de responce à ce qu'on veut inferer de l'arrest, en ce que les adiudications qui sont faictes aux parties sont faictes aux charges & conditions portees par le testament: Car cela ne se peut r'apporter qu'aux institutions & substitutions desquelles il s'agissoit, & non des legitimes, qui sont nommément reseruees par l'arrest. Mais la iouissance, ce dict-on, que les parties ont faicte de leurs laiz, est vne acceptation qui les oblige de satisfaire aux conditions d'iceluy. Et pour le prouuer, on allegue plusieurs authoritez des Iurisconsultes. Premierement le demandeur peut soustenir auec raison & verité, que la dame de Porieres n'a iamais faict demande de son laiz, & n'en a iamais faict instance. Car au proces elle demandoit toute la succession ; & la iouissance qui luy a esté adiugee par l'arrest n'a pas esté à tiltre de legat, mais à tiltre d'heredité, attendant de restituer la successiõ à son fils si elle en auoit ; auquel cas l'arrest luy reserue son vsufruict : mais en attẽdant elle iouyssoit comme proprietaire de la moitié des biens, sans que le laiz de l'vsufruict, qui estoit lors confus, fust en façon quelconque considerable. Secondement nous ne sommes plus aux termes du droit ancien, où ce poinct pourroit auoir quelque difficulté, & sembleroit qu'vn laiz estant accepté, obligeroit celuy qui l'accepte, d'accomplir les conditions souz lesquelles il est laissé. Car vne nouuelle loy retranchant tous ses doubtes a introduit vn nouueau droict, par lequel l'Empereur corrigeant l'ancien, a voulu que quelque approbation ou acceptation que l'enfant peut faire de ce qui luy est laissé à quelque condition que ce soit, ne luy empesche point le supplément de sa legitime, voire mesmes quand il en auroit donné quittance à l'heritier [a]. Ce qui est bien si vray & si fauorablement receu par les interpretes du droit, qu'ils l'ont mesmes estẽdu à l'acceptation iuree, laquelle ils n'ont point voulu prejudicier au supplément de legitime [b]. Raison qui semble tiree de l'autre loy *quoniam in prioribus*, qui auoit esté publiee seulement cinq ans auparauant. Car puis que par cette loy, toute charge, toute condition apposee à ce qui est laissé pour la legitime, sont rejettees par la puissance de la loy, sans aucun fait d'homme, le laiz demeurant par ce moyen pur, cela se faisant en vn moment, en vn instant du decés du testateur, *& ea celeritate conficiendarum actionum*, qui est propre à la loy, celuy qui accepte ce laiz est censé l'accepter, non cõme le testateur l'a faict, mais tel que la loy l'a rendu, c'est à dire que par aucune clause ou condition qu'il puisse auoir, il ne puisse exclure la demande de la legitime & supplément d'icelle. Ce qui est encores confirmé par la loy [c], où l'Empereur en rend la raison toute luisante d'vne manifeste equi-

[a] *l. si quãdo. §. & generaliter C. de inoff. test.*

[b] *Iason in l. de his C. de transactionibus.*

[c] *Scimus au § sancimus.*

té, *sic etenim filius suam habebit portionem integram, & qualem leges, & nostra constitutio definiunt, & scriptus hæres commodum quod ei testator dereliquit cum legitimo moderamine sentiet.* Et bien qu'il se soit trouué quelques Docteurs qui ayent voulu limiter cette reigle, & dire que cette acceptation de laiz ne peut emporter aucune renõciation, sinon que le laiz portast quelque prohibition de rien demander autre chose, toutesfois *eorum est explosa sententia*, & la commune a passé là, que quelque clause prohibitiue qui soit adjoustee au laiz, l'acceptation ne preiudicie point au supplément de legitime [a], non pas mesmes quand la prohibition seroit souz peine de la malediction eternelle [b]. Aussi peu sert la reuocation du laiz qui est adjoustee à la prohibition, & la subrogation d'vn nouueau. Car toutes ses dispositions-la estant onereuses, & au prejudice de l'integrité & pureté, qui doit estre en la legitime, elles sont comme il a esté dict, rejettees *ipso iure*, comme luy estans contraires [c], *priuatorum enim cautione legibus non est repugnandum*. L'exemple en est elegant, & quasi fait pour le cas où nous sommes, en la loy [d]. *Seius & Agerius si cauerint tot aureis se futuros contentos legis Falcidiæ omisso beneficio, hæredes sunto, quod si meæ voluntati non consen-*

a *Alexander cõs. 69. vol. 1. Suares in l. quoniam in priorib. amp. 9. nu. 1.*

b *Bal. con. 61. vol. 1.*

c *l. ff. ad leg. Falcidiam.*

d *Seius & Aegrius ff. ad leg. Falcidiam.*

ſerint exhæredes ſunto : quæſitum eſt, an hæredes instituti hæreditatem adire poßint ſi conditioni parere nolunt, cum habeant ſubſtitutos eadem conditione præſcripta. Reſpondit Seium & Agerium primo loco inſtitutos perinde adire poſſe, ac ſi ea conditio quæ fraudis cauſa adſcripta eſt, ſcripta non eſſet. Il y auoit donc là prohibitiõ, Il y auoit reuocation en cas de contrauention, Il y auoit ſubrogation ou ſubſtitution : Toutes ces prohibitions, toutes ces reuocations ſont aneanties par la puiſſance de la loy, pource qu'elles eſtoient au preiudice de la Falcidie. Que ſera-ce de celles qui ſont au preiudice de la legitime, qui eſt infiniment plus fauorable, à laquelle on ne peut faire fraude, ſans la faire, non pas ſimplement à la loy, mais encor à la nature? Auſſi Paul de Caſtre [a], & le Barthole [b], dict en propres termes, & iuſtemẽt au cas où nous ſommes, que *ſi teſtator filiam inſtituit in re aliqua, ea lege nequid vltra petat, & ſi petierit reuocat legatum, vel inſtitutionem, his nonobſtantibus filia ſupplementum legitimæ petere poteſt. Et nihilominus gaudebit legato, vel inſtitutione, nonobſtãte tali reuocatione quæ ipſo iure reijcitur.* En quoy les teſtateurs n'ont aucunement à ſe plaindre de cet effect de la loy, lequel au contraire eſt en leur faueur : car anciennement telles charges & cõditions appoſees

a *in l. omnimodo.*
b *in l. 1. de his quæ pœnæ nomine.*

à ce qui estoit laissé aux enfans pour leur legitime, annulloit entierement le testament, où au contraire maintenant la loy s'est cõtentee de rejetter ce qui estoit onereux à la legitime, & au surplus maintient la volonté des deffuncts. Et en cela est fort considerable, que ce qu'elle introduit en faueur des testateurs est nouueau, & pour les gratifier: Et ce que elle ordonne pour les enfans, n'est que l'ancienne reigle, qui s'obseruoit generalement aux conditions semblables qui estoient adjoustees aux laiz, *si quis enim vel in adimendis vel in transferendis legatis aliquid legibus interdictum facere iussus fuerit sine vllo damno testatoris licebat negligere præceptum* [a]. Puis doncques que les curieuses precautions qu'a voulu apporter le testateur *& misera illa & nimia diligentia*, n'ont peu exclurre le demandeur du supplément de cette legitime, que les declaratiõs semblablement qu'a faictes la Dame de Porieres, soit de parolles, soit par effect ne luy ont peu en cela preiudicier, n'ayant iamais expressément renoncé à ce droit de supplément, luy ayant esté reserué par arrest, & ayant encor par son testament chargé son heritier de le poursuiure, il ne reste plus au deffendeur qu'vn seul moyen, qui est de mõstrer comme il a voulu faire que

a *l. vnica. C. de his quæ in test. §. vlt. Inst. de leg.*

ce supplément est payé & plus que payé, par la iouyssance que la Dame de Porieres a faicte durant vingt deux ans, de la moitié des fruicts de tous les biens du deffunct. Deffence qui est fort aisee à abbatre ; & est grandement esbranlee de soy-mesme, par les discours dont le deffendeur l'a voulu appuyer, ne plus ne moins que les trop vieilles & ruïneuses murailles qui tombēt à bas lors que lon y pense toucher pour les reparer. Car il est tout euident par les textes qui ont esté alleguez [a], que la legitime ny le supplément d'icelle ne peut estre laissee aux enfans en fruicts seuls ; non plus qu'en la seule proprieté. *Sed oportet modis omnibus eis huius legitimæ partis, quam nunc deputauimus, & vsumfructum insuper & proprietatem testator relinquat.* Que si les fruicts leur sont laissez sans la contingente part de la proprieté, ces fruicts-la iamais ne s'imputent au payement de la legitime, comme il est expressément porté par cette loy *Iubemus*. Et si le testateur l'ordonne, nonobstāt son ordonnance, & nonobstant la perception des fruicts, l'heritier fait sa detractiō en corps hereditaires. Le deffendeur respond que cela s'entend seulement en cas de restitution, & lors que celuy qui doibt prendre la legitime est institué heritier, &

a. *§. repletionem. l. scimus. §. prohibemus auth. de triente & semisse.*

greué de restituer, qui est le cas de la Trebellianique. Mais les Docteurs là dessus demandent, *& quid in legitima?* & respondent *quanto magis*, veu que sa faueur est fondee sur les plus vifues & charitables affections de la nature, & s'empeschent de chercher des raisons pour le prouuer. Mais en vain pour n'auoir pas assez curieusement obserué tous les termes de cette loy, laquelle ayant introduit cette disposition au cas de la Trebellianique au profit des enfans, adiouste ces mots, *Idemque in retinenda portione legis Falcidiæ obtinere iubemus.* Or la Falcidie en la personne des enfans n'est rien autre chose que la legitime. Et ce mot de legitime a esté aux premiers temps tousiours appellé par les premiers Iurisconsultes *Falcidia*. Et encores du temps des derniers Empereurs a-on cõfusément vsurpé l'vn pour l'autre[a]. Et en fin toute la difference qui est demeuree, c'a esté que la quantité de la legitime, ayant esté augmentee par la loy, selon le nombre des enfans, ils auoient le choix ou de la prẽdre à la façon des estrangers qu'ils appelloient lors plus specifiquement Falcidie, ou selon que la loy permettoit par priuilege aux enfans qu'ils appelloient legitime. Doncques puis que nous sommes en l'expresse disposition de la loy,

[a] *l. quæ nuper. C. de inoff. test. l. Papinianus. ff. eod.*

il ne nous faut point chercher de discours, mais nous tenir à ce qu'elle ordonne, & prendre cette reigle qu'elle nous donne, que les fruicts perceuz par les enfans, ne sont iamais imputés en leur legitime, quelque chose que le testateur ait voulu au cõtraire. Ouy, mais ce dit-on, cela est bon lors que le testateur ne laisse aux enfans les fruicts, sinon iusques à la concurrence de leur legitime, mais quand il leur laisse des fruicts grands, riches, opulens, desquels ils ont tiré ou peuuent tirer trois fois autant que leur legitime. En ce cas, est-il pas raisonnable de dire que la prohibition de la loy cesse, puis qu'elle est introduitte au profit des enfans, & que les enfans ont plus de profit de prendre ces fruicts, que non pas vne petite part de la proprieté? A cela il y a deux pertinentes responces, La premiere tirée d'vn argument du moins au plus. Car est-il pas certain que quand lon dict que les enfans n'imputent point les fruicts en la Trebellianique, on ne distingue point si les fruicts montent plus ou moins que la Trebellianique? mais generalement il est vray de dire, que à quoy qu'ils montent, les enfans ne les imputent point, quelque chose que le testateur ait ordonné. Or la legitime est plus fauorable

que

que la Trebelliaque, *Ergo tanto magis*, n'imputera-elle point les fruicts. La seconde est de l'Authentique [a], car si cette raison de la plus-valeur eust esté bonne, on eust dict au fils auquel le pere au lieu de la tierce partie de tous ses biens, auoit laissé la proprieté du total, qu'il n'auoit nulle occasion de se plaindre, puis que toute la proprieté desnuée des fruicts, valoit deux fois mieux que le tiers auec les fruicts. Et toutesfois l'Empereur a trouué cette plainte des enfans si raisonnable qu'il y a voulu pouruoir, non pas par la simple douceur de la loy *omnimodo*, & de la loy *quoniam in prioribus*, laquelle deschargeant telles dispositions de ce qui pouuoit estre au preiudice de la legitime des enfans, les validoit & cōfirmoit au reste : mais par vne prohibition penale, & qui tiroit apres soy par la consequence de sa sanction l'entiere nullité & euersion des testamens. Tellement que l'Empereur par vne autre nouuelle, faicte cinq ans apres [b] fut cōtraint d'en adoucir la rigueur & la reduire à la disposition des premieres loix que nous auons cottees. Suiuant la disposition doncques de ces loix, noz docteurs ont demandé si le testateur a laissé toute la proprieté de ses biens à ses enfans, & l'vsufruit à vn tiers, comment se fera le

a *In §. prohibemus.*

b *Vt cum de appellatione cognoscitur.*

ſupplément en adiouſtant l'vſufruict à la legitime, oſtera-on quelque choſe de la proprieté aux enfans? Ils reſpondent tous que non, que les enfans auront toute la proprieté & l'vſufruit de leur portion legitime, la proprieté par l'ordõnance du teſtateur, & ceſt vſufruit par celle de la loy ſans diminution l'vn de l'autre. Il eſt vray que ſ'il y a pluſieurs enfans inſtituez, en ce cas lon fait le ſupplément en ſorte que chacun d'eux puiſſe auoir en proprieté ſa legitime, & ce qui reſte chacun l'aura ſelon que le teſtateur luy a laiſſé, *ſi filius in vſufructu omnium bonorum ſit inſtitutus & alij ſint filio cohæredes, datur proprietas legitimæ & minuitur vſusfructus vſque ad rationem legitimæ cæterorum* [a]. Or en ce cas les deux filles eſtoient egalement inſtituées en l'vſufruict chacune de la moitié, par conſequent il n'y auoit perſonne qui le leur peuſt debattre, il le leur demeuroit donc entier ſans pouuoir eſtre imputé, puis que iamais les fruicts ne ſont imputez en la legitime. Reigle de laquelle il ne faudroit point demander de raiſon, puis qu'ell' a l'authorité ſi expreſſe de la loy, puis qu'ell'a l'approbation commune de tous les Iuriſconſultes. Et toutesfois à qui la voudra rechercher, ell'eſt fort euidente, car la legitime qui eſt donnee aux

a *Xuares ampliatio decima 9. Fernand. vas. in auth. nouiſſima.*

enfans par la loy, n'est pas seulement donnee en consideration des enfans du premier degré, mais encor de ceux qui pourront naistre d'eux, lesquels auroient la legitime eux mesmes si les peres se trouuoiẽt morts lors du deces de leur ayeul: mais leur pere se trouuant viuant, on leur pouruoit en sa personne. Or si l'enfant n'auoit pour sa legitime qu'vn vsufruict, venant à deceder que laisseroit-il à ses enfans que du vent, & la souuenance d'auoir vescu opulemment, qui est vn rengregement de misere? Au lieu que la legitime doit proceder d'vn office de pieté & d'vne charitable prouidence, ce ne seroit aux enfans qu'vn piege pour les faire tomber eux & leur posterité en vne pitoyable indigence. Car ayant vn grand & ample vsufruict ils s'imagineroient tousiours l'opulence de leurs predecesseurs, voudroient tenir le mesme train, consommeroient tout, & ne laisseroient à leurs successeurs que le regret d'auoir esté quelque temps trop à leur aise. Aussi estoit-ce la ruse auec laquelle cest ancien finet se vangeoit de ses ennemis.

Eutrapelus cuicunque nocere volebat,
Vestimenta dabat preciosa, pourquoy? *Beatus*
Iam cum pulchris tunicis sumet noua consilia,
& spes,

Dormiet in lucem, ſcorto poſt ponet honeſtum
Conſilium, nummos alienos paſciet ad imum
Thraxerit, aut olitoris aget mercede cabalum.

Et de faict, imaginons-nous que la dame de Porieres euſt eu vne douzaine de filles, comme il ſe pouuoit, & qu'elle n'euſt eu autre choſe que l'vſufruict qui luy eſtoit laiſſé, que luy fuſt-il reſté pour les aider & ſecourir, appuyer leur fortune à l'aduenir, les nourrir, eſleuer & pouruoir ſelon la dignité du lieu dont elles eſtoient ſorties? Si noſtre teſtateur les euſt peu voir du lieu où il eſtoit apres ſa mort, les euſt veuës dis-ie, miſerables & indigentes, euſt-il pas eſté le premier qui euſt blaſmé les loix, qui luy auoient permis d'eſtre ſi deſnaturé à l'endroit de ſa poſterité? euſt-il pas luy-meſme condamné & abominé toutes ces ſubtiles complications de parolles, auec leſquelles il auoit voulu priuer ſon propre ſang de la chaleur naturelle dont il eſtoit tenu le fomenter? Or peut-eſtre qu'on dira qu'il ſçauoit bien que ſa fille eſtoit aliée en vne bõne maiſon. Ouy mais ſ'il eſt permis à vn pere d'en vſer ainſi à l'endroit de ſes filles, il luy ſera permis auſſi à l'endroit de ſes maſles. Tellement que ceſt inconuenient pouuant arriuer à des enfans de bonne maiſon, precipiteroit leur poſterité à vne extreme indigence. Il ne faut pas s'estonner si la loy qui est vn flus de la prouidence eternelle, & qui considere autant ce qui peut estre, que ce qui est, a voulu preuenir vn si desastré euenement, & n'a pas voulu sur de simples fruits, incertains, perissables, & qui se consomment de iour en iour, appuyer la vie de ceux que nous mettons au monde, mais a voulu que *propria patris substantia*, fust caution de la leur, comme celle qui est ferme, stable & permanante, *vt bene nummatis fundata pecunia villis*. Mais abrogeons la loy *iubemus*, posons le cas, contre toutes les reigles du droit, que les fruicts se deussent imputer en la legitime, toutesfois ceux que la dame de Porieres a perceuz n'y seroient point imputez. Car il est certain que les enfans n'imputent en la legitime que ce qu'ils ont par le iugement & benefice du testateur, mais ce qu'ils ont d'ailleurs, & nomément *iure accrescendi*, n'est point subjet à estre imputé, c'est le propre texte de la cõstitutiõ [a]. Or est-il certain que les fruicts que la dame de Porieres a perceuz luy ont appartenu par droict d'accroissement, & qui plus est d'vn heritage subjeċt à restitution, où par consequent concurrent tous les deux cas qui empeschent l'imputatiõ des fruicts. Cela se iusti-

[a] *d. §. repletionem.*

fie aiſément par la diſpoſition du teſtamẽt, & par l'arreſt de l'an 1566. Car le deffunct auoit inſtitué le premier fils maſle de la dame de Porieres ſuruiuant lors de ſon deces: & en cas que la dame de Porieres decedaſt ſans enfans maſles, ou ſes maſles ſans enfans maſles, il auoit ſubſtitué Claude de Peruſſis. Lors du deces du teſtateur, la dame de Porieres n'auoit point d'enfans maſles ſuruiuans: Par conſequent le premier degré d'inſtitution demeuroit caduque. Car quant à Claude de Peruſſis, il n'eſtoit ſubſtitué que ſoubs condition incertaine, & partant n'auoit aucun droit à l'heredité auant l'euenement de la condition, & n'y pouuoit dauantage pretendre que par droict de fideicommis : Eſtant bien certain que la ſubſtitutiõ faicte ſoubs cette condition, ſi elle decede ſans enfans, monſtre que le teſtateur *eam maluit habere quam ſubſtitutum*, & eſt cenſée entre perſonnes conioinctes eſtre chargee de reſtituer, luy ayant d'ailleurs donné la iouiſſance ſa vie durant. Or que ſuit-il de cela, ſinon que ce teſtament demeurant deſert eſt deſtitué d'heritiers vniuerſels? pour le rendre valable il falloit que les filles inſtituées *in re certa*, attiraſſent à elles par droit d'accroiſſement tout le reſte de l'heritage, pour le restituer, puis-apres au fils masle qui naistroit de la dame de Porieres, non pas comme institué, car le testateur n'auoit institué que celuy qui se trouueroit lors du deces, or ne s'en estoit-il point trouué, mais comme fideicommissaire & appellé par la condition *si sine liberis*, en laquelle il estoit compris. C'est ce qui est decidé par tous les docteurs & vieux & recens, mais formellemẽt par l'Immola [a]. Tout cela est ferme & constant par les termes & reigles de droit; mais est d'abondant confirmé par l'arrest de l'an 1566. qui l'a iugé disertement ainsi. Car l'arrest ne trouuant point pour l'heure d'autres heritiers que les filles qui estoient instituées en chose particuliere, & voyant que le droit ne pouuoit souffrir que le deffunct *pro parte testatus, pro parte intestatus esset*, leur adiuge *bonorum possessionem*, mais non vne simple possession prouisionnelle & expectatiue, mais cette possession de droit & effectuelle que sainct Ambroise en vne siẽne epistre disoit que les Chrestiẽs auoient *possessionem cum re*, qui ne differe que de nom de l'heredité. Car il ordonne qu'elles iouiront des biens & de l'heredité, & en feront les fruicts siens. Et afin qu'on ne doutast point à quel tiltre il les charge de payer toutes les debtes de la succession,

a *In l. filius patrem ff de liberis & posthumis.*

qui eſt vn office & function qui n'appartient qu'a l'heritier, & en cas de naiſſance d'vn fils maſle de la dame de Porieres ou de ſon deces ſans enfans, qui eſtoit le cas de la reſtitution, il reſerue le droict de legitime, qui eſtant confus en elles par cette eſpece d'acquiſition & iouïſſance de l'heritage, venoit à renaiſtre par la reſtitution. Tellement que ſoit que lon conſidere le droict d'accroiſſemẽt, en vertu duquel elles ont iouy de ces fruicts, ſoit qu'on conſidere la reſtitution qu'elles ont faicte des biens, on ne peut dire qu'elles ſoyent tenues d'imputer les fruicts par elles perceuz, ſur leur legitime. Et en vain en ceſt endroit le deffendeur reclame ſi haut la volonté du deffunct, & repreſente ſa ſi expreſſe intention. S'il vouloit eſtre entendu des Iuges, il falloit parler conformément aux loix, il falloit compoſer ſes volontez à ce que la pieté naturelle luy ſuggeroit, à ce que l'equité charitable luy cõſeilloit. Mais ayant mieux aimé ſuiure *miſeram illam & nimiam diligentiam*, & l'employer pour ſeruir à la gloire de ſon nom, immortaliſer, ſ'il euſt peu ſa memoire, qu'à cherir ſon propre ſang, & pouruoir à la vie & entretenement de ceux qui deſcendoient de luy, qui eſt la vraye immortalité que les peres doiuent rechercher, il ne se peut plaindre que de soy-mesmes, s'il n'est point entendu, si ses intentions n'ont pas l'effect qu'il auoit projecté. Philon Iuif au liure qu'il a fait de la confusion des langues philosophant mistiquement & profondement, comme il a de coustume sur ce merueilleux euenement, il remarque que cela aduint lors que les enfans de Sem partirent d'Orient pour aller vers l'Occident, cest à dire, comme il l'interprete, qu'ils commencerent à laisser la cogitation & l'amour des choses diuines & celestes pour emplir leurs pensees, & assouuir leurs desirs de la vanité du monde. Lors il leur prit fantasie de bastir ceste grãde tour de Babel, qui deuoit par le dessein toucher iusques au ciel, pensant par là eterniser leur memoire, & s'asseurer *aduersus Deos & aduersus homines*: mais aussi tost la confusion se mit aux langues de ceux qui trauailloient, ils demandoient de la pierre, on leur apportoit de la chaux; ils demandoient de l'eau, on leur apportoit du feu; & ainsi demeura interrompu leur ouurage, n'ayant seruy que d'vne signalee remarque de la vanité des hommes. De mesmes en arriue-il ordinairement aux sages du monde, à ceux qui sont plus signalez parmy les hommes en dignité, en science & en prudence. Car laiſſant l'Orient pour aller vers l'Occident, c'eſt à dire oubliant leur origine & leur condition mortelle, ils ſe laiſſent porter & emporter à de curieuſes recherches d'immortaliſer leur nom, que Pline le grand appelle elegamment *puerilium deliramentorum & auidæ nunquam deſinere mortalitatis commenta*. Ils font comme ceux de Megare, deſquels vn Philoſophe diſoit, *Megarenſes ædificant vt nunquam morituri*, ou pour mieux dire auec le Pſalmiſte, *Tabernacula eorum, tabernacula æterna, vocauerũt nomina ſua in terris ſuis*. Ils font des deſſeins pour mille generations; & comme les Poëtes diſent, que les dieux pour immortaliſer Glaucus luy verſerent cent fleuues ſur la teſte pour eterniſer leur nom & leur memoire, ils la plongent en cent ſubſtitutions, & autant de fideicommis, penſant aux deſpens de leurs propres enfans, & au preiudice des droicts de la nature, ſurmonter le temps qui ſurmonte toutes choſes, & donner vn eſtre ſtable & immuable à leur fragilité,

Sed futuri temporis exitum
Caliginoſa nocte premit Deus,
Ridetque ſi mortalis vltra
Fas trepidat.

Il renuerſe leurs deſſeins, donne les euenemens tout au contraire qu'ils ne les ont premeditez, fait tõber leurs biens és mains de ceux ausquels ils ont moins pensé, ou qu'ils ont moins desiré. Et ainsi la confusion se met en leur langue, leur voix n'est point entendue des loix, ny escoutee des Iuges. Et pource leur faut-il dire auec le Poëte Perse:

Discite o miseri, & causas cognoscite rerum,
Quid sumus, aut quidnã victuri gignimur, ordo
Quis datus, aut metæ qua mollis flex⁹, & vnde,
Quis modus argento, quid fas optare, quid asper,
Vtile numus habet: patriæ carisque propinquis,
Quantum elargiri deceat: quem te Deus esse
Iussit, & humana qua parte locatus es in re.

Aussi faut-il croire que ce grand personnage, des biens & volontez duquel on dispute auiourd'huy, apres qu'il a eu quitté la terre, *postquam se lumine vero Impleuit*, retournãt les yeux sur ce monde *vidit quanta sub nocte iaceret Nostra dies risitque sui ludibria trunci*, s'est mocqué luy-mesmes de ses desseins. Et auiourd'huy qu'il voit les Iuges assemblez pour dispenser ses biens selon la reigle de la iustice, il adjouste ses vœuz à la balance pour la faire trebucher du costé ou l'equité naturelle, l'amour du sang & la pieté donnent le traict contre la vanité. Ce qui fait croire au demandeur, que les Iuges conserueront à la dame de Porieres, de laquelle il eſt heritier, le droict de legitime en la ſucceſſion de ſon pere, & la part en la ſucceſſion de ſa mere, que la nature & la loy ciuile luy donnent.

Sur ceſte conteſtation les parties ayant eſté appointees à eſcrire & produire, & y ayant de part & d'autre ſatisfaict, l'affaire meurement & diligemment deliberé & tout conſideré,

La Cour par ſon iugement & arreſt, faiſant droict ſur les demandes, fins & concluſions des parties, a adiugé & adiuge au demãdeur comme heritier de Claire de Meynier le ſupplément de legitime par luy requis ſur tous les biens que le feu Preſident d'Oppede poſſedoit lors de ſon decés, auec reſtitution de fruicts depuis le decés d'icelle Claire de Meynier, condamne le deffendeur en la qualité qu'il procede, iceluy payer en biens mediocres de la ſucceßion: Si mieux il n'ayme payer en argent auec les intereſts pour le meſme temps à raiſon du denier vingt, detractions & imputations telles que de droict prealablement faictes. Et à cette fin ordonne que le demandeur baillera parcelle des biens & le deffendeur des detractions, & seront les biens estimez par experts, desquels les parties conuiendront ou qui seront nommez d'office par le Commissaire executeur de l'arrest, eu esgard à ce qu'ils valoient au temps du deces & à ce qu'ils valent de present. Pour ce faict estre procedé à la liquidation des choses adiugees ainsi qu'il appartiendra. En quoy faisant la Cour declare que le demandeur ne sera tenu deduire ny imputer les fruicts perceuz par ladite Claire de Meynier, tant en vertu du testament de son pere, qu'arrest du Parlement de Grenoble de l'an 1565. Et par ce moyen aussi pour le regard de la demande des droicts maternels, a mis les parties hors de cour & de proces, tous despens compensez.

SVR DES CONIECTVRES DE FAVX, ET SVR LA QVEstion ſi vne vefue ſe remariant dans l'an du dueil eſt priuable de ce qu'elle a amende de ſon mary.

ROCES s'eſt meu en la Cour de ceans, entre M. Anthoine Bandoli Aduocat au ſiege de Forcalquier demandeur en requeſte ciuile, & au principal à fin d'auoir adiudication de l'heritage de M. Iehan Vere Procureur au meſme ſiege ſon couſin germain, & encor querellé en cas de faux & ſuppoſition de pretendu teſtament d'vne part. Et Damoiſelle Yſabeau de Godin femme de maiſtre Balthazard de Villeneufue deffendereſſe en icelle requeſte ciuile & principal, & querellãte en faux d'autre.

AVQVEL procés le demandeur diſoit, Que M. Iehan Vere ayant eſté nourry en ſa ieuneſſe auec Noel Bandoli ſon oncle (outre la bienueillance que la nature auoit conciliee entr'eux) la societé & commune nourriture y apporta tel accroissement d'amitié, qu'elle ne se pouuoit pas imaginer plus grande. Et de faict dés l'an 1552. Vere estant encores fort ieune s'en allant à la guerre, fit son testamẽt & institua Noel Bandoli heritier en tout ses biens. Depuis estant de retour il se maria. Mais ayant passé ses meilleures annees auec cette premiere femme, & en ce doux & paisible mariage, basty vne mediocre fortune, se trouuãt veuf & sans enfans auroit dés l'an 1580. conuolé en secondes nopces auec Ysabeau de Godin deffenderesse fort ieune & inesgale à ses ans & à son humeur. Au lieu de trouuer en ce mariage la consolation & le soulagement qu'il cherchoit, il y trouua les tourments & les ennuis, que la difference de l'aage & diuersité des desseins ont accoustumé de former en telles conionctiõs: Car la deffenderesse qui n'estoit entree en cette maison que pour la butiner, & non pour y apporter le tiltre & la douceur de femme, mais en emporter celuy de veufue & d'heritiere, commença à pratiquer toutes les ruses qu'on peut excogiter pour paruenir à semblable dessein. Elle n'oublia nulle sorte de blandices & caresses, mais pource qu'elles n'auoient pas grand prise sur vn homme ja fort meur & demy mort, ell'eust recours aux crieries & tempestes, dont ell'emplist toute cette maison. Le mary pour se deliurer de cette misere fut contraint dés l'an 1580. neuf mois apres son mariage, faire vn testament, par lequel il instituoit la deffenderesse son heritiere, à la charge de restituer apres son deces sa succession à Noël Bandoli pere du demandeur & oncle maternel de Vere. Vere dõcques pensa par ce sacrifice auoir appaisé ce demon domestique ; & à la verité cette institutiõ plaisoit fort à cette femme, mais cette substitution l'offensoit. Elle vouloit auoir les biens sans aucune charge ny exception. Et pource nouuelles clameurs, nouuelles tempestes recommencerent en la maison, iusques à feindre qu'ell'estoit furieuse, tant qu'en fin il fust cõtraint par vn autre testament faict l'an 1583. reuoquer ce fideicommis, la rendre seule heritiere & sans aucune charge, *sic codice Scæuo hæredes vetat esse suos, bona tota feruntur ad Phialen.* S'estans coulez douze ou treize ans depuis ce testament, la deffenderesse qui sçauoit assez que cette disposition ne procedoit pas de la volonté ou bienveillance de son mary, & qu'a le premiere commodité il la chan-

changeroit. Elle pensa qu'il luy en falloit oster le pouuoir, & pour ce l'an 1596. elle fist renouueler ce testament & y aposer vne clause reuocatoire de tous autres testamẽs qu'il pourroit faire par apres, sinon que ces mots y fussent inserez, *nisi Dominus custodierit, &c.* Cependãt l'aage pressoit tousiours dauantage le pauure Vere, & l'admonestãt de la condition commune des hommes, luy ramenteuoit aussi ce qu'il deuoit à son sang. C'est pourquoy l'an 1601. au mois de Mars, estant deputé pour se trouuer aux estats de la Prouince en cette ville d'Aix, se voyant en liberté, hors de la veuë de cette dure & inflexible femme, il pensa, auant que satisfaire à la nature, satisfaire à sa conscience, pouruoir à ses affaires domestiques: tousiours en crainte toutesfois que sa femme n'en fust aduertie, ou qu'elle n'en eust quelque soupçon. Et pource luy mesme *nullo adhibito iurisperito, sed sequutus animi sui sententiam*, dresse & escrit tout de sa main son vray & dernier testament solennel en trois pages de papier, le signe, le ferme, y appose les seaux, & ce faict, le sixiesme de Mars vient trouuer Dieulefaiz Notaire de cette ville, luy declare en presence de sept tesmoins, personnes d'honneur, que cela estoit son dernier testament, luy en demãdé acte, qui fut escrit sur le dos d'iceluy, signé par tous les tesmoins. La fin de cet acte fust qu'il pria & coniura autant qu'il peust le Notaire & les tesmoins de ne point reueler qu'ils eussent receu ce testament, pource qu'autrement ils seroient cause de son malheur, & de luy exciter vne horrible tempeste en sa maison. Il s'en retourne à Forcalquier, faict bonne mine à sa femme, tient ce faict fort secret, faisant toutesfois sentir au demandeur par tous ses discours, quand il parloit à luy, qu'il l'aimoit & vouloit faire pour luy, & le pressant tousiours de sortir de la maison d'Amoureux sõ beau pere, auec lequel le deffunct estoit fort mal, comme en fin selon sa remonstrance il fist, & se retira en vne maison qui luy appartenoit, & où ledit Vere le venoit souuent voir, au haut de laquelle, comme il s'est descouuert depuis, il cacha son testamẽt dans quelques ruines. Et afin qu'on n'eust point subjet d'y bastir, dressant le testamẽt de Noël Bandoli, il y mit vne clause que celuy à qui la maison viendroit ne seroit tenu de rembourser Anthoine Bandoli des reparations qu'il y auroit faictes. Vn an ou peu plus n'estoit pas encor passé, que la vieillesse iointe au mauuais traictement que receuoit Vere en sa maison, luy apportent la maladie dont il est decedé. Si tost que sa femme le sent malade, voila la porte de sa maison fermee, tous ses parens exclus; il les demande, il les mande, il n'y a moyen qu'il les puisse voir. Toutesfois vn iour il fist tant d'instance de voir le demandeur, qu'on fust contraint de le faire entrer. Mais aussi tost la deffenderesse s'assied sur le lict, demeure là en sentinelle pour espier si ce pauure hõme ne parleroit point de testament. En sorte qu'il ne peust dire autre chose au demandeur sinon, mon cousin estudiez bien, feuilletez bien voz liures: parolle à laquelle le demandeur n'apportoit pas lors grande attention. La maladie se rengrege, principalement faute de remedes & d'assistance, c'estoit ce que la deffenderesse attendoit, agitee neãtmoins tousiours de quelque soupçon, & auec peine s'asseurant de trois testamens qu'elle auoit faict faire à son mary. Elle consulte ses amis, & en fin se resoult que le plus seur estoit d'en auoir encores vn dernier. Elle assiege doncques derechef ce pauure malade, le presse si fort, le violente & tourmente en sorte, qu'elle luy faict faire en pleine nuict vn autre testament nuncupatif, se faict instituer heritiere seule, faict reuoquer tous autres testamens, & toutes les clauses reuocatoires qu'ils pouuoient contenir, nonobstant qu'elles ne soient point exprimees par celuy-cy. Ce qu'il dit ne pouuoir faire à cause de sa maladie. Elle n'y faict point apposer de clause derogatoire, comm' elle auoit faict aux autres. Ce qui est fort remarquable, pource qu'elle s'asseuroit assez qu'elle mettroit bien ordre qu'il n'en feroit iamais d'autres. Vere se voyant en cet estat, ne pouuant d'autre façon tesmoigner la violence qui luy estoit faicte, signant ce testament, contrefist si euidemment son sein, que chacun de ceux qui estoient là s'en apperceurent. Il decede sur la fin de Iuin 1602. aussi tost elle se faict mettre en possession des biens. Cependant ores que ce testament solennel eust esté tenu fort secret; Si est-ce qu'ayant passé par les mains d'vn Notaire & de tant de tesmoins, il ne se pouuoit faire qu'il n'en courust quelque bruit. Noël Bandoli pere du demandeur, qui croyoit qu'il fust en la possession de la deffenderesse, la poursuit pour l'exiber, elle se deffend: & pensant qu'il fust perdu, ayant ouy dire que Dieulefaiz Notaire de cette ville l'auoit receu, elle se veut asseurer de ce costé; demande qu'il ait à declarer s'il a aucun testament. En fin les parties ayans plaidé quelque temps, n'apparoissant point de ce testament solennel, la deffenderesse obtient Arrest du dix-neufiesme Decembre 1602. par lequel en vertu du dernier & nuncupatif, les biens de Vere luy sont adiugez. Elle n'eust pas si tost cet arrest, que prenant la liberalité de son mary pour vn argument de delices, au lieu d'en porter le deuil qu'elle deuoit, dãs les neuf mois du deces elle conuole en secondes nopces, & en faict la celebration en temps de Caresme. Cette cause estoit plus que suffisante pour faire perdre à la deffenderesse cette succession. Mais Dieu à qui cette immodeste, voire impudique façon desplaisoit, voulut de tout point asseurer la vengeance de son incontinence. Car il permit par vn espece de miracle, que le haut de la maison du demandeur estant tumbé, il fust contraint d'y faire trauailler, & pour commencer, faire leuer quelques ruynes du toict qui estoient tumbées sur le plancher du grenier. Il y enuoya pour cet effet les garçons de quelques siens voisins, & entr'autres vn nommé Granon, qui se tenoit chez Amoureux, son beau pere: leuant vn vieux bast & des plastras qui estoient là en vn lieu où il pleuuoit, ils vont voir vne petite boëtte de fer blanc, sale & rouillee: l'ayant ouuerte, ne trouuant dedans que du papier, ils l'apportent à Amoureux. Amoureux voit que cela estoit fermé comme vn testament, & garny de cachets, bien qu'effacez; il la porte au demãdeur, qui estoit lors malade. Si tost qu'il l'eust veuë, il luy souuint des paroles lors non entendues que Vere luy auoit tenues, luy vint au cœur que c'estoit ce testament dont il y auoit eu tant de bruit: Commence à se souuenir que Vere estoit souuent venu chez luy sans qu'il en sceust le subjet, commence à cõprẽdre que c'estoit pour y cacher ce testament, se souuient des paroles qu'il luy auoit dictes; Feuilletez bien voz liures: il les feuillette, il trouue dans vn de ses liures, nommé *speculator* ces mots, Mon testament est au plus haut de vostre maison, signé Vere. Cependant cherchant encores parmy ses liures & ses papiers, il trouue dãs vn sien liure intitulé *supplementum chronicorũ*, vn autre billet portant; A ton plus haut est mon testament, & mes memoires sont au dos du liure de raison, & des presentations & deliberations, aux couuertes de mes memoires, aussi de la collocation de la caue, & en mon cabinet, signé Vere. Il cherche dans la couuerture de ce liure des presentations, il y trouue vn autre billet portant; Mon cousin i'ay faict mon testament, mis au plus haut de vostre maison, n'ayant legué en tout que trois cens & tant d'escus, auec vne pension à ma femme durant sa viduité: Soyez bon mesnager, & releuez le nom de Vere auec honneur, & fuyez la compagnie de vostre beau pere, signé Vere. Depuis encores il en trouue vn autre où estoient ces mots; Mon testament est au plus haut de vostre maison, contenãt la descharge de ma cõscience, tant enuers l'hospital que de mes pauures parens, auec vne pension à ma femme durant sa viduité, ayant prohibé les detractions, faict peu de laiz, pour cõseruer mon nom à l'heritier, ayant institué mõ cousin l'Aduocat, s'il sort de la maison d'Amoureux, là où il n'a eu que peine & des-honneur, signé Vere: & au bas, Faict à Aix le sixiesme Mars 1601. Alors il ne doute plus que ce ne soit le testament de Vere, il faict assigner la defenderesse pour en voir faire l'ouuerture. Il y a commissaire deputé pour cet effet. Ce testament est exibé, consistant en vne feuille de papier pliée en quatre, fermée par les quatre coins auec de la soye iaune, & vnze cachets, sur les costez desquels la forme estoit fort effacee & s'y reconnoissoit peu de chose: le papier au dessus estoit tout verd iaune, à cause de la rouille qu'auoit contracté la boëtte, par l'humidité immunde du lieu où elle auoit long temps demeuré, il apparoissoit qu'il y auoit eu de l'escriture dessus, & des seins, dont toutesfois il ne restoit aucune chose lisible, pour la mesme raison de la rouille & humidité. L'on auoit sçeu que le deffunct auoit fait vn testament solennel, la deffenderesse mesme auoit (par la poursuitte qu'elle auoit faite) indiqué que c'estoit Dieulefais qui l'auoit receu : le notaire auoit declaré qui estoyent les tesmoins : Le notaire & les tesmoins au nombre de sept sont adjournez : tous fors vn des tesmoins declarét que la verité est telle que Vere leur a presenté vn papier fermé, qu'il leur a dit estre son testament : que le notaire en escriuit l'acte au dessus, lequel eux tesmoins signerent : mais disent qu'ils ne peuuét sçauoir si c'est le papier qui leur est represente, attendu que toute l'escriture qui est au dessus est entierement effacee, sans qu'ils puissent rien reconnoistre. Il est passé outre à l'ouuerture, il se treuue dedãs trois pages escrites & signees de la main de Vere, contenant son testament solennel en datte du vingt-deuxiesme Mars 1601. auec vn petit billet inseré dedans, escrit aussi de la main dudit deffunct, portant ces mots; Escrit le seiziesme Feurier, datté le vingtdeuxiesme Mars, clos le premier, & signé le sixiesme. Il est procedé à l'aueratiõ de l'escriture du deffunct, le testament & les billets sont preuuez par bon nombre de tesmoins estre escrits de la main du deffunct. Ceux qui ont trouué le testament sont ouys, declarent la façon dont il a esté trouué. Par ce testament, apres auoir declaré qu'il auoit desia par trois fois esté cõtraint de tester contre sa volonté, ayant pourueu au fait de sa sepulture, fait plusieurs laiz à de ses parens, & vn à l'hospital duquel il auoit esté Recteur & n'auoit point rendu compte, de la somme de cent escus; fait aussi quelques laiz à la deffenderesse sa femme; au surplus de ses biens il institue son heritier Anthoine Bandoli son cousin & ses enfans masles, à la charge de porter son nom & armes. Et au cas qu'il ne soit point sorty de la maison d'Amoureux, son beau pere, luy legue tant seulement cinq sols, & veut l'heritage estre deferé à Iean Bandoli son frere. Et au cas qu'il moursust sans enfans masles, substitue Pierre Bãdoli procureur aux comptes, & successiuement ses autres freres. Veut son testament valoir comme codicile, & autrement au mieux qu'il pourra. Et pource qu'il se souuient que sa femme l'a forcé de faire plusieurs autres testamés, il les reuoque, quelque clause qu'ils puissent contenir, mesmes celuy qui contient ceste clause reuocatoire, *Nisi Dominus &c.* Et veut qu'aucun testament qu'il puisse faire à l'auenir, ne soit d'aucune valeur, si ces mots n'y sont inserez de mot à mot : Seigneur, la femme que tu m'as dõnee me l'a fait faire. Et si celuy qui sera institué heritier n'est chargé de porter son nom & armes. Et en fin il prie tous Iuges de suppleer tous les deffauts qui se pourroient trouuer en la solennité du testament, escriture & ouuerture d'iceluy. Voyant doncques le demandeur la volonté de deffunct Vere son cousin, il presente requeste à fin d'auoir adjudication de l'heritage, tant au moyen du testamẽt, que pour estre la deffenderesse priuee de tout ce qu'elle pourroit pretendre à quelque titre que ce soit és biens du deffunct, pour s'estre indignement remariée dans l'an du deuil de son mary. Et à fin de leuer le prejudice que lon pourroit fonder sur l'arrest d'adjudication de l'heritage au profit de la deffenderesse, entant que besoin seroit, obtient requeste ciuile pour estre restitué cõtre iceluy. Les parties ayans esté renuoyees sur le tout en iugement, la deffenderesse &

Villeneufue son mary, soustiennent que ce testament est nul, qu'il est reuoqué, que son mariage ne luy peut nuire. Mais iugeant assés toutes ces deffenses-la foibles, pour arrester le coup du iugement, se seroient inscrits en faux contre ce testament; qui auroit esté cause que la Cour auroit ordonné qu'il seroit mis au Greffe; que la deffenderesse bailleroit ses moyens de faux. Sur lesquels depuis auroit esté ordonné qu'il seroit informé, & le testament veu par experts. Et sur l'information & rapport, adjournemẽt personnel auroit esté decerné, tant contre le demandeur, Diane Amoureux sa femme, André Amoureux & Melchionne Astieu sa femme, que Anthoine Granon son nepueu. Mais ayant esté le demandeur & autres querellez ouys, la charge se seroit trouuee si foible, & leurs respõces si pertinentes, que par arrest les informations, responces & rapports auroient esté ioincts à la requeste ciuile, & neantmoins ordonné qu'il seroit fait nouueau rapport. Ce qui auroit esté executé, & depuis les parties appoinctees à escrire & produire. Or les choses estãs en cet estat, il appert que le iugement de la requeste ciuile depend de la validité du testament. Car s'il est valable, il est certain que l'arrest qui a esté donné sans qu'il ait esté veu, est nul & reuocable, puis que mesmes c'est par vn accident, & non par negligence qu'il est demeuré caché & supprimé. Venant doncques au principal, il est certain que les questions qui demeurent à iuger au procés sont; La premiere si le testament solennel est faux & supposé, comme a voulu dire la deffenderesse. La seconde, si cessant la faussеté on peut pretendre qu'il soit nul. La troisiéme, si estant valable il est deuëment reuocqué par le testament nuncupatif posterieur, ou si la clause reuocatoire qui est en ce testament a empesché l'effet du subsequent. La quatriéme, si en tout cas la deffenderesse doit pas estre priuee de tout ce qui luy a esté laissé par la derniere volonté du deffunct, & de tous ses auantages nuptiaux, pour s'estre remariée dans les dix mois de son decés. Commençant doncques par la premiere question, il est certain que ce qui dependoit de la preuue des informations est couuert & preiugé par l'arrest qui les a ioinctes au procés auec les responces des querellez. Car puis que la Cour a iugé qu'il n'y auoit pas lieu de faire confronter les tesmoins; Ell'a iugé que leur deposition ne chargeoit point, laquelle ne peut faire aucune foy sans la confronration. Il ne demeure doncques que les rapports,& les indices resultans de la suitte & texture du fait. Et pource le demandeur disoit, qu'il n'estoit plus loisible de douter si ce testament estoit veritable, puis qu'à l'ouuerture d'iceluy il auoit esté aueré, tant par cõparaison de lettres que par témoins, que tout le corps du testament, & la signature d'iceluy estoit de l'escriture de Vere. Que par les raports, la pluspart des experts l'auoient ainsi asseuré, & les autres ne l'auroient pas nié, mais seulement douté & remarqué quelque difference, laquelle se void aussi entre toutes les escritutes du deffunct, & qui arriue à celles de toutes les personnes qui font des escritures en diuers temps. Mais toute ceste doute est-elle pas entierement leuee par cinq billets, que lon ne peut nier estre escrits de la main de Vere, qui ont esté reconnuz pour tels, qui tous font mention de ce testament? Celuy qui s'est trouué dans le testament contient le iour qu'il a esté escrit, qu'il a esté signé, qu'il a esté datté, qu'il a esté clos? Le deffunct vieil & aagé se souuenant d'auoir antidaté son testament, craignant que cela ne dõnast subjet à quelque differend, le voulut esclaircir par ce billet. Car comme il estoit vieil, & que ce testament estoit tout escrit de sa main, & receu par notaire & tesmoins, ne voulant pas prendre la peine de le rescrire, ny moins de reuenir pardeuant le notaire & les tesmoins, & par ce moyen diuulguer dauantage ce qu'il faisoit, fist ce premier billet qu'il insera dans le testamẽt. Les autres quatre font mention non seulement du testament, mais de sa datte, du contenu en iceluy, iusques à vne speciale designation des laiz, institutions, charges, & encores du lieu où le deffunct auoit caché son testament, & de la raison pourquoy, à cause de l'humeur de sa femme. Qui peut doncques douter que le deffunct ait fait vn testament solennel, & que ce soit celuy-cy, puis qu'il a esté trouué au lieu où il l'auoit designé, & mesmes qu'il ne s'en trouue point d'autre? Mais veut-on plus clairement iuger la verité de ce fait, qu'on considere ce que c'est, ce qui a precedé, ce qui a suiuy, & on y verra plus clair qu'en plein midy. Par ce testament Vere laisse Anthoine Bandoli son heritier. Si ç'a esté le desir & la volonté du deffunct, il est aisé à iuger. C'estoit vne affectiõ que la nature luy suggeroit, il n'auoit point de parens plus proches, & à qui par l'obligation de charité il deust dauantage. Tellement que si les hommes sont cẽsez vray-semblablement auoir fait ce à quoy l'honneur & la pieté les conuie, il a deu faire ce qui est contenu en ce testamẽt, duquel on peut iustemẽt dire ce que Pline Secõd disoit d'vn semblable, *Testamentũ eo laudabilius, quod illud pietas, fides, pudor scripsit, in quo denique omnibus affinitatibus pro cuiusque officio gratia relata est.* Que si lon veut encores plus curieusemẽt rechercher quelle peut auoir esté sa volonté; si ce qu'il en a escrit en ces derniers iours ne semble suffisant, venons à la coniecture de la loy qui dit, que *desideria morientium ex arbitrio viuentium, non sine iusta ratione colligimus* [a]. Et lors on trouuera que le defunct dés sa premiere ieunesse dés l'an 1552. qu'il n'auoit pas encores grand subjet de penser à la mort, fist son testament produit au proces, par lequel il institua Noël Bandoli pere du demandeur. Depuis voyant que le demandeur suiuoit la profession des lettres & de la iurisprudence, plus approchante de celle du deffunct, & que Noël Bandoli pere estoit ja si aagé qu'il n'y auoit point d'apparence qu'il le peust suruiure, il transfera cette affection en la personne du demandeur, lequel il cherissoit & caressoit autant que les ialousies & auares desseins de sa femme luy permettoient, le pressant tousiours de desloger de chez Amoureux

a l. quoniã C. de natu. lib.

ſon beau pere, & le viſitant ſouuent depuis qu'il en fuſt deſlogé, pour auoir commodité de cacher en ſa maiſon ce teſtament: comme il fiſt en fin, luy laiſſant toutefois des indices par ces billets du lieu où il le deuoit trouuer. Voila doncques la veriſimilitude de l'acte, qui accompagne cette eſcriture, & la rend indubitable, comme d'ailleurs elle l'eſt. Et auſſi, comme pourroit-on imaginer au monde que lon euſt contrefait trois grandes pages d'eſcriture d'vne meſme perſonne, ſans que lon s'en apperceuſt incontinent? Vn ſein, vn mot, vne ligne ſe peuuent contrefaire, mais encores auec peine: tout vn teſtament, qui le croira ou ſe l'imaginera iamais? Car comme le viſage des hommes, bien que tous d'vne meſme eſpece, voire naiz de meſme pere & mere, voire quelque fois iumeaux, ont neantmoins certaine difference euidente, par laquelle on les diſcerne: la parole auſſi de diuerſes perſonnes, biẽ que procedant de ſemblables organes n'eſt iamais ſi ſẽblable, que l'aureille n'en remarque la diſſemblance: De meſmes l'eſcriture, qui eſt la parole peinte, bien qu'elle fuſt faicte d'vne meſme plume, & auec intention d'en imiter vn'autre, ſe reconnoiſt toutesfois en beaucoup de traits euidemment diſſemblable:

blable,& l'imitation de soy-mesmes s'accuse & conuainc de faucceté. C'est ce que veut dire Tertullian : [a] *id est verius quodcunque prius in omnibus veritas imaginem antecedit*, comme s'il disoit que quelque peine qu'on mette à imiter, il demeure tousiours quelque difference entre le vray subjet & ce qui est contrefait. C'est pourquoy les loix ciuiles, qui ont remparé les testamens de tant de solennitez pour les garantir de l'artifice des faucetez ausquelles ils pouuoient estre subjects, ont tant estimé l'escriture, qu'ils l'ont esgalé, elle seule à toutes les autres ensemble. De sorte qu'elles auoient voulu que ce testament, qu'on appelloit *Olografum* pour estre tout escrit & signé de la main du testateur ne fust subjet à aucune autre solennité, qu'elle croyoit estre suppleé par cette forme, comme nous voyons en la nouuelle de Valentinian, laquelle biẽ que Tribonian ne l'ait voulu transferer entiere en ses liures ; si a-il esté contraint d'en transcrire la plus grande partie en vne sienne loy [b]. Ce qui peut en passant seruir de responce à la nullité dont on veut debattre ce testament, pource que l'acte du Notaire qui l'a receu, & les seins & cachets des tesmoins se trouuent effacez, qui est la seconde question de ce proces. Car il faut

[a] *Aduersus Praxeam.*

[b] *Cum antiquitas §. vlt. C. de testament. & authen. De imperf. testamento.*

considerer que le testateur, qui a preueu à combien d'accidens & d'artifices sa derniere volonté pourroit estre subjecte, a faict tout ce qui luy a esté possible pour l'exempter de toutes les cauillations & subtilitez du droit. Et pource il l'a premierement voulu tout escrire & signer de sa main, & ce en trois pages toutes entieres, afin que la quantité de l'escriture fust moins subiette à estre ou niée ou calomniée. Outre ce il a supplié les Iuges de suppleer tous les deffauts qui s'y pourroient trouuer, tant en la forme qu'en l'ouuerture. C'est à dire tant ceux qui pourroient arriuer par son ignorance, que par quelque autre accident. Il a dauantage adiousté cette clause codicillaire, pour faire valoir par fideicommis ce qui ne pourroit valoir par droicte institution. Or pour faire valoir vn fideicommis on sçait assez qu'il ne faut que la seule volonté sans autre solennité. Si le defunct auoit escrit vne simple lettre missiue, par laquelle il eust declaré son intention & chargé ses heritiers, cela auroit lieu, & rendroit le fideicommis vtile [a]. Ce qui est confirmé par les propres termes de Sceuola [b] en ces mots, *si fides Epistolæ constaret deberi quæ in ea se dare velle significauit.* Sur laquelle loy vn grand Iurisconsulte a noté, *de fide*

a *l. & in epistola. C. de fideicommißis*

b En la loy derniere de *leg. 2.*

constare si manu eius de quo quæritur scripta esset. Que dira-on doncques d'vn testamẽt tout escrit & signé de la main du testateur, confirmé par tant de billets? Car en fin toutes les solennitez que lon requiert aux testamens ne sont que pour auoir preuue certaine que le deffunct l'ait faict, que ce soit sa volonté: quelle plus grande preuue en peut-on auoir, que quand il l'escrit & signe tout de sa main? Voudroit-on dire qu'il y eust aucun nombre de tesmoins qui peust esgaler la foy d'vne telle escriture? *testium facilitas est per quam multa veritati contraria perpetrantur*, dit la loy; au contraire l'escriture est ferme permanente, qu'on ne peut corrompre pour luy faire dire autre chose que ce qu'a voulu celuy qui a escrit. Aussi la loy n'a point voulu receuoir la deposition des tesmoins contre vn acte public, sinon au moins qu'ils fussent en fort grand nombre & pour le moins de cinq. Mais bien ce que chacun par son escriture & soubs son sein a reconnu & confessé [a]. Mais outre ces raisons-la, il faut icy considerer au profit de qui le testateur dispose, c'est de son plus proche parent; & en ce cas nous trouuerons que la loy a deschargé les testamens de toutes ces scrupuleuses solẽnitez qu'on y a voulu requerir. Et cela non seulement

[a] *l. testium fac. C. de testib.*

pour introduire par vn acte imparfait, vne nouuelle disposition, mais encores pour rompre & annuller vne precedente, parfaicte & accomplie de toutes les solennitez requises. Voicy les propres termes d'Vlpian, *Tunc autem prius testamentum rumpitur, cum posterius rite perfectum est. Nisi forte vel posterius iure militari factum sit, vel in eo scriptus sit qui ab intestato venire potest, tunc enim & posteriore non perfecto superius rumpitur* [a]. Dequoy la raison est fort claire & apparante. Car auant que l'homme teste, la loy a testé pour luy, & luy a donné des heritiers qu'elle luy conseille d'aimer & cherir, selon que la charité du sang luy conseille. S'il veut conformer sa volonté au conseil de la loy, il ne faut point de solennité pour la faire valoir: Mais s'il veut estre plus sage que la loy, elle qui ne peut bonnement croire que son subjet se soit ainsi desbauché & alienè de sa discipline, & qui sçait d'ailleurs à combien de captions & d'inductions telles volontez estrangeres & quasi monstrueuses sont subjectes, desire lors tant de solennitez & si grand nombre de tesmoins. Et neantmoins apres que toutes ces solennitez-la ont esté obseruées, s'il le testateur s'en veut departir pour se ranger au veu de la nature, elle ne demande qu'vne simple decla-

[a] *l. 2. ff. de inu. rup. & irr. f. test.*

ration, voire taisible, sans parole ny sans escriture, *si linum inciderit, si signacula abstulerit, vtpote mutata voluntate, testamentum non valet*[a]. Or le demandeur est bien en plus forts termes. Car il soustient qu'on ne peut appeller ce testament imparfait, ne luy imputer aucune nullité. Car il appert par ce qui a esté discouru cy dessus, que le deffunct a faict vn testament solennel pardeuant vn Notaire & sept tesmoins, qui l'ont signé. C'est donc celuy qui se presente auiourd'huy. Lon n'allegue point qu'il y en ait eu d'autre, & aussi les billets le designent assez. Si doncques comme il appert par la deposition du Notaire & des tesmoins, ce testament a eu vne fois sa forme autant solennelle que lon la pouuoit desirer: Si bien auiourd'huy l'acte du Notaire & les seins se trouuent effacez par vn accidẽt du temps, par la rouille qui s'y est attachee, par l'humidité qu'il a cõtractee; peut-on dire qu'il en soit moins valable? C'est vne question qui a esté autrefois faicte, mais si clairemẽt resoluë par les termes expres de la loy, qu'il n'est plus loisible d'en douter, *si tabulæ inquit à muribus rosæ sunt, vel linum aliter ruptum vel putrefactum, vel situ vel alio casu, & sic quoque videntur signatæ tabulæ & possessio peti potest*[b]. Ce qui est encor expressément con-

a *l. nostram C. de test.*

b *l. 1 §. vltimo ff. de bon. poss. ser. tab.*

a l. nostram C. de test.

firmé par vne autre loy [a]. Mais parlons encores en plus forts termes. Posons le cas que ce testament ayant esté vne fois parfait & accomply, apres la mort du testateur il se soit perdu: Pour cela l'heritier institué perdra-il son droit? Non, respond le Iurisconsulte, *tabulas semel extitisse mortuo testatore desideratur, tametsi extare desierint; quare si postea interciderunt, bonorum possessio peti potest; idem si tabulæ exustæ sint & non compareant* [b]. Qu'eust doncques respondu le Iurisconsulte en ce faict cy? où ce qui deffaut des tables de ce testament n'est rien du corps d'iceluy ny de la disposition qui est toute entiere, consignee en vne escriture continuë du defunct, bien auerce & reconnuë? où ce qui deffaut n'est que la signature des tesmoins qui sont encores tous viuans, & de viue voix ont attesté apres serment ce qu'attestoit leur escriture morte & inanimee? Mais ce dit-on il y a vn des tesmoins qui ne se souuient point d'auoir assisté à ce testament, bien qu'il soit allegué par les autres, que dit la loy là dessus? *si quis neget sigillum suum agnoscere, non minus operiuntur tabulæ* [c]. Lon pourroit soustenir que la deposition des autres pourroit assez suppleer celle de celuy-la, & faire foy de son assistance. Toutesfois sans entrer là, il semble que le testa-

b l. si tabulæ ff. quemadmodum test. aper.

c l. 1. ff. test. quem. aperiuntur.

teur ait pourueu à cela. Car ayant appellé à cet acte vn Notaire & sept tesmoins, laissant celuy à qui malicieusement la memoire manque, il en demeure encores six, & le Notaire qui font sept, *plus enim quam ridiculum est dubitare an aliquis iure testis adhibitus sit quoniam idem & tabulas testamenti scripserit* [a]. La deffenderesse allegue pour vne autre nullité contre ce testament, que les tesmoins disent n'y auoir point apposé leurs seaux, chose qui ne merite pas d'estre escoutee. Car on sçait assez que la loy n'oblige pas les tesmoins d'apposer leurs seaux ou cachets, mais ou celuy du testateur ou d'vn autre quel qu'il soit [b]. Or ce testamēt se trouue encor tout couuert de cachets en plus grand nombre qu'il n'y a eu de tesmoins, & les mesmes tesmoins deposent qu'il leur fust presenté par le testateur tout fermé & auec les cachets apposez, les marques mesmes des armoiries y paroissent aucunement. Que peut doncques importer que les tesmoins les ayent apposez ou le testateur, veu mesmes qu'il s'est trouué biē clos & bien fermé? qui est le vray & seul effet que lon peut retirer de l'apposition des cachets. Outre toutes ces raisons-la plusque suffisantes, pour satisfaire à cette pontilleuse objection, on sçait assez qu'en

a l. Domit. labeo., ff. qui test. fac. po.

b l. ad test. ff. qui test. inst. §. 5. eod.

France cette ſolennité d'appoſition de cachets ne s'obſerue plus pour eſtre de la forme eſſentielle du teſtament, & pouuoir par ſon defaut induire vne nullité, comme atteſtent Papon & autres praticiens François. Il faut maintenant reſpondre à ce que lon dit, que ce teſtament ſolennel a eſté reuoqué par le teſtament nuncupatif, faict depuis en faueur de la deffendereſſe tant generalement que particulierement. Par le teſtament ſolennel dont eſt queſtion, le teſtateur qui auoit toute ſa vie eſté aſſiegé par les importunes captations de ſa femme, ſe voulut munir & remparer vne fois pour toutes, & mettre ordre qu'elle ne peuſt rien à l'aduenir extorquer de luy au preiudice de ſes plus proches parens. Le ſeul moyen dont il ſe peuſt aduiſer fuſt d'adiouſter en ce teſtament ſolennel vne clauſe derogatoire, par le moyen de laquelle il declare nulles & contraires à ſa volonté toutes les diſpoſitions qu'il pourroit faire à l'aduenir, ſi cette clauſe n'y eſt inſeree mot à mot & nõ generalement: Seigneur, la femme que tu m'as donnee me l'a faict faire: choſe anciennement pratiquee, non ſeulement és teſtamens, qui ſont loix domeſtiques & familieres, mais encores és publiques, où bien ſouuent on adiouſtoit cette clause, *ne per saturam derogato*; comme remarque Festus Pompeius. La deffenderesse, qui s'en doutoit aucunement, fist apposer au dernier testament vne clause reuocatoire de tous precedens, fist mesmes exprimer au deffunt vne clause derogatoire qui estoit au testamẽt de soixante-seize, & y adiouster, Nonobstant tous autres testamens & clauses derogatoires, lesquelles il reuoqueroit s'il s'en souuenoit, ne s'en pouuant souuenir à cause de son infirmité. Mais il est bien certain que cette reuocation est nulle & de nul effet. Car toutes & quantes fois qu'il y a clause derogatoire apposee en vn testamẽt, il ne peut estre reuoqué sans vne speciale declaration du testateur, laquelle designe le testament & la clause derogatoire. C'est le propre texte de la loy [a], où le Iurisconsulte vse de ces mots, *Nisi specialiter dixerit prioris voluntatis sibi pænituisse*. Et là les Iurisconsultes demandent quand est censee estre faicte speciale mention de la clause derogatoire. Les opinions ont esté differẽtes, mais toutes deux également contraires à la deffenderesse. L'vne des opinions a esté qu'il faut faire mention du testament où la clause derogatoire est apposee, & encores qu'en iceluy il y a clause derogatoire; & de cet aduis ont

[a] *Si quis in principio ff. de leg. 2.*

esté Barthole & ceux qui l'ont suiuy. L'autre qu'il suffisoit de designer tellement le testamẽt auquel la clause est apposee qu'on n'en puisse douter, & dire que lon le reuoque: & de cest aduis ont esté Alexandre & ceux de sa suitte. Or au testament de la deffenderesse il n'y a ne l'vn ne l'autre, ny aucune expresse designation du testament dont il s'agist aujourd'huy, ny moins de la clause derogatoire qui y est apposee; ains seulemẽt vne generale reuocation de tous testamens, & toutes clauses derogatoires. D'où il s'ensuit que la clause derogatoire qui est en ce testamẽt solennel est demeuree en sa force & vertu, & a empesché l'effet du dernier testamẽt qu'on a voulu practiquer depuis. Raison qui est de tant plus forte, que le testateur a declaré par son testament que cette clause derogatoire n'estoit pas pour se priuer de la faculté de tester, mais pour empescher que sa volonté ne fust forcee quand il se trouueroit à l'extremité de ses iours entre les mains de sa femme. Ce qu'il a declaré en deux façons, l'vne quand il a dit, qu'il auoit esté auparauant contrainct par elle de faire plusieurs testamens, l'autre par les termes de la clause derogatoire : Seigneur, la femme que tu m'as dõnee me l'a fait faire. Or si ces clauſes derogatoires doiuent eſtre fauoriſees, c'eſt principalement aux teſtamens ſecrets, & ſolennels. Car à ceux-la on ne peut pas preſumer de la captation & ſubornation, puis que perſonne que le teſtateur n'en ſçait le contenu, meſmes quand il eſt tout eſcrit de ſa main, comme celuy-cy. Et non pas és nuncupatifs & publics, comme eſt celuy de la demandereſſe, qui n'eſt qu'vne volonté inuolontaire, vne parolle extorquee, vne violence faicte à vn homme mourant. Mais le demandeur dit outre cela, que qui conſiderera bien ce teſtament nuncupatif, & en peſera bien les paroles, il verra euidemment que le deffunct a declaré par iceluy, qu'il ne vouloit point reuoquer le ſolennel qu'il auoit fait auparauant, ny la derogatoire qui y eſt apposee. Car venant à reuoquer les teſtamẽs qu'il auoit faits auparauant, il fait mention de ceux qu'il auoit faits dixſept ans y auoit, & de la clauſe derogatoire qui y eſtoit apposee. Et quant à celuy-cy il n'en parle point, ne deſigne point la clauſe, mais generalement dit ne ſ'en pouuoir ſouuenir à cauſe de ſon infirmité. Comme cela peut-il compatir qu'il ſe ſoit ſouuenu & ſi particulierement d'vn teſtament nuncupatif qu'il auoit fait dixſept ans auparauant? & qu'il ne se soit peu souuenir de celuy qu'il auoit tout escrit de sa main, il n'y auoit que quatorze mois, cela est ridicule? Il faut donc dire qu'il s'en est bien souuenu, mais il n'a pas voulu faire semblant de s'en souuenir, de peur de perdre le fruit de ce qu'auec tant de soin il auoit estably pour la descharge de sa conscience & pour le bien de sa famille. Si doncques les loix ont si prudemment reconnu à combiẽ d'importunitez, de captations & subornations estoient subjects les testamens des hommes, principalement s'ils sont vieux, principalement s'ils sont sans enfans, principalement s'ils ont des femmes ieunes & auares. Si elles n'ont point trouué d'autre preseruatif à tous ces inconueniens que le secours des clauses derogatoires, qui sont comme protestatiõs secrettes contre les artifices & violences des captateurs; Renuersera-lon aujourd'huy ce seul & dernier rampart de la liberté des hommes, mesmes vieillard & malades, pour les abandonner à ceux qui les assiegent? Et ceux qui ont rencõtré des femmes semblables à celle-cy ne pourront-ils plus esperer aucun repos, non pas mesmes en mourant, sinon ruynant leur famille, priuant leurs parens de leurs biens, & les transferant par le moyen de leur femme és mains des estrangers? Ce bon dol, cette religieuse fraude, qui fauorisee par les loix auoit accoustumé d'exciter vne risee contre ces corbeaux beans qui se trouuoient frustrez de leur attente, n'exciteront donc plus que de iustes larmes aux vrais & legitimes heritiers qui se trouueront priuez de leur droict. La iustice auroit bien à ce coup, non pas les yeux bandez, mais creuez du tout, si elle introduisoit vne si perilleuse maxime. Mais Dieu par vne singuliere prouidence a permis que cette question, qui pourroit estre disputable en vne autre cause ne le fust point en cette-cy. Car le mauuais gouernemēt de la deffenderesse, ses appetits dereiglez l'ont portee ou plustost precipitee à vne honteuse & infame action, qui la priuent sans difficulté, non seulement de tout ce qu'elle pouuoit pretendre par le testament de son mary, mais encores de tous ses aduantages nuptiaux, qui est le dernier & principal poinct de cette cause. Si tost que son mary a eu les yeux fermez, ell'a ouuert les siens, non pour honorer son tombeau par ses larmes, mais pour fureter de tous costez & recueillir les dependances de ceste proye par elle tant pourchassee. Les premiers mois de son deuil n'ont point esté employez en lamentations & euilations, mais en proces & chicaneries qu'ell'a commencé de dresser contre les parens du deffunt. Ceste occupatiõ pourroit sembler grande & fascheuse pour l'esprit d'vne femme. Et toutesfois elle n'y a mis que le moins de son soin, & les moindres de ses affectiõs, *litigauit simul & amauit.* Les cendres de son mary estans encores chaudes, le bien estant encores en procés, elle forge de nouuelles amours, *totos habet illic fœmina mores*, dequoy tout le monde estant abbreuué & scandalisé, elle est contraincte dans le neufiesme mois (bien qu'en temps de Caresme) de conuoler en secondes nopces auec Villeneufue, à present son mary, *transmutatque domos & transit in altera iura.* Elle ne viole donc pas seulement ce deuil priué & domestique, elle ne neglige pas la reuerence de son feu mary, elle ne mesprise pas la memoire de son biẽ-faiteur, mais elle contamine le temps de la penitence publique, elle enfraint les loix de l'Eglise, elle scandalise tout le mõde. Et pourquoy si precipitamment, si vous ne pouuiez attendre la fin d'vne annee desia si auãcee, que n'attendiez-vous au moins la fin du Caresme, desia demy passé? L'ardeur peut-estre de la ieunesse vous a transportee. Et comme dit Tertullian *Dispumare istis nuptis sanguinis feruorẽ oportuit:* A peine receuroit-on cette excuse d'vne ieune fille en la fleur de ses ans. Bien que comme dit sainct Hierosme, *libido maiorem in virginibus patiatur famem dum dulcius putat omne quod nescit.* Et vne vieille l'osera-elle alleguer, apres auoir demeuré vingt-cinq ans mariée aux costez d'vn homme, aagé de septante ans quand il est mort? Commẽt vous estes-vous donc contenuë pendãt la vie de vostre mary, lors que le nom de femme & la couuerture du mariage vous donnoit plus de licence, & l'objet d'vn vieillard plus d'irritation? Que voulés-vous qu'on en pense ou qu'on en croye? comme parle sainct Hierosme [a]. *Si postquam in tumulo mariti sepe liuisti, aut saltem sepelire debuisti omnes voluptates, & litam purpurissa & cerussa faciem, super feretrum eius diluisti; pullam tunicam nigrosque calceos, cãdidæ vestis & aurati socci depositione, sumpsisti:* Si dis-ie, dãs ces habits pleins de pitié & d'horreur, dans vne maison funeste entre les pleurs & gemissemens vous n'auez peu estre maistresse de vostre cõcupiscence, & la refrener pour trois mois, ou pour le moins pour trois semaines. Comme la conjonction de l'homme auec la femme, est le principe de la societé ciuile, les legislateurs ont iustement estimé que l'estat politique ne pouuoit

[a] *Ad Saluinam.*

estre heureux, si ceste premiere societé n'estoit conseruee pure & nette, si cette alliance n'estoit reiglee & gouuernee, en sorte qu'elle fust comme la source & l'exemple de l'honnesteté publicque. Pour cest effect, il faut que l'homme & la femme y contribuent également l'amour & la dilection, & en particulier l'homme le labeur, & la femme la pudeur, pudeur mere & garde tout ensemble de la pudicité. De cest amour & pudeur, naist l'honneur & le respect que la femme doit à son mary, qui ne doit pas seulement durer autant que la vie d'iceluy, mais autant que la vie de la femme, sans qu'elle reçoiue autre amour en sō cœur, que celuy qui y est entré le premier. Cette opinion a esté fort vniuersellement receuë és premiers & plus innocens siecles, & parmy les plus pures & sainctes mœurs, parmy toutes sortes de natiōs, dont l'enumeration seroit ennuyeuse. Et pource il suffira de renuoyer les plus curieux à ce que *Diodorus, Siculus & Cedrenus*, raportent tant des Egyptiens que autres peuples. Mais pour venir aux Romais, voicy ce que Valere en dit, *multorum matrimoniorum experientiam legitimæ cuiusdam intemperātiæ signum credebant*. Et pour cela Didon d'Enee estant sollicitee d'vn second mariage, souhaitte plustost

plustost mourir *Ante pudor quam te violem, aut tua iura resoluã. Ille meos primus qui me sibi iunxit, amores Abstulit, ille habeat secum seruetque sepulchro.* Et neantmoins depuis s'estant laissee persuader, deplorant son infortune dit, *& quo solo sidera adibam, Extinctus pudor,* comme iugeant auec grande & iuste raison que celles qui estoient mariées deux fois, n'auoient de reste ny honneur, ny bõ heur. Occasion pour laquelle, comme nous apprenons de Tertullian, *fortunæ muliebri coronam non imponebat nisi vniuira.* Ce qui se doit rapporter au dire de cette celebre Porcie femme de Brutus, *fœlix & pudica matrona non nubit nisi semel.* Mais sans emprunter en cela secours des Payens nous ne mãquons pas de grands & signalez docteurs en l'Eglise qui ayent inculqué en l'esprit des premiers & plus religieux Chrestiens ces mesmes opinions. Car Athenagoras en son Apologie appelle les secondes nopces εὐπρεπῆ μοιχείαν. & S. Hierosme *ad Marcellam* dit, que *secundas nuptias non appetimus sed concedimus*, par vne certaine indulgence qui n'est point entierement exempte de quelque note. Cõme s'il disoit auec la loy, *indulgentia quos liberat notat.* Mais ne ramenons point la deffenderesse à cette grande pureté, à cette austerité; laissons-luy iouyr paisiblement de tout ce que l'indulgence des loix luy peut permettre. Sachons seulement ce qu'elle voudra dire de s'estre remariée auant qu'auoir faict le bout de l'an de son mary. La loy qui commande le deuil aux femmes est si ancienne qu'elle est quasi née auec le mariage. Aussi vn ancien disoit il, que *Viduæ luctus pro marito erat.* Ce que Lucain a depuis transferé à la loüange de la femme de Pompee, disant *perfruitur lachrimis, & habet pro coniuge luctum.* Surquoy est grandement à remarquer la difference du deuil que la femme estoit tenuë porter de son pere, d'auec celuy du mary, car l'vn s'appelle simplement *lugere*, & l'autre *elugere*, pour monstrer qu'a celuy du mary il falloit apporter vne parfaicte & accomplie dolcance, de laquelle la principale marque, ou plustost le principal effet, est la cõtinence. Ce qu'Eustatius remarque quand il dit, que les anciens n'immoloient aux ombres des morts que des bestes steriles & infecondes; comme si leurs ames eussent principalement pris plaisir à la continence de ceux qu'ils auoient laissez en leur famille. Or le temps de ce deuil est limité par la loy d'honneur à la vie de la femme, par la loy ciuile plus indulgente à l'an reuolu. Et de faict lors que Romulus constitua l'annee de dix mois, le poëte dit

Per totidem menses à funere coniugis Vxor,
Sustinet in vidua tristia fata domo.

Depuis l'an estant reduit à douze mois, le deuil y a esté aussi limité [a]. Dequoy les Chrestiens qui ont approuué & autorisé cette loy rapportent deux fort solides raisons. L'vne que celle qui dans ce temps, contre ce que les meurs enseignẽt, & les loix ordonnent, passe si tost à des secondes nopces, tesmoigne en ne point honorant la memoire de son mary, n'auoir iamais aimé sa personne; & par consequent auoir violé ce grand sacrement. Monstre dauantage, auoir abandonné la honte & la pudeur, gardes de l'honneur des femmes. L'autre & la plus importante est, que la femme estant separée par la mort demeure bien souuent enceinte, & ne peut estre asseurément deliuree, ou de l'enfantement ou du soupçon de la grossesse, que par le terme d'vn an pour le moins. Car Aule Gelle nous apprend, qu'anciennement le part estoit censé legitime à douze mois. Et Pline second en ses Epistres nous rapporte *Papiriũ partũ tredecim mensiũ agnouisse, & bonorum ei possessionẽ dedisse*. Tellement que ces nopces ainsi precipitées peuuent apporter vne confusion grande, & vne incertitude à la generation, qui est vne des choses du

[a] *l. 2. C. de sec. nupt.*

monde que les loix ont le plus abhorrees. Philon sur les dix preceptes, rendant raison pourquoy Dieu auoit deffendu l'adultere, & pourquoy la peine en estoit si seuere & si irremissible parmy les Iuifs, dit que c'estoit pource qu'il rendoit l'estat des peres & des enfans incertain, & destruisoit cest autre grand precepte de la premiere table, par lequel l'honneur & l'obeissance des peres sont commandez. Car commēt y pourra satisfaire celuy qui a vn pere, & estime en auoir vn autre? Or si cette vague & effrence licence de se remarier si tost que le mary est mort, a lieu, il se pourra faire qu'vne femme en trois mois aura quatre maris, comme il a esté veu à Rome, & comme le Poëte l'atteste

Quinque per automnos titulo res digna sepulchri,

Auquel de ceux-la donnera-on l'enfant? Certainement s'il reste (comme il reste sans doute) quelque resentiment aux morts de ce qui se faict icy bas en la personne de ceux qu'ils ont aimé & chery, ne deuons-nous pas croire que leurs esprits sont grandement contristez, de voir qu'aussi tost qu'ils ont quitté leur femme d'autres les embrassent? & que leur sang quelquefois soit porté dās la couche d'autruy? Ainsi en ont parlé les loix, & ont dit *propter turbationem sanguinis defunctorum ani-*

mas contristari. Quel remede donc à cet inconuenient, sinon de soigneusement garder ce que les loix ont sagement introduit, & religieusement obseruer l'an du deuil, afin que comme la reuolution de l'annee change la face de la terre, leue de dessus ce qui y auoit esté semé, pour la rendre nouuelle & propre à vne autre culture, ainsi elle change la face de la femme, elle la deuoile, asseure que ce qui pourroit estre demeuré en elle du sang de son mary n'y est plus, & que pour le moins durant cet an là que les loix ont prescrit, ell'a rendu à la memoire de son mary l'honneur qu'elle y deuoit, & au public l'exemple de pudeur & continence qu'elle estoit obligee, & que faute de ce faire elle soit declaree infame, priuee de tout ce que son mary luy a laissé & de ses auantages nuptiaux. Aussi est-ce là iustement ce que la loy ordonne, les paroles de laquelle il est besoin de reciter, pource qu'elles portent la decision de cette cause, & que la deffenderesse sans attendre autre arrest s'y verra condamnée. Voicy les mots, *si qua ex fœminis perdito marito, intra anni spatium alteri festinauerit nubere, probrosis inusta notis, honestioris nobilisque personæ decore ac iure priuetur; Atque omnia quæ de prioris mariti bonis vel iure sponsaliorum, vel iudicio deffuncti coniugis consequuta fuerit, amittat.* Cette loy ayant esté ainsi promulguee par les Empereurs Gratian, Valentinian & Theodose dés l'an 380. & 381. Iustinian ne se contenta pas de l'inserer dans son code [a]; mais encores en transcriuit les propres mots dãs son Autentique [b], la loüa, l'autorisa & confirma par vne nouuelle sanction l'an 563. Les siecles suiuans l'ont religieusement obseruee. Les Iugemens & arrests des plus celebres Parlemens de ce Royaume s'y sont conformez, & principalement du Parlement de Thoulouse, grand Senat, plein d'honneur & d'integrité, qui a tousiours referé l'execution des loix à l'honnesteté publique, lequel a si rigoureusemẽt obserué cette constitution, qu'il n'a pas mesmes voulu excuser de la peine de cette sanction la femme qui se remarioit dedans l'an du deuil du consentement des heritiers du mary, ny mesmes par la permission testamentaire du deffunt. Et ainsi l'ont rapporté ceux qui ont faict les nouuelles compilations des plus celebres Arrests de ce Parlement là, tant ils ont estimé que cela estoit du droit public, auquel les particuliers ne pouuoient par aucune conuention deroger. En ce Parlement par deux arrests celebres donnez sur semblable question

a *Titul. de secundis nuptiis.*
b *De nuptiis.*

la disposition de la loy a esté exactement gardee. Tellement que la deffenderesse qui se void ia condamnee par les paroles expresses de la loy, par vne telle suite d'Arrests, ne deuroit point attendre l'euenemẽt d'vn nouueau iugemẽt, qui ne peut qu'augmenter son infamie, ains de soy mesmes abandonner les biens qu'elle possede si indignement. Elle dira, peut-estre, pour penser colorer sa cause & pallier son infamie, que ces loix sont contraires à l'escriture saincte, & au commandement de l'Apostre, qu'elles ont esté corrigees par les decrets des Papes, & que le chapitre dernier *de secundis nuptiis* reuoque la peine de ces loix. Elle dira aussi qu'en la pluspart des Parlemens de ce Royaume, mesmes en celuy de Paris, cela ne s'obserue point. Qu'en celuy-cy il y a plusieurs arrests anciens contraires; & freschement il y en a vn donné le dernier, par lequel vne femme a esté deschargee de cette peine. Elle adioustera qu'elle s'est remariée apres les neuf mois, & neantmoins en aage, où elle n'auoit pas grande esperance d'auoir enfans, & en fin contrainte & forcee, & pour auoir quelque appuy contre les poursuites du demãdeur. En dernier lieu, elle soustiendra que ce que la loy ciuile oste à la vefue qui se remarie, elle l'applique au fisc & non à l'heritier, qui par consequent seroit en cela non receuable. Et toutes ces excuses-là il faut examiner par le menu. Et premierement venant à ce qu'on dit que l'Apostre *iussit iuniores viduas nubere*, lon pourroit respondre qu'il n'a pas parlé de la deffenderesse qui n'est plus de cet aage, mais quadragenaire & fort auancee, *quæ marcidam senectutem florenti iuuentuti substrauit.* Mais en quelque terme que soit conceu ce dire de l'Apostre, il faut l'entendre estre dit par forme d'indulgence, accordee à l'incontinence de quelques femmes, *vt maritum potius accipiant quam diabolum, & sciant sibi non tam maritos datos quam adulteros amputatos*, comme dit sainct Hierosme *ad saluinam*. Or comme dit sainct Cyprian *aliud est ad veniam stare, aliud est ad gloriam peruenire.* Il y a bien difference de dire que leur incontinence ne leur soit point imputee à peché, ou qu'elle leur soit imputee à grace, pour estre rendues dignes de la beneficēce de leur mary, & emporter ce qui est deu à l'hōneur & au respect qu'elles rendent à la memoire des deffuncts. Dauantage, quand l'Apostre permet aux vefues de se remarier, il le permet auec cette adionctiō *nubant in domino*, qui est à dire sans scandale, l'hōnesteté publique gardee, sans offencer les loix ciuiles, & par consequent l'an du deuil expiré. Et quoy, si vne femme se remarioit le iour mesme que son mary decede, l'Apostre l'eust-il trouué bon? Toutesfois si cette licence & permission est indefinie, referee à la seule volonté de la femme, elle pourra se remarier, non seulement au mesme iour, mais à la mesme heure, voire au mesme moment que son mary aura les yeux fermez: car *iam soluta lege viri est*. Mais pour accourcir ce discours, il ne faut qu'vn mot. Quand Valentinian & Theodose ont fait ces loix, ne sçauoient-ils pas ce qu'auoit ordonné l'Apostre? Quand Iustinian les a confirmees, les ignoroit-il? non. Mais ils ont iugé que celle-la *non nubebat in domino*, qui se remarioit auec tant de scandale. Venons maintenant à examiner si l'excuse que la deffenderesse veut tirer du droit Canon est meilleure. A la verité le chapitre penultiesme & dernier *de secundis nuptiis* dit, que *intra tempus luctus mulier potest sine infamia nubere*. Et s'il estoit icy question de l'infamie, il y auroit quelque raison de dire qu'estant attachee à la personne, & procedant d'vn manquement és circonstances d'vne chose spirituelle, & produisant d'ailleurs vn effet qui peut regarder l'estat & bien-seance de l'Eglise, il auroit esté de l'office des Saincts Peres d'oster cet empeschement d'infamie, qui pouuoit apporter quelque refroidissement de charité entre des personnes Chrestiennes, & rendre leur communication moins religieuse, mesmes en ce qui concerne le fait de l'Eglise. Mais nous n'en sommes pas là; il n'est icy questiō que des biens purs temporels, qui sont en la pleine disposition de la loy ciuile, qui les oste ou les acquiert à ses subjects, ainsi comme il luy plaist. Ayant doncques la loy priué les veufues qui se remarient dans l'an du deuil, des bienfaicts & auantages nuptiaux qu'elles auoient de de leurs maris, on ne peut dire que le Canon ait corrigé cette loy. Car bien que la puissance ecclesiastique soit la plus noble, la plus haute, & la plus esleuée qui soit au monde, si a-elle ses bornes, qu'elle mesme se donne & se prescrit *se quoque lege tenens*, qui sont de ne point toucher aux choses temporelles, & les laisser en la disposition des loix ciuiles & Princes seculiers; iusques là mesmes qu'en ces choses, le Pape dont l'autorité est supreme, se reconnoist subjet des Roys & des loix, comme escriuoit le Pape Pelagius au Roy Childebert [a]. Et pour cela les Docteurs tiennent, que *leges iuri canonico quantumuis contrariæ seruandæ*

[a] *25. qu. 1. c. satagendum.*

ſunt, ſi modo ſine præiudicio animæ ſeruari poſſunt Vt in teſtamen. &c. Mais poſons le cas que ce dont il ſ'agiſt fuſt entierement en la diſpoſition du Pape, pour cela pourroit-on dire que ce chapitre dernier euſt aboly cette loy premiere *de ſecundis nuptijs*, en ce qui regarde les auantages nuptiaux & beneficence teſtamẽtaire? rien moins, puis qu'elle n'en dit vn ſeul mot. Pour induire la correction d'vne loy, il faut de neceſſité de deux choſes l'vne, ou que la correction ſoit expreſſe[a], ou bien qu'en effet la ſeconde ſoit entierement contraire à la premiere[b]. Autrement la ſeconde eſt vne exception à la premiere, & la confirme en ce en quoy elle ne la corrige point, *Cur enim quod non mutatur ſtare prohibetur*[c]. Auſſi les Canoniſtes tiennent-ils cette maxime, que *quaſcunque leges Eccleſia non reprobauit cenſetur recepiſſe*[d]. Meſmes pour ce qui regarde les mariages, ores que le principal fondement en ſoit ſpirituel, toutesfois il y faut garder ce que les loix ciuiles ordonnent; en ce qu'elles ne ſont point contraires au droit Canon[e]. Mais pour faire encores plus beau jeu à la deffendereſſe, poſons le cas que pour renuerſer vne loy ciuile ſi expreſſe en vn fait où il ne ſ'agiſt que de choſes temporelles, il ſuffiſe de preſumer que le Ca-

a *In auth. quibus modis nat. §. tribus.*
b *De conſt. c.1. in ſexto.*
c *l. Sancimus C. de teſtament.*
d *Archidiaconus diſti. 25. c. bene quidem.*
e *29. quæſt. 2. ca. ſi quis ancillam.*

non fait voulu faire. Et voyons maintenãt s'il y a quelque argument qui puisse seruir pour induire cette presumption. La loy n'est iamais presumee fauoriser vne chose contraire à l'honnesteté publique, & procurer au vice du pris & du loyer : combien moins l'Ecclesiastique, qui est la mere de toute decẽce, de toute honnesteté? Or cõbien telles nopces que la loy appelle precipitees, ont de choses contraires à l'honnesteté publique, combien elles impliquent d'inconueniens, qui ne sont pas seulement honteux mais abominables, il a esté cy deuant discouru. Mais pour iuger clairement cette cause ; voyõs ce que cette cõstitution Papale opere aux autres cas semblables, & nous iugerons certainement son effet en celle-cy. Examinons la maxime generale que la deffenderesse veut establir ; qui est que par cette constitution toutes les peines ciuiles decernees contre les femmes, qui se remarient dans l'an du deüil sont leuees. Si cela est, à plus forte raison les autres qui sont decernees contre celles qui se remarient, mesmes apres l'an du deuil. Dõcques, celle qui se remarie ne sera point priuee de la dignité de son mary, de laquelle elle ioüist durant son veufuage. Doncques celle qui se remarie, ayant des enfans du premier lict ne perdra point la proprieté des biens que son premier mary luy a laissez. Donceques, celle qui se remarie ne perdra point la tutelle de ses enfans. Et qui ne sçait que tout cela est faux? & qu'en tous ces cas là & infinis autres qu'il faut omettre, pource que le temps n'en pourroit pas souffrir la deduction, ces peines là sont encores en vsage, sans que iamais personne en ait douté? Et aussi pourquoy voudroit-on dire que l'Eglise ostant l'infamie aux secondes nopces leur ait voulu oster les autres peines, qui regardoient les choses temporelles, puis que mesmes elle ne les en a pas deschargees és choses ecclesiastiques? Car elle a voulu que l'homme & la femme qui conuolent en secondes nopces fussent incapables de tous offices & benefices en l'Eglise. Elle leur a bien osté l'infamie de droit, & le scrupule du peché: mais elle les a flaistries d'vne marque d'incontinence, qui les rend indignes de toutes graces; iusques à là que sainct Hierosme[a] dit, *Digama non solum remouetur ab officio Ecclesiæ, sed ab elemosina, dum stipe indigna iudicatur quæ bis nupta est*. Pourquoy? pource que mesmes on ne la nombre plus entre les viuans, elle est censee entre les morts. L'Apostre en parlant d'elle, dit χήρα σπαταλῶσα καὶ ζῶσα τέθνη-

a *Ad geruntiam.*

XI. Que la deffenderesse ne recoure donc point à l'autorité de l'Eglise pour penser trouuer vn asile à son incontinence. C'est chose trop alienee de la pieté dont elle fait profession, *nimis impium est flagitiis præsidia quærere & petulantiæ seruire* [a]. Au cótraire, comme disoit Tertullian [b], *disciplinæ interest iniuriam vindicari metu enim vltionis omnis iniquitas refrenatur*. Aussi peu son vice trouuera-il de protection en l'vsage & aux arrests des autres Courts de Parlement de France. Car si en quelques-vnes la seuerité de la discipline s'est relaschee, c'est à cause des coustumes qui y ont lieu, lesquelles pour la pluspart ayant introduit, que le mary ne peut rien donner à la femme que entre vifs & par contract de mariage: que le doüaire qu'on appelle icy augment de dot est propre aux enfans, ayant ainsi bridé la femme, n'ont pas esté curieux de luy planter d'autres barrieres, pource que le champ où elle se pouuoit esgayer, estoit de sa nature assez auguste & estroit. Mais s'il faut faire estat des arrests, il faut que ce soit de ceux du païs de droit escrit, & principalement de ce Parlemẽt, où les iuges qui connoissent mieux le naturel des peuples qui leur sont soubsmis, ont aussi mieux sceu connoistre ce qui estoit propre pour les

a l. iubemus C. de nat. lib.

b Aduersus Marcionem.

contenir en leur deuoir, & dedans les bornes de l'honnesteté publique. Or voit-on comme cette questiõ a esté iugee par deux celebres arrests. Et quant à ce que lon dit, qu'auparauant il y auoit des arrests contraires, cela monstre auec combien de circonspection les derniers ont esté donnez, auec vne certaine intention de corriger l'erreur, qui auoit pris cours, & s'estoit nourry parmy la corruption des mœurs, & r'amener les choses à la pure disposition du droit & de l'euidente raison. Ouy ce dit-on, mais depuis il y a eu arrest, par lequel vne femme s'estant remariée dans l'an du deuil, a obtenu adjudication de ses auantages nuptiaux. Mais pourquoy? pource qu'elle estoit mineure & en puissance de son pere, lequel l'auoit remariée: estant certain que lon ne peut imputer à vice ce que l'enfant fait pour obeïr à son pere. Et de fait en l'Edit du Preteur, quand la femme se remarioit dans l'an du deuil, l'infamie n'est pas infligee contre elle, mais contre celuy en la puissance duquel elle est [a], *qui eam quæ in eius potestate esset, genero mortuo antequã virũ elugeret in matrimoniũ collocauerit.* Ce sont les propres mots de l'Edit, auquel ce dernier arrest estant conforme, ne peut en rien seruir à la deffenderesse. Non plus

[a] *l. 1. ff. de his qui not.*

aussi ce qu'elle allegue, qu'elle s'est remariée apres les neuf mois, & en aage desja hors d'esperance d'enfans. Car le temps estant prefix par la loy, pour des raisons qui obligent toutes sortes de personnes, & en tous aages, il le faut garder de moment en moment. Autrement chacun en retranchant vn iour pour seruir à sa cupidité, l'on reduiroit à la fin l'annee à vn mois, le mois à vn iour, le iour à vne heure *moré ruentis aceruí*. Et de fait il se trouue vn arrest du Parlement de Tholose, par lequel vne femme s'estant remariée apres les vnze mois passés, & bien auant dãs le douziesme, fust neantmoins priuee suiuant la rigueur de la loy. Nous auons accoustumé de tout temps, comme Arnobe mesme nous atteste, de continuer apres la mort en prieres pour le deffunct, & cette deuotion ne prẽd fin, & n'expire que par l'entiere reuolution de l'an. De qui attẽdra ce deuoir l'homme, si la femme ne le luy rend? Qui aura memoire de luy, si elle l'a oublié? qui aura les yeux trempez pour luy, si elle les à secs? Et mesmes celle enuers laquelle il aura en mourant exercé sa liberalité, *& quam ferre sui dederat monumentum & pignus amoris*. Ouy mais, ce dit la deffenderesse, qu'eusse-ie fait? I'auois des procés auec des gens de pra-

pratique : ie n'auois perſonne pour m'aſſiſter & pour me deffendre : ma ſolitude eſtoit expoſee à toutes ſortes d'oppreſſion: ſi ie n'euſſe eu vne ayde, ie ne m'en pouuois garentir. Sainct Ambroiſe luy reſpõd à cette plainte,& luy donne conſeil ſi ell' eſtoit veritable[a]. *Negotium habes, interceſſorem aduerſarij vereris, apud iudicem dominus interuenit dicens, iudicate pupillo, iuſtificate viduam: ſed patrimonium vis tueri: maius pudoris eſt patrimonium, quod melius regit vidua quam nupta.* Mais veut-on voir comme cette excuſe n'eſt fondee que ſur vn menſonge. Elle n'a conuolé à ce ſecond mariage que depuis auoir obtenu arreſt d'adjudication de cette ſucceſſion. Elle n'auoit plus beſoin d'ayde pour plaider ce bien, mais ſeulement pour le conſumer en delices, pour viure ioyeuſement le reſte de ſes iours ; & par l'agreable preſence d'vn nouueau mary, effacer & abolir ſ'il euſt eſté poſſible la memoire de ce pauure vieillard, qui luy auoit trop duré. En fin la deffendereſſe ſe voyant comme conuaincue & condamnee par ſa propre conſcience, recourt comme à ſon ancre ſacree à cette derniere deffence : c'eſt qu'elle dit qu'en tout cas par la diſpoſition de la loy dont on la bat, le droit dont ell'eſt priuee ne ſeroit pas acquis au demandeur,

[a] *De ſecun. nupt.*

ains au fisc. Car la loy ostant à la femme qui se remarie dans l'an du deuil, ce qu'ell'a par la liberalité de son mary, ne le defere qu'aux dix personnes comprises en l'Edit, entre lesquelles il n'y a en ligne collaterale que le frere & la sœur de compris, & nulle autre personne plus esloignee. Au deffaut de ceux-la elle appelle le fisc. Mais outre que c'est vne mauuaise deffence que d'alleguer le droit d'autruy, & principalement de celuy qui ne s'en sert point, la responce d'ailleurs est fort aisee à cette cauillation. Car bien que cette Prouince se regisse par le droit escrit: que noz Roys ayent autorisé les loix Romaines pour y estre obseruées; si est-ce qu'il n'y a personne qui ne sçache que l'vsage & l'autorité des Courts souueraines ont abrogé, corrigé & adoucy infinies choses portees par les loix, ramenant & temperant leur rigueur par la douceur de l'equité. Dequoy il ne se faut pas estonner. Car si les Preteurs mesmes ont eu cette autorité de suppleer, mitiguer & fleschir le droit ciuil & la loy; pourquoy est-ce que les courts souueraines *quæ vice principis iudicant pro luce dignitatis & sapientiæ suæ*, ne le feroient? Or qu'on voye tant d'arrests qui ont esté donnez sur semblables matieres, soit au Parlement de Thoulouse, où il y en à infinis, ſoit en ce Parlement, il ne ſ'en trouuera vn ſeul qui ait rien adiugé au fiſc, ains ſeulement aux heritiers ab inteſtat. Cela deuroit ſuffire; mais ſi lon veut ſçauoir la raiſon, pour vne il ſ'en peut donner dix. La premiere eſt, que ce qui eſt donné par le mary à la femme, eſtant donné en conſideration de cette qualité, ſemble cõtenir vne taiſible condition qu'elle perſeuerera au deuoir d'vne honneſte femme, *ne maritum fefelliſſe videatur qui melius de vxore preſumpſerat*. Tellement que venant à y manquer, il ſemble que la liberalité du mary ſoit reſolue & reuoquee, & que la choſe donnee retourne à celuy qui l'euſt eue ſans cette diſpoſition. Dauantage il n'y a rien ſi raiſonnable ſinon que la peine d'vne iniure ſoit appliquee à ceux qui en reçoiuent le principal intereſt & reſentiment: or l'iniure que la femme faict au mary apres ſa mort, n'eſt qu'imaginairemẽt cenſee eſtre faicte à luy, mais en verité eſt faicte à ſa famille, & les choſes qui appartiennent à ſa famille ſ'entendent appartenir aux plus proches parens. S'il eſt queſtion de venger la mort d'vn deffunct, à qui appartient l'action? à qui s'en doit la reparation? s'il eſt queſtion de venger vn adultere, ſi vn ſepulchre violé, qui y eſt receu & qui en a la pourſuite? En cette iniure cy doncques qui eſt ſi graue, que le reſſentiment ne touche pas ſeulement les perſonnes viuantes, mais paſſe iuſques aux morts, & contriſte l'ame des deffuncts, à qui en appartiẽdra la pourſuite, qu'a ceux qui plus prochains en ont plus de reſſentiment? Et pource que la deffendereſſe cherche quelqu'autre abri, pour mettre ſa turpitude à couuert, que l'interceſſion du fiſc. Noz Roys ne font pas comme faiſoient les Empereurs, les loix pour leur profit, mais pour celuy de leurs ſubjects: ils ne cherchent pas qu'entre les contentions des plaideurs le fiſc demeure victorieux, mais l'equité & l'honneſteté publique, *& quæ præcipua eorum gloria eſt, ſæpius vincitur fiſcus, cuius nunquam mala cauſa eſt niſi ſub bono principe.* Et partant puis qu'il ne demeure à la deffendereſſe ny deffence ny excuſe, que reſte-il, ſinon que les loix ſe leuent contre elle, & par ſon exemple rangent l'impuiſſante cupidité de telles femmes dans les bornes de l'honneſteté publique, dont elles ſont ſorties? les contraignẽt de reueſtir la pudeur dont elles ſe ſont deſpouillees *vix bonis artibus pudor retinetur, ne dum inter certamina vitiorum aliquid boni mors haberi queat?* Si le ſiecle où nous viuons ne nous peut fournir de ces Artemiſes, qui aualoyent les cendres de leurs maris, & leur faiſoient de leur corps vn ſepulchre viuant; que nous n'ayons point au moins des femmes ſemblables à cette matrone Epheſienne, qui faiſant l'amour ſur le tumbeau de ſon mary, preſta encor le corps mort à ſon amant pour le pendre au lieu du larron qu'il auoit en garde. A quoy ne ſe porte la petulence, ſi elle n'eſt contenue par le frein des loix *inclinatis ſemel in vitium animis nulla ruina de formis eſt*. La ſeule peine peut arreſter le cours de cette incontinence: & pource imaginez-vous que cette voix de Caton que vous auez veuë eſcrite dans Tite Liue, retentit maintenant viue & animee en voz oreilles, & vous dit *date frænos impotenti naturæ, atque indomito animali, neque ſperate ipſas modum facturas, niſi vos faciatis*. Le demandeur diſoit ſ'aſſeurer que la Cour y apporteroit la conſideration que l'importãce du faict deſiroit, pour produire par ceſt arreſt vn exemple tel qu'on attendoit. Et partant concluoit à ce qu'il fuſt abſouls de l'accuſation de faux contre luy intentee, & la deffendereſſe condamnee enuers luy en reparation honorable & profitable. Et qu'enterinãt les lettres Royaux en forme de Requeſte ciuile par luy obtenues, les parties fuſſent remiſes en tel eſtat qu'elles estoient auparauant l'arrest du dix-neufiesme Decembre : Et faisant droit au principal, que la succession de deffunct Vere luy fust adiugee suiuant le testament solennel du vingtdeuxiesme Mars, & neãtmoins que la deffenderesse pour s'estre remariée dans l'an du deuil, fust priuee de ce qu'elle pourroit pretendre, tant en vertu des testamens du deffunct, que pour ses auantages nuptiaux, auec restitution de fruicts, despens, dommages & interests.

La deffenderesse au contraire disoit, que tout ce que iamais l'audace & l'impudence auoit osé en iugement pour opprimer le droit & la verité, se trouueroit auoir esté tenté par le demandeur en cette cause; mais auec vn si infortuné succes, que tous ses artifices & ses labeurs ne seruent qu'à le conuaincre de la plus insigne faucetè, & de la plus euidente calomnie qui ait iamais paru en ce palais. Au commencement de ce procès & auant l'arrest d'adiudication obtenu par la deffenderesse, Bandoli ayant à renuerser vn testament faict en presence d'vn Notaire & huit tesmoins, personnes d'honneur & de qualité, n'a rien obmis de ce qui se peut excogiter au monde pour faire que la cause peust tumber en preuue de tesmoins: il ne faisoit nulle difficulté que si cela eust esté, sa cause ne fust gaignee : l'institution qu'il auoit prise au sein & à l'escole de ce tant celebre Amoureux son beau pere luy donnoit cette asseurance. Et pour y paruenir, quels faicts n'auāça-il point? il soustint que le deffunct auoit esté violenté à faire ce testament, biē que conforme à quatre ou cinq autres precedans : il mit en faict qu'il y en auoit vn autre solennel, & le vouloit prouuer par tesmoins & le contenu d'iceluy, bien que la nature du testament solennel emporte qu'il soit secret & fermé. Mais la Cour ne pouuant supporter vne telle effronterie, le debouta sur le champ, & adiugea à la defenderesse la succession de son mary. Aujourd'huy qu'il voit que ces grands preparatifs de faux tesmoins ne luy ont peu seruir, plus courageusement il vient à la fabrication d'vn faux testament, & soubs pretexte d'iceluy prend Requeste ciuile contre l'arrest du dix-neufiesme Decembre, & pour fortifier tout cela blasme la deffenderesse de s'estre remariée dans le neufiesme mois du deces de son mary. Il faut doncques pour le iugement de cette cause premierement examiner la fauceté de ce pretendu testament, qui est plus claire que le iour. Et pource que le demandeur veut inferer que la Cour ayant ioint les informations faictes sur les moyens de faux au proces, & n'ayant point ordonné que les tesmoins seroient recollez & confrontez, ell'a prejugé qu'il n'y auoit point de preuue du faux, la deffenderesse au contraire dit, que la Cour a iugé la fauceté si apparente par la seule inspection de la piece, par la seule teissure du faict, & par les pieces produictes au proces, qu'elle n'a point estimé qu'il fust besoin ny a propos d'entrer en vn proces extraordinaire, qui en telles matieres est tousiours remply de longueur & perplexité. C'est de l'office des sages & prudens Iuges de commettre le moins que lon peut le iugement des affaires importans à la foy des tesmoins. Mais ils doiuent comme dict la loy d'eux mesmes *& ex animi sui sententia* examiner, *quod naturæ negotij conuenit, confirmareque motum animi sui ex argumentis.* Ce qu'estant generalement ordõné pour toutes causes, doit de tant plus estre obserué en matiere de faux. Et c'est la leçon que l'Empereur prescrit aux Iuges par sa constitution, *Vbi falsi crimen inciderit tum acerrima fiat indago, argumentis aliisque veritatis vestigiis, nec accusatori tantum quæstio incumbat, nec probationis ei tota necessitas indicatur, sed inter vtramque personam stet iudex medius.* Mais ceure inquiſitiõ, qui és autres cauſes ſe trouue perplexe & faſcheuſe aux iuges, leur eſt rẽdue en celle-cy ſi aiſee par l'extreme impudẽce du demãdeur, qu'vn aueugle en pourroit iuger. Conſiderez premierement en quel temps arriue ce pretendu teſtament: apres vn arreſt & au ſecours d'vne cauſe perduë. Conſiderez qui le preſente & en demande l'ouuerture : le demandeur, qui n'eſtoit point l'heritier ab inteſtat du deffunct; mais ſ'eſt fait apres l'arreſt ceder par Noël Bandoli ſon pere, le droit qu'il pretẽdoit en la ſucceſſion. Comme diſant, vous tenez cette cauſe perduë, laiſſez-moy faire, au peril de mon honneur ie la releueray, pourueu que i'en aye le profit. Et auparauant l'ouuerture de ce teſtament, n'a lon pas ſçeu par tout Forcalquier ce qu'il contenoit? Le demandeur luy meſmes n'a-il pas fait ſolliciter le Recteur de l'hoſpital de Forcalquier par Amoureux, de pourſuiure l'ouuerture pour le laiz qui y eſt à leur profit? Et qui auoit reuelé tout cela, ſinon celuy-la meſmes qui a fait le teſtament. C'eſt doncques M. Antoine Bandoli qui preſente ce teſtament: ce meſme Bandoli qui en vn autre procés de la ſucceſſion d'vn ſien frere eſt accuſé, & qu'on pretend conuaincu d'auoir fabriqué vne ſentence arbitrale. Et qui luy a baillé ce teſtament? ce celebre Amoureux ſon beau pere. Mais comment a-il eſté trouué? Voicy vne belle hiſtoire. Le demandeur auoit vn pigeonnier au haut de ſa maiſon, dont il eſtoit tombé quelques ruïnes ſur le plus haut plancher pres du toict; voulant faire reparer ces ruïnes, & pour cet effet vuider les plaſtras, il emprunte les ſeruiteurs d'Amoureux, & vn autre homme; il les enuoye à ce grenier: on leue ces ruïnes, on trouue deſſoubs vn baſt de cheual, ſoubs ce baſt vne petite boëtte de fer blanc, on l'a porté à Amoureux (car c'eſt le principal perſonnage de la farce) il regarde dedans, il voit que c'eſtoit vn teſtament ſolennel, car il ſe connoiſſoit en cette marchandiſe; il le porte au demandeur, qui eſtoit tout indiſpoſé, qui le met à vn coin. Et qui eſt-ce qui a porté ce teſtament en ce grenier? Vere teſtateur: & pour donner couleur à cela on dit qu'il a eu quelque temps la clef de cette chambre. Mais pourquoy tout cela? Eſt-ce le lieu de cacher vn teſtament que dans la maiſon d'autruy, & dans des ruïnes, & parmy des ordures? Depuis vingt-vn an que Vere auoit premierement inſtitué ſa femme, & depuis cõfirmé par cette inſtitution par diuers teſtamens faicts en diuers lieux,

& en l'abſence de ſa femme, s'il auoit chã-gé de volonté, n'auoit-il point eu le loiſir d'en faire quelqu'autre au profit du demandeur, & de le mettre en lieu de ſeureté? N'auoit-il nul amy en toute la prouince? n'y auoit-il point de Notaires? n'y auoit-il point de Conuents où lon a accouſtumé de depoſer ſemblables actes? Ou il deſiroit que Bandoli le ſçeuſt, ou il ne le deſiroit pas: s'il le deſiroit, que ne luy bailloit-il à garder? s'il ne le deſiroit pas, pourquoy le mettoit-il dans ſa maiſon en vn lieu où de iour à autre il ſe pouuoit trouuer? ou il vouloit que ce teſtament ſortiſt effet ou non; ſ'il le vouloit, comment le mettoit-il en lieu pour n'eſtre point ſceu? Car il pouuoit demeurer là cẽt ans, & acheuer de ſe pourrir: & quelle folie eſt cette là? Mais ſ'il ne vouloit pas que le demandeur ſceuſt ce teſtament, & où il eſtoit; pourquoy par tant de billets luy indiquoit-il le lieu où il le trouueroit? *Non ſatis commode diuiſa ſunt temporibus iſta tibi Daue.* Ce ne ſont pas là ſeulement des contes de vieilles, des fables de petits enfans, mais des ſonges de malades, qu'on ne peut propoſer à des Iuges, ſinon en proteſtant qu'on les tient fort foibles d'eſprit, & grandement imprudens. Or en quel eſtat ſe trouue ce teſtament? vne feuille de papier pliée en quatre auec plusieurs petits cachets, dont la marque n'apparoist point; car si elle eust apparu, cela eust peu seruir à conuaincre le faux, le dessus tout iaune & verdastre, & cette couleur penetre iusques au feuillet de dedans, sans toutesfois que le corps du papier soit pourry ny deschiré, mais bien toute l'escriture qui estoit au-dessus, qu'on pretend auoir esté l'acte du Notaire, & les seins des tesmoins, si parfaictement effacez qu'il ne s'en peut iuger vne seule sillabe, & à peine vn seul trait. Et qui a fait cela? on dit que c'est la pluye ou de l'eau d'excremens qui est tumbee dessus par succession de temps, auec la rouille de la boëtte. Mais ce testament estoit dãs vne boëtte, elle estoit couuerte d'vn bast. Et quand bien ce testament auroit esté tout à descouuert, & plongé vn an dans l'eau & dans l'ordure, se pourroit-il faire par nature, que toute vne page d'escriture se trouuast effacee, sans que le papier fust pourry & endommagé? Que reste il doncques à croire? sinon que cette escriture a esté effacee, auec de l'eau forte, qui seule a cette puissance de manger l'escriture demeurant le papier entier, auquel neãtmoins elle laisse cette teinture verdastre, comme ont rapporté les Orpheures & libraires qui ont esté ouys. Or qu'a-on voulu faire effaçant ainsi cette escriture? Voicy que c'est. Pour falsifier ce testament en sorte qu'il fust vallable, il falloit vn acte d'vn Notaire, attesté par sept tesmoins qui eussent signé. De corrompre sept tesmoins & vn Notaire, c'estoit chose trop difficile, il eust fallu parler à cent auant qu'en trouuer sept qui s'y fussent accordez, & par ce moyẽ tout se fust descouuert. De contrefaire la signature de sept tesmoins & d'vn Notaire, cela eust esté trop difficile: & puis le Notaire & les tesmoins venans à desauouër leur sein, tout cela n'eust rien seruy. Mais on a pensé, il faut escrire quelque chose sur le dos de ce testament & l'effacer: soit que le testateur ait fait autrefois quelque testament, ou qu'il n'en ait point fait, les tesmoins pourront dire impunément qu'ils ont assisté à vn testament qu'il a fait, car ils ne diront point que ce soit celuy-là. L'on maintiendra puis-apres que c'est celui-cy: on forgera des billets pour aider à le preuuer: puis on disputera en poinct de droit, qu'ores que le dessus soit effacé & les seins des tesmoins & l'acte, neantmoins qu'il ne laisse pas d'estre vallable. Voila l'imagination d'vn demy Iurisc õsulte, qui a esté executee comme elle auoit esté projettee, &

s'est trouué vn Notaire & quelques tesmoins, qui ont dit auoir assisté à vn testament solennel de la grandeur & forme de celui-cy. Il est vray qu'vn des tesmoins a tout gasté, car il a declaré qu'il ne sçauoit que c'estoit, & qu'il n'auoit iamais esté present à aucun testament du deffunct: il a eu volontiers plus de promptitude à promettre son tesmoignage au demandeur, que de resolution à le donner contre sa conscience. Mais ce testament estant de cette sorte, qu'il n'apparoist pas seulement vne sillabe du nom des tesmoins, commēt est-ce que le demandeur a deuiné qui ils estoient? on dit que c'est le Notaire qui les a indiquez: où est sa declaration? les tesmoins mesmes quand ils sont ouys, hormis trois, ne se souuiennent pas qui estoient ceux qui assisterent à ce testament auec eux. Or voila, non les coniectures, mais les preuues certaines & euidentes de la fauceté de ce testament qui resultent de l'exterieur d'iceluy. venōs à l'interieur. Il se trouue datté à Aix le vingtdeuxiesme de Mars; & neantmoins par plusieurs actes iudiciaires produicts au procés, & non contredicts par le demandeur, il se trouue que le deffunct ce iour là estoit à Forcalquier, & trois iours apres & trois iours deuant fist plusieurs expeditions au ſiege. Que peut-on deſirer de plus clair? Pour couurir cette faucеté, lon en fait vne autre, l'on coule vn billet dans ce pretendu teſtament de la lettre contrefaite de Vere, qui porte, Eſcrit le ſeizieſme Feurier; datté le vingt-deuxiéme Mars, clos le premier, & ſigné le ſix. Or ce billet contient vne autre faucеté, verifiee par l'impoſſibilité; Car il contient que le teſtament a eſté ſigné apres auoir eſté clos. Comment eſt-ce que cela ſe peut faire? A cela on void combien eſt veritable ce qu'on dit communément, que la meſchanceté n'a point de conſeil. Les autres billets cõtiennent des faucetés, qui ne ſont pas moins apparentes: car celuy qui eſt datté, à Aix le ſixieſme Mars, dit au commencement, Mon teſtament eſt au plus haut de voſtre maiſon. Or comment y pouuoit-il eſtre, puis qu'il ne fuſt fait & datté que le vingt-deuxieſme du meſme mois? Et quãd il auroit eſté fait le ſixieſme, quel Ange l'auroit porté le meſme iour à Forcalquier, & logé au plus haut de cette maiſon? Dauantage il dit apres, Par lequel i'ay inſtitué mon nepueu mon heritier: Il ne parle donc pas de la maiſon de ſon nepueu, mais de quelqu'autre. Dauantage, ces billets qui eſtoient ainſi ſemez çà & là contenoient ce qui eſtoit porté par le teſtament : qu'euſt-il eſté beſoin de faire vn teſtament ſolennel & le cacher ſi curieuſement, ſi par tant de billets iettez à l'auanture on en diuulguoit la ſubſtãce? Puis, quelle ineptie qu'au dernier de ſes billets il dit, Mon teſtament eſt au plus haut de voſtre maiſon, & apres; par lequel i'ay inſtitué mon nepueu l'Aduocat? par là doncques, ce ne ſeroit pas en la maiſon de cet inſtitué qu'auoit eſté mis ce teſtament. Il eſt difficile qu'vn ſi long menſonge ne ſe deſmente & deſcouure. Ouy mais dit-on, pourquoy auroit-on falſifié tant de billets? ne pouuoit on pas refaire tout ce teſtamẽt, ſi tant euſt eſté qu'il fuſt faux, & qu'on euſt voulu reformer la datte? A cela la choſe reſpond de ſoy-meſmes: ç'auoit eſté vn grãd ouurage que de contrefaire trois pages de l'eſcriture du deffunct, il auoit fallu auſſi de l'artifice pour accommoder le reſte, & effacer tout ce qui auoit eſté eſcrit ſur ce teſtamẽt, qui auoit deſia eſté veu, & paſſé par quelques mains. Dauantage, ce billet ſembloit ſeruir à confirmer touſiours que le corps eſtoit de la main du deffunct : billet qui eſtoit aiſé à inſerer dans le teſtament. Car il appert qu'il eſtoit fermé en ſorte qu'il ſe voyoit meſmes quelque partie de ce qui y eſtoit eſcrit. Mais ſi tant euſt eſté que le deffunct euft penfé qu'il y euft eu erreur en la datte de ce teftement, ne le pouuoit-il pas r'efcrire de fa main. Euft-il plaint vne heure de temps, luy qui efcriuoit tant de fa main tous les iours en l'exercice de fa charge, afin de leuer vn foupçon de faux à vn acte qui luy importoit de tout fon bien, & qui eftoit le plus ferieux qu'il peuft iamais faire? cela n'a point d'apparence. Venons maintenant au corps de ce teftament, aux difpofitions qui y font contenues, & voyõs fi elles ont plus de verifimilitude. Premierement tout le corps du teftament eft efcrit en fi peu de paroles & fens fi preffé, que lon voit aifément que lon l'a faict afin qu'il n'y euft pas tant d'efcriture, & que la peine fuft moindre à imiter la main du deffunct. Il inftitue le demandeur & fes enfans fes heritiers vniuerfels. Le demandeur qui cõfeffe ingenuement que le deffunct tefmoignoit d'eftre offenfé contre luy, & n'auoir pas fes deportemens agreables, mefmes à caufe de l'alliance qu'il auoit prife auec Amoureux, & de la demeure qu'il faifoit en la maifon d'iceluy. Simultez qui auoient paffé fi auant, que le deffunct auoit declaré publiquement par plufieurs fois, qu'il ne vouloit point que les Bandolis amendaffent rien de fon bien. Et comment l'inftitue-il, pourueu que lors du deces de luy testateur, il ne demeurast pas en la maison d'Amoureux son beau pere : & au cas qu'il s'y trouuast, il transferoit l'heritage au frere du demandeur. Et comment pouuoit satisfaire l'institué à cette condition, puis qu'il ne la pouuoit sçauoir qu'apres le deces?& pourquoy deuoit-il estre puny pour n'y auoir pas satisfait, puis qu'il en estoit ignorant? Vn homme sage auroit-il disposé de tous ses biens soubs vne condition casuelle, comme celle-la? Car elle se peut dire telle iusques au iour de la science de la charge, *quæ verisimilia non sunt falsitatis habent imaginem*. Si le deffunct l'eust institué à la charge de sortir de la maison d'Amoureux, cela eust esté bon. Car la condition ne pouuoit lors arriuer que par la negligence de l'institué & apres sa science. Cette charge de porter le nom & les armes de Vere, a-elle rien de sens commun à vn Procureur qui n'a armes que son caniuet & sa plume? Apres suit cette clause derogatoire soubs ces mots; Seigneur, la femme que tu m'as donnee me l'a faict faire. N'est-ce pas vne affectation manifeste pour rendre odieuse la femme, contre laquelle est ourdie toute cette toile? Mais le corolaire de toutes ces faucetez-cy, le chapiteau qui couronne l'ouurage, qui faict paroistre l'esprit de l'ouurier, & où son nom est quasi graué comme l'image de Phidias dans le bouclier de Minerue, c'est en cette derniere clause, par laquelle il prie tous Iuges de suppleer les deffauts qui se pourront trouuer tant en la solennité, qu'en l'ouuerture d'iceluy. Et qui a iamais ouy parler d'vne semblable clause? le testateur peut bien deprier & excuser les manquemens qui dependent de luy, & qui prouiennent, ou de sa negligence, ou de son ignorance, mais ce qui depend du faict des Iuges ou de l'heritier, cela ne fust iamais veu ny entendu. *At clausula insolita falsi presumptioné manet.* Que veut donc dire cette clause, sinon quand ce testament sera presenté pour estre ouuert, l'acte du notaire & des tesmoins se trouueront effacez auec l'eau forte, les cachets auront aussi leurs figures effacees, il apparoistra manifestement que ce testament aura esté falsifié, mais pour cela ne laissez pas d'y auoir esgard. A vostre aduis, est-ce le testateur ou Bandoli qui ont dicté cette clause? c'est sans doute le testateur. Car Bandoli & le testateur n'est qu'vne mesme chose. Celuy qui a tant faict de faucetez a pensé auec ce seul mot les couurir, nouuelle cautelle pour les fauçaires, mais qui n'est pas des plus fines. Mais au bout, ce dit-on, ce testament est tout escrit de la main du deffunct, les billets aussi par lesquels il a indiqué le lieu où il estoit, comme l'ont recognu ceux qui ont esté ouys sur l'aueration de la lettre. Il est vray que la plus part des tesmoins ont rapporté que cela sembloit de la lettre du deffunct, & qu'il s'y voyoit fort peu de difference, comme il s'en voit en toutes lettres, bien qu'escrites par mesme personne & en diuers temps. Qu'il l'ait escrit pourtant il ne s'ensuit pas ; & qui est-ce qui ne sçait que toutes les lettres du mõde, pour si bisarres qu'elles soient, se peuuent imiter & contrefaire, & qu'il n'y a rien si fallace que le iugement qu'on veut faire par comparaison de lettres ? Aussi quand l'Empereur parle de cette preuue qui se faict de l'escriture [a], il la rejette comme extrememement douteuse, & allegue des exemples de lettres contrefaictes que l'on n'a iamais peu discerner : & dit en fin, que pour auoir preuue certaine qu'vne lettre soit d'vn tel, il faut des tesmoins qui la luy ayẽt veu escrire, & non moins de trois, *tales testificationes suscipimus, si presentes testes dicant, quod præsentibus scripsit qui documentum fecit.* Que si lon vient par comparaison de lettres, il faut que les tesmoins qui font la

a *In auth. de insi. cau. & fide §. si quis.*

comparaiſon & recognoiſſance, dient tous aſſeurément & ſans douter, qu'il cognoiſſent par la comparaiſon que c'eſt de la lettre du deffunct, autrement elle ne faict point de preuue, & encore telle preuue eſt-elle douteuſe & imparfaicte [a]. Et ſi cela n'eſtoit, on pourroit ſans aucune crainte falſifier toutes ſortes d'eſcritures, & n'auroit-on iamais aucun fruit des accuſations de faux. Car comme il eſt difficile de tellement contrefaire vne eſcriture, qu'il n'y ait quelque peu de difference, auſſi eſt-il aiſé de la contrefaire en ſorte qu'elle reſſemble bien fort, le faux n'eſt que l'imitation de la verité, de laquelle plus il approche & plus il eſt faux & plus dangereux faux *ſcelera tum tuta ſunt cum magna ſunt*. N'auons-nous pas veu de noz iours des hommes ſi adroicts à ce meſtier, qu'ils contrefaiſoient ſi bien les lettres, que ceux meſmes qui les auoient faictes ne pouuoient diſcerner leſquelles eſtoient les leurs. L'eſcriture eſt vne eſpece de peinture, & en la peinture nous voyõs tous les iours les copies ſi bien tirees, que lon ne ſçauroit les recognoiſtre d'auec l'original, voire meſmes que ceux qui d'ailleurs ne ſont pas trop bons peintres, imitent & contrefont fort bien les plus excellent ouurages. Pourquoy? cela ſe faict auec

[a] *Menochius arbitr. l. 2. cent. 2. c. 118.*

vn grand loisir, & l'imagination ne trauaille qu'a vne chose, qui est à faire les traicts semblables, deschargee de ce qui a accoustumé de la plus lasser, qui est l'inuention. Et pour monstrer que ce n'est point chose de grand artifice, & dont auec vn mediocre soin on ne puisse aisément venir à bout, vn Historien Grec rapporte que Herode auoit vn esclaue nommé Diophãtus πάντων ἀνθρώπων γράμματα μιμεῖσθαι δυνάμενον. Et Suetone en la vie de Titus, *illum imitari solitum chirographa quæcunque vidisset, ita vt profiteretur se maximum falsarium esse potuisse.* Or pour laisser la multitude des exemples qui sont és histoires de ceux qui se sont meslez de ce mestier, *& qui hac arte aliis periculum crearunt*, Suidas en rapporte vn fort celebre *in verbo* πρίσκος ἐμισηνὸς, qui regarde la constitution de nostre droit. Vn nommé Mamianus fort riche personnage auoit constitué heritiere l'Eglise de Emissene, il y auoit desia quarante ans passez: L'Econome de cette Eglise estãt vn vicieux & mauuais garçon, ayant cognoissance de Priscus Emissenus qui sçauoit contrefaire toute sorte de lettres, luy fist cõtrefaire plusieurs actes publics, par lesquels beaucoup de riches hommes qui auoient vescu du temps de Mamianus estoient obligez enuers luy en de grandes sommes de deniers. La lettre & les seins des Notaires qui auoient vescu lors estoient si bien contrefaicts, qu'il n'y auoit que redire, les pauures parties n'auoient qu'vne seule deffence, qui estoit la prescription. Cest Econome ne voulant que cette meschanceté qu'il auoit pratiquee auec tant de peine & d'artifice fust inutile, corrompit Tribonian, & obtint vne declaration de l'Empereur Iustinian, que l'Eglise ne seroit point excluse par moindre prescription que de cent ans, laquelle Iustinian depuis mieux conseillé, reuoqua. Que le demandeur doncques ne die plus que cette lettre ressemble entierement celle de Vere : qu'on n'y sçauroit remarquer aucune difference, cela est *scelus magnitudine deffendere*, vne fauceté est d'autant plus grande qu'ell'approche plus de la verité, & que plus ell'est insidieuse. Il a pris vne grand peine, il est vray, à fabriquer ce testament, il n'y a rien oublié pour l'escriture, & pour tant de petits billets, qui ont esté aisez à contrefaire, à celuy qui a eu la hardiesse & l'addresse de contrefaire tout le corps. Mais puis apres il a fallu tant d'autres choses ausquelles il a manqué, qu'a la verité il est beaucoup decheu de la gloire qu'il esperoit de son art. Le lieu où a esté trouué ce teſtament, la façon de le trouuer, l'eſtat auquel il ſ'eſt trouué, ſes effaceures d'eau forte, le deſaueu des teſmoins, les clauſes inſolites & ineptes, qui ſont dedans, la faucete en la datte, la quantité des billets, leur teneur, ineptie & incompatibilité, gaſtent tout, & font certainement que tout le monde admire l'extreme audace de celuy qui oſe proferer vn tel acte deuant des perſonnes qui ont quelque ſens: tellement qu'on peut douter ſ'il a eu plus de confiance en ſon impudence, qu'en l'imprudence de ſes Iuges. Et ce qui rend encores plus admirable la temerité du demãdeur, c'eſt d'auoir pris tãt de peine, & auoir voulu courir tant de hazart pour forger vn acte ſi nul, & ſi informe, que quand il ſeroit auſſi bien veritable qu'il eſt faux, neantmoins il ſeroit entierement inutil & ſans effet, pour eſtre vn teſtament ſolennel destitué de toutes les ſolẽnitez qui le peuuent rendre valable. C'eſt vn teſtament ſolennel, & ſa denomination monſtre que ſon eſſence conſiſte premierement en la ſolennité, & cette ſolennité conſiſte principalement aux ſeins & cachets des teſmoins, & en la recognoiſſance d'iceux [a]. Car en cette ſorte de teſtament le teſtateur ne declare rien deuant les teſmoins de ſa

a. l. hac conſultiſſima C. de teſt.

volonté, elle demeure close & secrette. Tout ce qu'il faict c'est qu'il proteste que le papier qu'il leur presente contient sa volonté. Et pource, afin qu'il ne puisse estre changé ny ouuert, les tesmoins y apposent leurs seins & leurs seaux, & le plus souuent vn Notaire en faict acte. Ce qui est clairement remarqué par la formule dont le testateur auoit accoustumé de prier les tesmoins, rapportee par Vlpian en ses fragmés, qui estoit telle *testator tabulas testamenti tenens his verbis vtebatur. Hæc vti his tabulis, ceris ne scripta sunt ita lego, ita testor, Itaq; vos Quirites testimonium præbitote.* Apres cela, ils le signoient & cachetoient. Par ce moyen les tesmoins ne peuuent transferer à vn autre acte, la foy & assistance qu'ils ont prestee: car ils ne sont tesmoins que de l'acte auquel ils ont donné sa forme indiuidue par l'apposition de leur sein. De sorte que si ces tesmoins-la vouloient puis-apres dire, le testament du deffunct n'est pas celuy que nous auons signé, mais vn autre que voicy, on ne les croiroit pas: Car ce qui rend leur tesmoignage certain, c'est la marque qu'ils ont apposee au testament, par laquelle il est reconnu estre celuy-la mesmes. Le testateur non plus ne peut appliquer à vn autre acte, l'effect de ce tesmoignage. Car ſi ayãt preſenté vn papier pour ſon teſtament aux teſmoins, il vouloit puis apres en ſuppoſer vn autre, cela ne ſeruiroit de rien. Or au teſtament dont il ſ'agiſt il n'y a nulle ſignature, & les cachets qui reſtent n'ont nulles marques; & par conſequent il ne fait nulle foy. Car voicy comme la loy en parle, *non ſubſcriptum autem à teſtibus, ac non ſignatum teſtamentum pro infecto haberi conuenit* [a]. Il y a plus, que nul des teſmoins n'aſſeure que ce ſoit le teſtamẽt qui leur a eſté preſenté, l'vn d'eux nie auoir eſté preſent à aucun teſtament du deffunct; comment donc ſe peut ſouſtenir ce teſtament? Et ne ſert de rien en cela la loy alleguee [b]: car ores qu'elle die qu'on ne laiſſe pas pour la denegation que fait vn des teſmoins de reconnoiſtre ſon ſein & proceder à l'ouuerture, elle ne dit pas pourtant que le teſtament ſoit pour cela vallable, ains la queſtion de la verité d'iceluy demeure entiere; & faut iuger lors ſi la denegation eſt veritable ou calomnieuſe. Le demandeur dit auſſi, que la loy veut, que ſi le teſtament a eſté rongé des rats, ou gaſté par quelque accident, que pour cela il ne laiſſe pas de valoir. Il eſt vray, mais la loy ne parle point qu'en ce cas là, les ſignatures de tous les teſmoins ſoient mangees. Car le papier

a *l. hac conſult.*

b *1te quem. teſta. aperiantur.*

du testament peut bien estre rongé, en sorte que la principale volonté du deffunct demeure euidente, & ce qui est aussi de la solẽnité. Voilà pourquoy la loy parle principalement en cet endroit du lin qui lioit & enuelopoit le testament. Car autrement on sçait assés que la matiere des tables dont on se seruoit anciennement, qu'ils appelloient Ceras, n'estoit pas subjette à cet accident. Pour cõclusion de ce poinct, il faut demeurer à la resolutiõ du Castrense, qui est indubitable [a]. *In quibus casibus requiritur scriptura, si quædam sint quæ non possint legi nec oculis percipi, habentur ac si de iis scriptura non fuisset confecta.* Mais dit-on, quand le testament seroit mesmes perdu depuis le decés, si est-ce que par la loy [b] on pourroit en vertu du testament demander la possession. Ouy, si apres le decés le testament auoit apparu auoir esté ouuert, auoir esté trouué solennel, & le contenu en fust certain. Le texte s'explique assés en ces mots, *si post prolatas tabulas deletum sit testamentum.* Et quand il ne le feroit, qui seroit celuy qui ayant le sens entier l'interpreteroit autrement? Quoy doncques, en faisant perdre & esuanouir vn testament, le premier venu seroit receuable auec des tesmoins à en supposer vn autre? Cela seroit

a In l. 1. ff. de his quæ in test. dele.

b Vn. si tabul. test. ext. ff. & §. si tabulas l. 1. ff. de bon. secu. tab.

trop absurde & dangereux, veu mesmes que la loy n'a pas voulu receuoir cette preuue au testament du soldat, *alioqui & iudicia vera subuerterentur* [a]. Mais que peut-on respondre à ce que les tesmoins disent, qu'au testamét auquel ils ont esté presens, ils n'ont point apposé de cachets. Car si bien la loy [b] dit, que *testes, aut alieno, aut testatoris annullo signare possunt*, elle veut tousiours qu'ils cachetent en presence du testateur. Et ne faut point dire que cette solennité soit de peu de consequence, ou ait esté abrogee : car outre que c'est de la principale essence du testament solennel d'estre fermé & secret, la loy n'a pas fait moins d'estat, voire plus du cachet que du sein, comme estant plus difficile à contrefaire. Et qui ne sçait que les Romains vsoient du cachet au lieu du sein dont nous vsons auiourd'huy, comme Horace remarque en ce vers,

Imprimat his cura Mœcenas signa tabellis,

Et y constituoient la plus grande seureté de leurs actes. C'est pourquoy Pline [c] se plaignant de la perfidie de son temps dit, *Quæ fuit illa priscorum vita, qualis innocentia, in qua nihil signabatur?* Mais ce testament dit-on est tout escrit de la main du deffunct, Par consequent, on ne peut pas douter que

a *Diuus Traianus ff. de test. militis.*

b *d.l. Ad testium.*

c *l.33. c.1.*

ce ne ſoit ſa volonté ? La reſponce à cela eſt aiſee. Car qu'on regarde tout ce que les loix ont ordonné du droict, on ne trouuera point qu'elles facent difference entre le teſtament eſcrit de la main du deffunct, & celuy qui eſt eſcrit par vn autre, ny qu'elle requiere moins de ſolennité en l'vn qu'en l'autre, ſinon quand le teſtateur a declaré en preſence de cinq teſmoins qu'il a eſcrit & ſigné le teſtament de ſa main, & que *quinque teſtium ſigna ſcripturæ deffuncti coadunantur* : En ce cas il eſt vallable [a]. Quãt à la nouuelle de Valentinian *de olographo teſtamento*, lon ſçait aſſez qu'elle n'a iamais comparu entre les loix, & a eſté reiettee & abrogee de telle façon, que biẽ que les loix ayent extremément fauoriſé le teſtament qui eſt fait *inter liberos*, neantmoins ores qu'il ſoit tout eſcrit de la main du teſtateur, elles y deſirent nombre de teſmoins [b]. Il eſt vray, que depuis la nouuelle de Iuſtinian, *de imperf. teſt.* 107. (ores qu'elle ne ſoit pas fort claire) ſemble ſ'eſtre contentee *inter liberos*, que le teſtament fuſt tout eſcrit & ſigné de la main du deffunt: mais ſi quelqu'autre perſonne y eſt meſlee, pour proche & chere qu'elle ſoit, il faut le nombre des teſmoins requis par la loy. Ce qui peut auſſi ſeruir de reſponce à la clauſe codicil-

a *l. cum antiquitas C. de teſt.*

b *Hac conſultiſſima C. eod.*

laire, & à la loy[a] que l'on a voulu alleguer. Car cela est bon pour reduire le nombre des tesmoins de sept à cinq, mais non pas pour en dispenser du tout. Et cette epistre qui contient le fideicommis n'a force ne vertu, sinon qu'elle soit attestée de cinq tesmoins, comme il s'induit des textes cy deuant alleguez: & le Iurisconsulte dit expres[b], *si fides Epistolæ relictæ constaret*: & la glose le marque expressément sur cette loy. Ce qui sert aussi à ce que lon a voulu induire *de Scæuola*[c], qui premierement se doit entendre du testamẽt fait *inter liberos*, & secondement du testament, qui n'ayant pas toutes les autres solennités qui sont requises, a neantmoins le nombre de cinq tesmoins, comme il est expressément porté par la loy[d]. Or ne sommes-nous point *inter liberos*, ains entre personnes puremẽt estrãgeres: & sommes dauantage au cas d'vn testament, où il n'y a vn seul tesmoin, ny signé, ny seulement qui ose dire que le testateur ait iamais declaré, que ce qu'on nous presente auiourd'huy fust son testament. Mais d'abondant, si ce testament eust esté valable, ne seroit-il pas auiourd'huy reuoqué par le testament nuncupatif posterieur, qui reuoque toutes dispositiõs precedentes? A cela lon dit, qu'à ce testament

a *Sed & in Epistola.*

b *In l. vlt. ff. de le. 2.*

c *l. 2. de in rup. &c.*

d *Hac consul. §. ex imperfecto & vlt. C. de test.*

solennel il y a clause derogatoire, & que par consequent il n'a peu estre reuoqué que par vne indiuiduelle reuocation, contenant la designation particuliere de la clause. Si cette question n'auoit à se decider que par la pure interpretation des anciens Iurisconsultes, elle ne meriteroit pas d'estre mise en auant, ny tant soit peu s'y arrester. Car quelque declaration qu'ait faite le testateur par sa premiere dispositiō, qu'il ne veut point que la seconde vaille, que soubs telle forme : toutesfois si la derniere est claire, si elle est expressément cōtraire à la premiere, elle vaut : les paroles du Iurisconsulte sont si expresses [a] qu'elles meritent d'estre icy rapportees. *Licet inquit in confirmatione codicillorum pater familias adiecerit, quod aliter non valere velit quam sua manu signatos & subscriptos, tamen valent ab eo facti codicilli, licet nec ab eo signati, nec eius manuscripti, quia posteriora prioribus derogant.* Le semblable est aussi en ceste loy derniere [b]. Ce qui a donné subjet aux Iurisconsultes de nostre temps, les plus sçauans & clairsvoyās en ce mestier, de dire que cette clause qui est à la fin de la loy, *si quis in principio*, en ces mots, *sed hoc ita locum habebit si specialiter dixerit prioris voluntatis sibi pœnituisse*, estoit *vnum ex flagitijs Triboniani*. Et de fait qui a-il

a *In l. diui. §. licet ff. de iure C.*

b *de leg. 2.*

de plus mal conuenable au commencemẽt de cette loy, que cette piece-la qu'on y a adiouſtee à la fin. Au commencement le Iuriſconſulte dit, que quelque proteſtation qu'ait faict le teſtateur de ne point vouloir vne choſe, ſi neãtmoins par apres il declare qu'il la veut, ſa derniere volonté tiendra: Cela alloit bien, & eſtoit conforme à tant d'autres textes: Tribonian y viẽt adiouſter ſon *ſpecialiter*. Auſſi nonobſtant cette addition les plus celebres de noz docteurs ont-ils tenu cette maxime pour conſtãte, *que ſi conſtet de enixa voluntate teſtatoris, non opus eſt reuocatione* [a]. Mais reuenons-la, pour cela la cauſe du demandeur en ſera-elle meilleure? Ne voicy pas vne ſpeciale mention de la derogation. La generale mention ſ'entend quand le teſtateur reuoque tous teſtamens. Et en cette-la on forme le doute, ſçauoir ſi cette volonté eſt ſuffiſante pour reuoquer vne clauſe derogatoire. La ſpeciale eſt, quand il eſt faict mention qu'en ces teſtamens il y a clauſe derogatoire, encores qu'il ne deſigne pas la clauſe. Et en ce cas, les docteurs ne font nulle difficulté que cela n'opere vne ſuffiſante reuocation de la derogatoire. Comme tient le Clarus par vne infinité d'autoritez [b]. Or encores noſtre teſtateur n'en eſt pas

a *Baldus con.* 389. *Socinus in l. ſi quis filio ff. de leg.* 3.

b §. *teſta. quaeſt.* 99. *nu.* 5. *Alexand. con.* 134.

pas demeuré là, car il adiouste à cette specification vne enixe volonté, & à cette enixe volonté l'excuse de ce qu'il ne pouuoit faire plus particuliere designation de cette clause. Il à dit que sa maladie l'empeschoit de s'en souuenir, & que s'il s'en fust souuenu, il l'eust reuoquee. Qui est la raison conceuë en mesmes termes par la constitution de l'Empereur, & par laquelle il excuse les testateurs s'ils ne font en leurs testamens toutes choses si expressément que lon desireroit, *Cum humana fragilitas mortis cogitatione perturbata minus memoria possit res plures consequi*[a]. Auquel cas il n'y a nulle difficulté que celle clause ne soit censee pour particulierement exprimee, & que la reuocation ainsi faicte ne soit tres-valable[b]. Mais la fauceté & nullité du testament solennel estant si apparente, c'est perdre le temps que de s'amuser plus longuement sur cette question. Reste doncques à respondre au reproche que lon faict à la deffenderesse, qu'elle s'est remariée dans l'an du deuil de son mary. Ce qui luy est obiecté plus par desir de l'iniurier, que par esperance que cela puisse fonder le droit du demandeur. Car premierement, qui estes-vous qui luy faictes ce reproche? estes-vous l'enfant du deffunct? nenny: & c'est celuy que la loy iu-

a *l. hac consult. C. qui test. fac. poss.*

b *Mantic. l. 12. cap. 8. Meno. præ. libr. 4. præ. 56.*

ge auoir occasion de faire cette plainte. Estes-vous son heritier? aussi peu. Car Noël Bandoli pere estoit viuant & lors du deces & lors du mariage. Quãd vous seriez d'ailleurs capable, ne seriez-vous pas rendu indigne, & incapable de tout droit successif, de toute action hereditaire, par la fabrication de ce faux-testamẽt? Et la loy & l'ordonnance ne declarent-elles pas celuy descheu de son droit qui s'ayde d'vn faux acte? Or qui a-il de plus faux que ce pretendu testament? La deffenderesse ne veut pas nier que la loy ciuile ne porte cette prohibition, mais non pas telle qu'on la veut peindre, ny fondee en la cause qu'on imagine, ains seulement afin d'empescher la confusion du sang. Cela se verifie en ce que la femme qui estoit separee de son mary, si ell'estoit grosse n'estoit pas tenuë d'attendre les dix mois, mais si tost qu'elle estoit accouchee se pouuoit remarier[a]. Il se trouue dans les anciẽs exemplaires vne constitution Grecque qui defaut en noz liures, soubs le titre *de clericis & Episc.* par laquelle il est expressément porté que si l'homme se separe de sa femme, & se faict tondre & met en religion, que la femme doit demeurer vn an sans se remarier, pource que cette profession est equiparee à la mort, &

[a] *l. si consensu §. si vero l. si constante C. de repud. & Nouell. 22.*

eſt comme on dict, vne mort au monde: mais cette meſme loy porte cette exception, ſinon qu'elle ſoit accouchee dans l'an. Et pour monſtrer clairement que cette prohibition n'eſt point fondée ſur cette honneſteté publique, qu'on dit inflexible & inuiolable: C'eſt qu'on ſçait aſſez qu'anciennement & en la plus grande rigueur de cette prohibition, lon pouuoit demander à l'Empereur, permiſſion de ſe remarier dans ce temps[a]. Le Senat meſmes en diſpenſoit ordinairement, comme remarque Plutarque en la vie d'Antonius. Grace qui ſe faiſoit lors ſi aiſément & ſi promiſcuement, qu'és allegreſſes & reſiouiſſances publiques on donnoit cette diſpenſe generalement à toutes les vefues de l'Empire, en affermant qu'elles n'eſtoient point groſſes; comme nous liſons que fit Caligula[b]: comme ſi en tout cela lon n'euſt deſiré autre choſe ſinon que quelque peu de ſolennité pour iuſtifier que la femme ne portoit point en vne autre famille l'enfant de ſon feu mary. D'où il reſulte que celle qui ſe remarie au neufieſme mois ne peut meriter cette grande rigueur, & en doit eſtre excuſee. Combien doncques plus excuſable la deffendereſſe, qui eſtoit entierement hors du ſoupçon de cette groſſeſſe. Pource

a *l. ſolet ff. de his qui notantur infamia.*

b *Ex Dion l. 58.*

qu'en verité ell'auoit espousé vn homme, qui de deux mariages n'auoit iamais eu d'enfans, pour quelques manquemens qui estoient en luy. Ce qu'ell'auoit toutesfois fort modestement & chastement dissimulé, & par là merité la bienveillance & liberalité dont il l'auoit honoree. Et à cela ne sert de rien de vouloir si subtilement philosopher sur le temps de l'enfantement. Car outre qu'on sçait assez que le temps ordinaire, qui est ce que la loy considere, est de neuf mois, quand on y en mettroit & vnze & treize, apres neuf mois vne femme qui ne paroist pas enceinte ne l'est pas, & alors ne peut ny estre trompee, ny tromper les autres sur ce faict là. Et combien encor plus excusable, puis qu'elle n'est pas venuë à ce mariage-la pour participer à vne resiouïssance publique, mais pour consoler son infortune particuliere, pour chercher quelque support à son veufuage affligé, lequel, outre les incommoditez que l'orbité a accoustumé d'apporter, a eu cette surcharge d'auoir le demandeur, & les siens pour ennemis coniurez à la ruine de ses biens & de son honneur: desquels il ne faut pas dire que la malignité ait esté terminee par l'arrest qu'elle auoit obtenu : car on void qu'auant l'arrest donné, ils auoient minuté leur requeste ciuile. Et encores maintenant songent-ils comment ils eluderont la condamnation qu'ils ne peuuent euiter en ceste cause. Tant y a que quand nous serions encor soubs l'empire des loix Romaines, & subjects aux perilleuses subtilitez de leur rigueur, tout ce en quoy la defenderesse auroit failly, ce seroit de n'auoir pas demandé la licence du Prince, chose que chacũ sçait qui ne s'obserue plus. Mais d'abondant, si cette loy estoit, à qui appartiendroit ce dont la deffenderesse seroit priuee? seroit-ce à vous? Estes-vous des dix personnes portées par l'Edit, qui ne sont que les ascendans descendans, les freres & les sœurs? Car s'il faut obseruer la rigueur de cette loy, il la faut aussi bien garder pour vous que pour nous. Et ne faut point dire que ce soit alleguer le droit d'autruy: l'allegation en est tousiours permise quand elle exclud celuy qui agist. Mais toutes ces raisons, qui en vne autre cause seroient, non seulement fort considerables, ains suffisantes, en celle-cy sont surabondantes. Car la defenderesse soustient, & il est indubitable, que les loix Romaines dont on se veut ayder sont expressémẽt abrogees par le droit Canon, qui a peu & voulu auec raison relascher cette rigueur. Qu'il l'ayt peu, qui en peut douter ? puis qu'on ne peut nier que ce ne soit vn acte de religion, voire des plus saincts & plus sacrez : voire mesmes estoit-il estimé tel par les Payés. Voila pourquoy les solẽnitez qui s'y obseruoient s'appelloient *ritus*, qui est vn mot de religion: le titre qui est en nostre droit *de ritu nuptiarum* nous l'enseigne. Aussi toutes les difficultez qui se presentoient sur le faict du mariage, se referoient aux Pontifes. Tellement que nous apprenons de Tacite [a] & Dion [b] *abducta Neroni vxore prægnante, consultos à Tiberio Pontifices, an concepto, nec dum edito partu, recte nuberet.* Que doit-ce donc estre parmy les Chrestiés, qui le croyent vn Sacrement & tres-grãd? A qui est-ce donc d'approuuer ou improuuer ce qui en depend? N'est-ce pas vne reigle aussi commune dans les liures, que parmy les barreaux, *matrimonia non iure fori, sed iure poli censeri.* De douter maintenãt si comme les souuerains Pontifes ont en cela peu corriger le droit ciuil ils l'ont voulu, il ne faut que sçauoir lire pour l'entendre. *Non debet*, dit le Canon, *legalis infamiæ sustinere iacturam, quæ licet post viri obitum intra tempus luctus nubat, concessa sibi ab Apostolo vtitur potestate, cum in his præsertim sæculares leges non dedignentur sacros canones imitari.* Mais il ne parle, dit-on,

a Liure premier.
b l. 48.

que de l'infamie, & non des autres peines. Vn Iurisconsulte de nostre siecle a remarqué qu'aux anciennes compilations, il y auoit en ce chapitre dernier, outre ce qui nous en reste encores, cette clause, *Cum igitur ad secunda vota transire disponas, ne id tibi vel ei qui te duxerit in iacturam vel infamiam, ab aliquo imputetur, authoritate præsentium expressius inhibemus:* par lesquels mots il n'y a point de doubte que toutes les peines & desauantages que les femmes pouuoient souffrir à cause de cela, ne soient abolies. Car il distingue là manifestement, *iacturam ab infamia*, & monstre qu'il entend exempter en ce cas, la femme de toute espece de dommage entendu soubs ce mot *iacturam*, aussi bien que de toute infamie. Et quand nous n'auriõs que ce qui est en noz liures, est-ce pas tout dit, quãd le Canõ dit *concessa sibi ab Apostolo vtitur potestate*? Car qui pourroit souffrir que ce que la loy de Dieu ordonne mesmes pour empescher le peché, fust puny par la loy ciuile? Toute peine presuppose faute. Estimer faute que d'obeir aux commandemens de Dieu, & aux conseils de ses Apostres ce seroit vn blaspheme. Puis doncquès que la loy ciuile est comme la seruante de la loy diuine, & ne se peut dire iuste ny raisonnable, qu'autant qu'elle se cōforme à cette-la, il faut croire fermement que tout ce qui y est contraire, demeure comme nul & abrogé, *in his præsertim in quibus sæculares leges non dedignantur sacros imitari canones*, comme en matiere de Sacremens & de ce qui en depend. Et quoy? si les loix ciuiles ont reietté vn temps fust, la condition de la viduité, pource qu'elle empeschoit, ce leur sembloit la propagation du peuple, receuront-elles cette prohibition de mariages, qui prouigne & multiplie les fornications parmy les peuples, & faute de dōner aux femmes le secours que Dieu a laissé à leur infirmité, les precipiteroit au peché? Car encores que la deffenderesse n'ait cherché en ce mariage que de la consolation en son affliction, qu'vne deffence contre l'oppression du demandeur, si faut-il iuger cette question, par la raison generale qui a meu ceux qui ont faict les loix, qui a esté la cognoissance qu'ils auoient de l'infirmité humaine, & la crainte qu'en leur ostant le remede elles ne tumbassent au peché. C'est chose à la verité bien loüable, mais extremement difficile de surmonter les mouuemens de la nature, & reigler les passiōs qu'elle souleue en nous pour nous faire desirer de laisser quelque lignee. *Hoc perfectæ monentis est philosophiæ*, dit l'Empereur. C'eſt ce que vouloit dire ce grand Sophiſte Maximus Tirius en l'vne de ſes oraiſons, lors que deſcriuant la peine où eſtoit vn homme pouſſé de cette paſſion, il dit ἔρως ἐτίναξε τὰς φρένας, ὡς ἄνεμος τοῖς δρυσὶ κατ' ὄρος ἔμπεσον. Nulle ſageſſe humaine n'eſt ſuffiſante d'arreſter la violence de cette paſſiõ, de laquelle ceux qui ſont touchez cognoiſſent meſmes qu'ils faillent & ne ſ'en peuuent garder, comme dit Platon *in Phædro* καὶ γὰρ αὐτοὶ ὁμολογοῦσι νοσεῖν μᾶλλον ἢ σωφρονεῖν, καὶ εἰδέναι ὅτι κακῶς φρονοῦσι, ἀλλ' οὐ δύνασθαι αὐτῶν κρατεῖν. Et pour en choſe qui peut regarder la conſcience, eſcouter pluſtoſt les Chreſtiens que les Payens. Sainct Hieroſme meſmes, bien qu'amateur quaſi outre meſure de la continence, l'a reconnu ainſi, eſcriuant *ad Demetriadem. Vltra naturam imo contra naturam eſt non exercere quod nata ſis, interficere in te radicem tuam, neſcire thorum communem, & virorum horrere contactum, in corpore viuere ſine corpore.* Auſſi, bien que Rachel dans le Geneſe ſoit vn exemplaire de pudicité, ſi ne laiſſe-elle pas, parlant à Iacob de luy dire, *Da mihi liberos alioqui moriar.* C'eſt doncques auec tres-juſte raiſõ, que l'Egliſe mere douce & indulgente, a preferé le ſalut des ames & le repos des conſciences aux conſiderations humaines, qui regardoient ſeulement vn respect & honneur temporel. Et recognoissant que l'infirmité des femmes n'auoit autre remede que la grace du mariage, a osté toutes les prohibitions, par lesquelles les loix ciuiles ou l'empeschoient, ou le differoient. Ces raisons-la ont meu tous les Parlemens de France, fors celuy de Tholose à embrasser cette iurisprudence Canonique, & laisser la rigueur ciuile: celuy mesmes de Bourdeaux & Dauphiné; à fin qu'on ne die point que ce soit à cause des coustumes. En celuy-cy, s'il y a diuers arrests le dernier est en faueur des femmes. Et quant aux Iurisconsultes, par leurs opinions ils ont tous suiuy cette mesme maxime: principalement ceux qui ont quelque reputation[a], attestent que c'est la pratique de France. Et si quelques-vns se sont osez separer de l'opinion commune, toutesfois ç'a esté auec cette exception, que où il n'y auoit point d'enfans du premier mariage, la femme ne pouuoit rien perdre; & s'il y en auoit, ce qu'elle perdoit n'estoit que ce qu'elle profitoit par le testament: dont encores lon ne luy ostoit que la proprieté par la cõiecture qu'on tiroit que le mary auoit entendu preferer ses propres enfans à des estrangers[b]. Puis que nous sommes en ce cas que le deffunct n'a laissé aucuns enfans,

a *Bald. in l. decreto C. in quibus ca. inf. irrog. con. 21. vol. 1. Alexãder con. 45. vol. 4. Alb. & Ioha. de Carro l. 1. di. 2. nup. Odofredus & Innocen. cap. final. de sec. nup.*

b *l. vltima C. de indicta vidui.*

quelle raison y auroit-il de vouloir oster à la deffenderesse ce qu'elle a acquis auec tant de labeur, auec tant d'assidus seruices, auec tant de patience ? Les loix Romaines ont iugé que l'amitié coniugale & le seruice que la femme rend à son mary, esgaloiét la parenté & cognation. Et pource ont appellé la femme ab intestat à la succession, comme nous rapporte Denis d'Halicarnasse, & voyons encores dans l'vn de noz titres du droit : dont Columelle [a] rend la raison qui est fort conuenable au iugement de cette cause. C'estoit que en ces premiers & plus religieux siecles, *Nihil conspiciebatur in domo diuiduum, nihil quod maritus aut fœmina proprium, & sui iuris diceret, sed in commune conspirabatur ab vtroque, vt cum forentibus negotiis, matronalis sedulitas parem industriæ rationem faceret.* C'est de cette façon que la deffenderesse s'est comportee à l'endroit de son mary, l'ayãt seruy elle ieune & luy vieil, l'espace de vingt-cinq ans, & ayant supporté par sa sedulité toutes les incommoditez & de la famille, & de la personne de son mary, qui recognoissant son merite, n'a pas voulu remettre à la loy de la recompenser, mais l'a voulu faire par son propre & particulier iugement. Et apres donques que le deffunct par tant & tant de testamens a

a *Initio lib. vnd.*

voulu rendre à son labeur la recompense, à son amour la liberalité qu'ils meritoient, vn subtil plaideur les luy viendra rauir des mains, & emporter tout le fruict de son trauail, pour la laisser entieremẽt despouillee & de l'honneur & des biens tout ensemble? Et qui est-ce qui aura precipité cette pauure femme à vne telle ruine, le commandement de Dieu & le conseil de l'Apostre auquel elle s'est fiée, les constitutions des Papes, qui sont les vrais & principaux directeurs de telles actions, les aduis de tant de Iurisconsultes, conformes, l'vsage commun de toutes les courts souueraines de ce Royaume fors vne? Si la deffenderesse auoit contreuenu au droit, elle se pourroit excuser sur l'erreur commun, voire mesmes sur l'ignorance, & l'on l'accuse d'auoir faict ce que le droit luy permet. Et pource vne Cour souueraine, comme celle où elle plaide, qui est principalement recommandee par l'equité, qui est principalement constituee pour temperer la rigueur & la subtilité des loix, fauoriseroit-elle vn vœu si inique que celuy du demandeur? Elle s'asseuroit que non, & en cette confiance concluoit à ce que le pretendu testament du vingt-deuxiesme Mars soit declaré faux, Bandoli condamné en telle reparation que de raiſon, & ce faiſant debouté de ſa requeſte ciuile, & autres fins & concluſions par luy priſes, & aux deſpens, dommages & intereſts de l'inſtance.

Les parties ayans produit de part & d'autre, la deffendereſſe incidemment ſe ſeroit portee pour appellante de la procedure faicte par le commiſſaire à l'ouuerture du teſtament, & auroient les parties reſpectiuement preſenté requeſte pour auoir reparation des paroles iniurieuſes contenues en leurs eſcritures. Seroient auſſi interuenus les Recteurs de l'hoſpital de Forcalquier, *& auroient preſenté requeſte afin d'auoir deliurance du laiz de cent eſcus, porté par le teſtament ſolennel dont eſt queſtion. Surquoy ayans eſté reiglees toutes les parties, & de part & d'autre ſatisfait au reiglement : Le proces communiqué au procureur general du Roy, qui auroit pris ſes concluſions, tout veu & diligemment examiné:*

La Cour par ſon iugement & Arreſt, pour le regard des appellations a icelles mis au neant, ordonne que ce dont a eſté appellé ſortira ſon effet. Et faiſant droit ſur la requeſte ciuile, inſtance de faux & autres concluſions des parties, ſans auoir eſgard au pretendu teſtament ſolennel du vingt-deuſieſme Mars 1601. a debouté le demandeur des fins & concluſions par luy prinſes en conſequence d'iceluy. Et neantmoins a declaré la deffendereſſe priuee des choſes à elle laiſſees par le teſtament nuncupatif de defunct Verë ſon mary, enſemble de ſes auãtages nuptiaux, pour s'eſtre remariée dans l'an du deuil, & le tout acquis aux plus proches parens du deffunct, fors la part & portion afferante à Antoine Bandoli demandeur, de laquelle pour les cauſes reſultantes du proces l'en a priué, & icelle adiugée à l'Hoſpital de Forcalquier. Ordonne que les paroles iniurieuſes cõtenues reſpectiuement aux eſcritures des parties ſeront rayées par le Greffier, tant és originaux qu'és copies. Et pour le regard de Melchionne Aſtieu, Diane Amoureux & Antoine Granon, les a mis & met hors de Cour &

de proces, le tout ſans amande, deſpens, dommages, intereſts, ny reſtitution de fruits, & pour cauſe.

www.ingramcontent.com/pod-product-compliance
Ingram Content Group UK Ltd.
Pitfield, Milton Keynes, MK11 3LW, UK
UKHW021103220726
13924UKWH00005B/2219

9 782019 913021